위기를 기회로 만드는

고수들의
투자 철학

박세익 지음

위 기 를 기 회 로 만 드 는

고수들의 투자철학

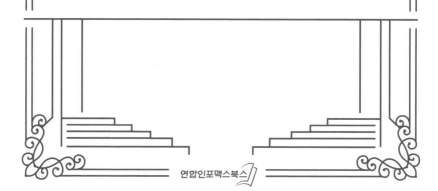

연합인포맥스북스

차례

2장 대세에 끌려가거나 등지지 말라

3장 공부하지 않으면 오래 버틸 수 없다

1. 현재를 분석하고 미래를 고민하라
— 이한영 DS자산운용 주식운용본부장

2. 수축사회에도 확장 산업은 있다
— 김경록 미래에셋자산운용 고문

3. 돈이 흐르는 곳에 사연이 있다
— 유비 한화자산운용 글로벌주식사업본부 팀장

프롤로그
성공한 투자에는
'조심하는 용기'가 숨어 있다

　한 분야에서 성공과 실패의 경험을 무던히 쌓다 보면 어느 순간 고수의 경지에 이릅니다. 그리고 그런 고수 밑에서는 또 다른 고수가 탄생하죠. 조훈현 9단과 이창호 9단은 저마다 시대를 풍미한 바둑의 고수들입니다. 제자인 이창호 9단은 열다섯 살의 나이로 스승을 꺾고 세계 바둑 정점에 올라섰죠.

　두 사람의 바둑 스타일은 완전히 다릅니다. 조훈현 9단은 빠르고 민첩한 제비에 비유되지만 이창호 9단은 침착한 모습에 돌부처라 불립니다. 축구로 치면 조훈현 9단은 화려한 드리블의 축구, 이창호 9단은 난공불락의 축구라고 할 수 있습니다. 그래서인지 조훈현 9단은 대부분 높은 점수 차로 완승을 거두지만, 이창호 9단은 반집 차이로 승리하는 경기가 많았습니다. 탄탄하게 하나하나 바둑 집을 쌓으며 두터운 바둑을 뒀죠.

　『이창호의 부득탐승(不得貪勝)』에 나온 조훈현 9단과의 일화는 이창호 9단의 이런 성격을 더욱 잘 보여줍니다. 한번은 대국을 마친 조훈현 9단이 "이 판을 크게 이길 수 있었는데 왜 그 수를 두지 않았냐"고 묻자, 이창호 9단은 이렇게 대답합니다. "이 길로 가면 100번 중의 100번을 반집이라도 이길 수 있는데, 그 수는 100번 중 한 번이라도 역전당할 가능성이 있어서 두지 않았습니다." 우리는 '인생은 한 방'이라는 말을 많이 합니다. 하지만 한 방의 성공이 좋기만 할까요? 이창호 9단의 말처럼 이는 많은 불확실성과 위험을 내포합니다. 바둑 이야기를 하려는 것은 아닙니다. 어느 분야든 성공한 사람 뒤에는 세상 사람들이 보지 못하는 지난한 고민과 숙고의 시간이 존재합니다. 그런 만큼 이들이 삶을 대하는 방식은 비슷하죠. 투자에 있어서도 신중함을 강조한 워런 버핏Warren Buffett의 투자 원칙 "절대 돈을 잃지 말라"는 어쩐지 이창호 9단의 반집 승과 닮아 보입니다.

사람은 언제나 흔적을 남깁니다. 많은 고수들은 자신의 일에서 위대한 흔적을 남기죠. 일을 일로 대하지 않고 삶 전체를 녹여내기 때문에, 그 흔적 속에는 인생의 철학이 고스란히 묻어 있습니다. 주식 투자도 마찬가지입니다. 열과 성을 다해 행한 투자에는 자신이 어떤 사람인지에 대한 흔적이 남습니다. 따라서 후회 없는 투자를 위해서는 먼저 나 자신을 잘 알아야 합니다. 내가 과연 인내심은 있는 사람인지, 공감 능력은 갖추고 있는지, 그리고 내가 세운 원칙을 꾸준히 실천할 수 있는 강한 정신력을 갖고 있는 사람인지를 알아야 합니다. 또 소위 돈 벌어서 무엇을 하고 싶은지 스스로에게 물어봐야 합니다. 이 물음은 궁극적으로 삶의 철학이 무엇이냐는 질문과 이어질 것입니다.

이 책에는 투자와 인생의 고수들이 어떤 철학과 관점을 바탕으로 시장을 바라보고 투자해 왔는지, 앞으로의 시장을 어떻게 전망하는지에 대한 소중한 조언이 담겨 있습니다. 유튜브 〈박세익과 식사합시다〉에 출연한 많은 전문가들과의 대담 중 요즘 같은 시장에 조언이 될 만한 이야기들을 선별했습니다. 먼저 주식 농부 박영옥 대표님, 윤지호 대표님, 윤대현 교수님의 이야기를 통해 투자의 관점과 마음가짐을 재정비할 수 있고요. 강영현 이사님, 이선엽 이사님, 김태홍 대표님, 이다솔 이사님의 시장 판단법과 종목 분석법 등의 노하우는 주식 투자의 실전 전략을 세우는 데 큰 도움이 될 것입니다. 마지막으로 이한영 본부장님, 김경록 고문님, 유비 팀장님께서 공유해 주신 지식을 통해 투자자로서 장수하기 위한 올바른 생활 자세와 투자 습관을 배울 수 있습니다.

"용기의 대부분은 조심성이다." 이창호 9단이 자신의 바둑을 이야기하며 인용한 셰익스피어의 말입니다. 결국 고수들의 자신감 아래에는 무모함이 아닌 조심성이 깔려 있습니다. 주식의 고수들도 마찬가지입니다. 그들의 말 한마디에는 실패를 딛고 버텨냈던 시간들이 켜켜이 근거를 이루고 있습니다. 수많은 시행착오를 먼저 견뎌낸 이들의 이야기는 그래서 무모하지 않습니다. 투자의 바로미터와 같은 고수들의 철학을 통해 용기 있는 투자를 시작하시기 바랍니다.

*이 책의 저자 인세는 전액 자선 단체에 기부됩니다.

1장

마음을
다스리는 것도
기술이다

1.

삶이 지속되는 한
결국 때는 찾아온다

주식 농부 박영옥
스마트인컴 대표

워런 버핏은 주식을 하지 않는 사람도 한 번쯤 들어봤을 법한 세계적인 투자자입니다. 그 명성을 증명하듯 워런 버핏과의 마지막 점심 식사는 무려 200억 원이 넘는 금액에 낙찰되기도 했습니다. 지금처럼 경제가 좋지 않을 때 위대한 투자자들은 어떤 시선으로 시장을 바라볼까요? 이제부터 흔들리는 시장에서 나를 지켜줄 투자의 철칙을 배워봅니다.

선한 마음으로 기업에 투자하라

박세익 스스로를 '투자자'라기보다 '사업가'라고 칭한다는 점에서 워런 버핏과 주식 철학이 비슷하다는 생각이 듭니다. 과거의 어떤 경험들이 '사업가'로서의 투자를 가능하게 했는지 궁금합니다.

박영옥 증권사에서는 단기로 주식을 사고팔아야 하니까 과거에는 단기투자의 귀재였습니다. 제 석사학위 논문도 「한국증권시장에서 기술적 지표의 유용성에 관한 연구」예요. 1997년에는 37세의 나이로 교보증권 압구정 지점장까지 했습니다. 그런데 1년 뒤 IMF가 왔어요. 코스피 지수가 1000에서 300까지 빠지는 상황을 처음 겪은 거죠. 그때 인생의 쓴맛을 봤습니다. 다른 사람의 자산 관리가 정말 쉽지 않다는 것을 깨달았어요. 동시에 투자의 본질을 배웠죠.

박세익 굴곡 없이 승승장구만 하셨던 게 아니었네요.

박영옥 교보증권 압구정 지점장으로 있을 때까지는 승승장구했어요. 그런데 IMF 이후에 완전히 망한 거죠. 주식을 사고팔아 본 경험이 많긴 해도 주가가 이 정도로 떨어지는 것은 경험해 보지 못한 거예요. 그러니까 일단 버텼죠. 그러다가 결국 고객들 계좌가 담보 부족Margin Call으로 반대매매[1]가 나오면서 깡통계좌가 됐어요. 어머니와 살던 집도 팔아 고객들의 손실을 일부 보전해 줬어요. 결국 저는 길거리에 나앉았고요. 누나 집에 몇 개월 얹혀 지내다가 겨우 사글세로 살기도 했어요.

그런데 그 이후에 좋은 기업의 주식들은 꾸준히 올랐거든요. 삼성전자가 그 당시 3만 원대였어요. 그때 깨달았습니다. 주식은 사고파는 행위로 돈 버는 게 아니구나. 좋은 기업에 길게 투자를 해야 기업의 성과를 온전히 공유할 수 있구나. 그렇게 교보증권을 그만뒀습니다. 증권사에서는 아침저녁으로 시황을 보고 영업 회의를 해야 하니까요. 그곳에서는 제 철학을 실행할 수 없겠더라고요. 이후에는 삼성증권에서 투자전문위원으로 일했죠.

그곳에서 고유 고객들을 관리하면서 투자 상담사로서도 성과가 좋았어요. 웬만한 연봉을 월급으로 받았을 정도였죠. 그런데 이번에는 9.11 테러가 난 거예요. 영화 같은 일이 벌어진 거죠. 비행기 테러로 세계무역센터가 무너지는 상황이 일어나자 주가가 며칠 사이에 30% 정도 빠졌을 거예요. 그때 주식을 팔아달라고 하는 사람은 많아도 사려고 하는 사람은 없었잖아요. 다른 사람의 재산을 관리하는 게 쉽지 않다는 것을 또 한 번 깨달았어요.

저는 투자한 기업들과 수없이 소통하며 동행해 왔으니까 그 기업들의 미래에 대해 정확히 알고 있었거든요. 그래서 독립하기로 결심했죠. 그리고 당시 투자했던 보령제약이나 고려개발, 넥상스코리아 등 몇 개의 우량한 기업들의 주식을 샀어요.

박세익 우량한데 사람들이 잘 모르는 기업이네요.

박영옥 네, 그럴 수 있죠. 그리고 나서 6개월 정도 잠수를 탔어요. 세상이 싫어졌죠. 그런데 9월 중순부터 주가가 크게 올랐습니다. 그때 큰 자금이 모아졌죠. 20~30억 정도 투자했던 게 40~50억 이상이 되면서 오늘의 기반을 이룰 수 있었어요. 물론 이후에도 여러 굴곡은 있었습니다.

박세익 이처럼 많은 어려움을 겪으면서도 꾸준히 투자를 이어올 수 있었던 비결이 있을까요? 아마 투자에 대한 마음가짐이나 자세 덕분이라고 짐작은 하는데요. 사업가 마인드의 투자 철학에 대해 조금 더 자세히 설명해 주세요.

박영옥 주식 투자에는 크게 다섯 가지 유형이 있습니다. 다른 사람의 이야기만 듣고 투자하는 정보 매매, 과거 거래량이나 주가를 바탕으로 기술적 분석을 하는 차트 매매, 정량적 분석을 통해 저평가된 기업에 투자하는 가치 투자, 미래의 새로운 트렌드와 패러다임에 베팅하는 성장주 투자, 마지막으로 기업과 공생한다는 사업가 마인드를 통한 투자로 나눌 수 있어요.
저는 주식 투자를 사업가 마인드로 합니다. 증권시장은 세상을 보는 창이거든요. 증권시장을 통해서 보이는 기업들이 세상을 이끌어 나가고 있어요. 그런 기업 중에 미래의 사회를 보다

16

편안하고 윤택하게 만드는, 그런 재화나 서비스를 제공하는 기업을 찾아서 동승하면 기업의 성과를 공유할 수 있습니다.

초창기 기업 선정을 할 때 기업의 재무제표를 보는 것은 기본이에요. 이게 다가 아닙니다. 기업을 통째로 보는 거죠. 기업에 미래 비전이나 희망, 꿈이 없으면 투자하지 않아요. 그래서 사람들은 제가 가치 투자자인지, 성장 투자자인지 정체성을 궁금해하는데, 저는 사업가라고 이야기합니다. 이런 마인드가 제가 성공할 수 있었던 배경이거든요.

우리 삶이 지속되는 한 기업의 활동도 계속될 테죠. 심지어 전쟁이 벌어져도 먹고 마시는 것은 계속해야 하니까요. 어려울 때일수록 잠재력과 경쟁력이 있는 기업에 투자해 놓는 게 훨씬 안정적으로 큰 수익을 올릴 수 있는 방법이에요. 그런데 많은 사람들이 그렇게 생각하지 않아요. 그리고 또 하나, 사람들은 우리나라가 대외 의존도가 높아서 환율이나 금리, 유가 등의 기타 변수로 주가에 많은 영향을 받는다고 생각해요. 방송에서도 그런 이야기를 하고요. 그래서 주식 투자를 더 어렵게 생각하게 되죠.

저는 그렇게 보지 않습니다. 우리 삶이 지속되는 한 결국 먹고 마시고 즐기면서 살아가야 해요. 세상일에는 정답이 없습니다. 제가 『주식투자 절대 원칙』을 통해 투자 십계명을 제시한 것도 이런 마인드에 관한 것입니다. 저는 농부의 생각으로 농부처럼 투자를 해왔어요. 농부의 마음으로 투자한다는 것은 결국 사물을 볼 때 농부의 마음으로 본다는 것이거든요.

농부의 마음이란 선한 마음입니다. 선한 마음으로 볼 때 비로소 본질이 정확하게 보이는데 우리는 많은 경우 왜곡해서 보죠. 농부의 마음으로 기업을 발굴하고, 이 기업을 영속적으로 공생 공영하는 마음으로 대해야 합니다. 장기투자를 원칙으로 기대 수익에 감사하는 마음을 갖는 거예요. 저는 욕심이 별로 없습니다. 농부는 크게 욕심 부리지 않잖아요. 씨를 뿌리고 잘 가꿔서 수확할 수 있으면 감사해요. 이 점이 굉장히 중요한 것 같습니다. 그래서 저는 이런 생각만 가진다면 누구나 주식 투자로 크게 부자가 될 수 있다고 이야기합니다.

인생이 길어졌잖아요. 평생 동행할 기업 서너 곳만 찾으면 경제적으로 자유롭고 재미있게 살 수 있는 세상입니다. 하지만 우리는 너무나 많은 것을 취하려고 해요. 증권사에서 일해봐서 알지만 증권사 직원들, 펀드매니저든 애널리스트든 큰 부자가 별로 없잖아요. 시장의 모든 것을 다 취하려니까 그렇습니다.

저도 한때는 그랬어요. 나쁘다고 보지는 않습니다. 증권시장에는 단기적으로도 사고파는 사람이 있는가 하면 중장기적으로 투자하는 사람들도 있는 거죠. 모두가 서로 어우러져 있어요. 하지만 일반 투자자들은 길어진 인생만큼 길게 보고 공부하면서 평생 동행할 기업을 찾는 게 좋죠. 혹은 여러 기업을 포트폴리오에 넣고 공부하다 보면 주가의 흐름까지도 알 수 있거든요. 계속해서 사고파는 방식만 취하지 않으면 잃지 않는 투자를 할 수 있어요.

박세익 농부의 마음이라는 것에서 필명이 '주식 농부'인 이유가 바로 이해됩니다. 주변에 주식하는 사람들을 보면 정말 다양한 닉네임이 있는데요. 만약 제가 필명이 없다면 제 필명으로 삼고 싶을 만큼 의미가 좋습니다. 농부의 투자는 다른 투자 기술과 무엇이 다른가요?

박영옥 주식 농부라는 필명은 〈매일경제신문〉에 쓴 칼럼 '슈퍼 개미와 주식 농사꾼'에서 시작됐습니다. 이후 첫 책의 제목도 『주식 농부처럼 투자하라』로 지었죠. 책 제목을 정할 때 꿈까지 꿀 정도로 굉장히 고민을 많이 했어요. 그러다 결국에는 농부처럼 투자하면 누구나 주식에서 성공할 수 있다는 메시지의 책이라는 생각이 들었죠. 그렇게 책 제목을 떠올렸고 이후부터 주식 농부의 삶을 살게 됐습니다.

많은 사람들이 투자를 어렵게 생각합니다. 좋은 종목을 어떻게 골라야 할지 몰라 유튜브에 올라와 있는 여러 투자자들의 비법을 전수받으려고 하죠. 하지만 저는 아주 심플하게 상식 수준에서 투자하면 된다고 생각합니다. 주식 투자는 우리 삶의 터전인 기업에 투자하는 아주 의미 있고 가치 있는 자랑스러운 일입니다. 그런 만큼 어려울 때 투자해야 수익을 얻을 수 있어요. 다른 사람들도 다 좋다고 할 때는 돈을 벌 수 없습니다.

그러면 어떤 기업에 투자해야 할까요? 자녀들이 근무했으면 하는 회사, 혹은 자녀들이 근무하고 싶은 회사, 내가 돈이 있으면 경영하고 싶은 회사. 이런 기업들을 찾아서 투자하면 되는 거예요. 누구에게나 인연이 있는 기업이 있습니다. 그런 기업을 찾아서 약간의 수수료, 거래세만 부담하면 기업의 주인이 되는 것입니다. 기업의 주인이 돼서 기업의 성과를 공유할 수 있는 세상이에요. 그 기업이 잘될 수 있도록 도와주고, 잘못된 길로 가면 쓴소리도 하면서 함께 나아가는 게 투자의 본질이라고 생각합니다.

투자란 직접 돈을 벌지 않아도 돈 잘 버는 기업에 투자해서 기업이 돈을 벌도록 하는 거죠. 저는 좋은 기업을 판별할 때 좋은 비즈니스 모델과 경영진, 두 가지를 봅니다. 얼마나 소비자들에게 사랑받을 수 있는 기업인지를 보는 거예요.

그런 기업들은 경영진이 지대한 영향력을 미치잖아요. 따라서 경영진의 덕목을 보죠. 열린 경영을 하는지, 기업가 정신이 있는지, 사회적 책임감이 있는지 등을 따져보는 거예요. 태평양을 건너가려면 아주 튼튼한 항공모함에 승선해야 하잖아요. 그래야 웬만한 기상 악화에도 목적지까지 순조롭게 갈 수 있어요. 돛단배나 통통배, 모터보트로 가려고 하면 어떨까요? 어떻게든 간다고 해도 그 과정이 너무 어렵죠.

박세익 기업의 미래를 내다보며 투자한다는 게 말처럼 쉬운 것은 아닐 텐데요. 사업가 마인드를 유지할 수 있었던 원동력이 있을까요?

박영옥 코로나로 팬데믹이 오면서 각국에서 어떻게든 경제를 살리려고 금리 인하 등의 정책을 폈습니다. 이에 기반해서 유동성이 풍부해지자 성장주들이 크게 주목받으면서 올랐고요. 특히 그런 기업들은 혁신을 통해 실적을 내니까 더욱 주목을 받기도 했죠. 그런데 팬데믹에서 엔데믹으로 정상화되는 과정에서는 금리도 오르고 긴축 재정으로 자금 또한 지원되지 않으면서 펀더멘털Fundamental이 탄탄한 기업들이 다시 오르기 시작합니다.

우리는 자본에 근거한 자유시장경제에서 살아가고, 이를 이끌고 나가는 것은 결국 기업입니다. 이때 기업이란 주식회사라고 하는 정제된 회사고요. 저는 주식회사 제도와 증권시장이 인간이 만들어낸 최고의 공유 시스템이라고 생각합니다. 이 부분만 제대로 작동되면 모든 국민이 부자가 돼서 가계도 부자, 기업도 부자 또 국가도 부자인, 세계에서 제일 잘사는 나라가 될 수 있습니다.

저는 아무것도 없는 어려운 상황에서도 저 자신을 믿었고, 또 제가 투자한 기업을 믿고 우리나라의 미래를 믿고 투자를 했습니다. 그래서 자산이 스텝 바이 스텝으로 늘어난 거고요. 그런데 사람들은 이 원리를 깨닫지 못하고 주식을 열심히 사고파는 게 돈을 버는 방법이라고 생각합니다. 지금까지 제가 여러 권의 책을 써왔는데요. 저는 결코 돈을 벌기 위해서 책을 쓰지 않습니다. 투자 철학이나 생각을 공유함으로써 모두가 함께 더불어 잘 살길 바라는 거죠. 삶이 지속되는 한 기업의 활동은 계속됩니다.

그러니 튼튼한 기업을 찾는 노력이 투자의 시작이죠.

세계적 기업들인 아마존, 테슬라, 마이크로소프트, 페이스북, 그리고 우리나라의 셀트리온, 카카오 등의 경영자들은 사회를 풍요롭게 만든 사람들입니다. 그런데 한 사람의 힘만으로 이뤄진 것은 아니에요. 이들 뒤에는 함께하는 직원들이 있었고 그 밑에는 그들을 믿고 응원해 준 투자자가 있었습니다. 저는 투자자도 기업가 못지않게 모험 정신을 갖고 사회에 기여하는 사람이라고 생각합니다. 따라서 투자자로서의 자부심과 긍지를 갖는 게 굉장히 중요합니다. 그런 생각으로 세상을 바라보면 투자할 기업들이 정말 많습니다.

저는 큰 부자가 됐지만 현금이 없습니다. 이런 시선에서 보면 투자할 기업이 너무 많기 때문이에요. 워런 버핏처럼 경기가 어려워지면 현금을 갖고 있지는 못해요. 하지만 저는 대한민국의 대표적인 투자자로서 소명을 갖고 있어요. 한 기업에라도 더 투자하는 게 책임을 다하는 거라고 생각합니다.

박세익 그런 면에서 저는 부끄러운 마음이 듭니다. 다른 사람의 자산 관리를 하다 보니 분기마다 평가를 받거든요. 2분기 연속 시장 언더퍼폼Underperform하면 자금 절반 회수, 1년 내내 언더퍼폼하면 전액 회수. 이런 방식에 시달리다 보니까 농부의 마음으로 투자를 못 했던 것도 사실입니다. 당장 시장의 패션이 좋은 기업들, 소위 테마주나 주도주를 따라가는 매매에 굉장히 익숙해져 있고요.

그런 식으로 투자를 하면 마음도 힘듭니다. 옵션, 선물, 트레이딩 같은 초단타 매매까지 해봤는데, 그때 느꼈던 바가 이것은 영혼을 파는 매매라는 거였어요. 돈을 벌기에 앞서 영혼을 갉아먹는 것 같아서 이제는 잘 안 합니다. 이처럼 오랫동안 다양한 경험을 하다 보니 이제는 투자의 본질도 알게 됐고, 저 또한 이를 공유하기 위해 여러 권의 책도 썼습니다.

박영옥 선물 옵션이나 패시브 펀드Passive Fund[2]를 운용하는 경우에는 경기를 내다보며 지수를 예측하는 것도 필요합니다. 문제는 그런 투자를 하지도 않으면서 거기에만 자꾸 몰입하는 거죠. 우리 삶이 지속되는 한 평화만 지속될 일은 없을 거예요. 주식시장도 마찬가지고요. 항상 위기 속에서 사는 거죠. 당장의 위기에 매몰되기보다는 그 위기 속에서도 기회를 찾으려는 노력이 중요합니다.

올바른 환경 속에서 투자 사업가는 자란다

박세익 우리나라는 선진국에 비해 투자자 보호가 잘 이뤄지지 않죠. 이런 투자 환경을 바꾸기 위해 계속해서 힘

쓰고 계신 것으로 아는데요. 기업의 미래를 길게 내다보는 방식의 투자를 위해 구체적으로 무엇이 바뀌어야 할까요?

박영옥 우리나라 증권시장의 흐름을 보면 그 규모가 얼마나 커졌는지 알 수 있는데요. 1980년에 코스피 100에서 시작한 게 40년이 지난 지금은 약 30배 올랐고 거래소만 해도 상장된 기업의 숫자가 800여 개, 코스닥까지 합치면 2400여 개 기업이 거래되고 있습니다. 두 시장 합산 시가총액도 2200억 원 정도로 약 880배가 올랐죠. 그만큼 우리나라 자본시장은 굉장히 커졌어요.

그런데 이면에는 부도덕한 기업인들이 증시를 통해 한몫 챙기기도 하고, 때론 편법 상속과 증여의 수단으로 이용되기도 했어요. 양적인 성장은 했지만 기업가는 투자자를 배려하지 않았고, 상법이나 금융제도 역시 투자자를 제대로 보호하지 못했어요. 자본시장에 참여한 플레이어들, 증권사, 운용사, 자문사, 거래소 모두가 각자의 밥벌이를 위해 이렇게 후진적인 시장으로 끌고 온 것입니다. 결국 우리나라 자본시장은 플레이어 중심으로, 기업은 지배주주 중심으로 이뤄진 거죠. 저는 이 구조가 깨져야 한다고 생각합니다. 그렇지 않으면 우리의 삶이 굉장히 어려워질 수 있어요.

2010년부터 이런 맥락에서 투자 환경이나 문화가 변화해야 한다는 이야기를 꾸준히 해왔어요. 『주식 농부처럼 투자하라』, 『애야, 너는 기업의 주인이다』, 『주식투자자의 시선』, 『돈, 일하게 하라』, 『주식회사의 약속』, 『주식투자 절대 원칙』 등 제 책 제목에도 드러나 있습니다. 국내 주식시장을 농부가 농사짓듯 투자해도 성공할 수 있는 환경이나 문화로 만들기 위한 과정이었어요. 강연하고 칼럼을 쓰는 것도 모두 같은 이유고요. 저는 단순히 돈을 벌기 위해 주식 투자를 하지 않아요. 사회에 기여한다는 생각이 밑바탕에 있습니다. 그래서 저 스스로 투자자가 아니라 사업가라고 이야기하는 거고요.

조금 전에 주식회사 제도와 증권시장이 인간이 만들어낸 최고의 공유 시스템이라고 했는데요. 17세기 초에 유럽의 네덜란드, 영국에서 동인도회사가 만들어졌습니다. 이를 역사적 흐름에서 보면 산업화 이후로는 주식회사 제도와 증권시장을 잘 이용한 민족이나 국가가 세상을 지배해 왔다는 것을 알 수 있어요. 과거에 네덜란드, 영국이 그랬고 지금은 미국의 주주 자본주의가 세상을 지배하고 있고요.

우리나라도 그런 조건은 모두 갖고 있습니다. 세계에 내놔도 자랑스러운 기업들이 많고, 성과를 공유할 수 있는 증권시장이 잘 발달돼 있죠. 그런데 제대로 작동하지 않아요. 우리나라 자본시장은 외국인이나 일부 소수 지배주주에게 예속돼 있어요. 저는 이런 상황을 보면 피눈물이 납니다.

우리나라 주요 기업들의 지분 구조를 보면 적게는 30%, 많게는 70% 이상을 외국인이 보유하고 있어요. 외국인들에게 한국 자본시장은 열려 있는 지갑이나 마찬가지예요. 금융자본이든 산업자본이든 매한가지죠. 금융자본을 운용하는 핵심 기관인 국내 은행사들, 예를 들어 KB금융지주, 하나금융지주, 신한금융지주의 외국인 지분율은 얼마일까요?

박세익 세 회사 모두 70% 전후로 알고 있습니다. 그리고 한국 시장은 유동성이 좋아서 외국인들이 언제든지 주식을 쉽게 팔 수 있으니 ATM 머신이라는 이야기가 있을 정도죠.

박영옥 이런 이야기를 누군가는 해야 해요. 우리나라 사람들에게 삼성전자가 누구의 기업이냐고 물으면 어떻게 대답할까요? 이재용 회장 일가라고 하죠. SK는 최태원 회장 일가, 현대는 정의선 회장 일가, 한화는 김승현 회장 일가, 이런 식이에요. 소수의 지배주주에게 의존된 기업과 정부 간의 유착 관계가 지금의 대한민국을 만들었거든요. 이런 구조는 패스트 팔로Fast Follow 형태의 추종 산업에서는 가능하지만 퍼스트 무버First Mover, 선도 산업에서는 지속되기 어려워요.

이 점이 제가 주주의 이익이 비례적으로 보호받을 수 있는 주주 민주주의, 주주 평등주의를 외치는 이유입니다. 그래야 자본시장을 통해 모험 자본이 몰리고 그런 자금이 기업에 들어가고,

외국인 지분 비중 상위 30 코스피 기업(2023년 2월 8일 기준)

시총 순위	종목명	현재가(원)	시가총액(억 원)	비중	외인 비중
36	S-Oil	85,200	95,921	0.55%	80.07%
13	KB금융	55,700	227,756	1.32%	74.17%
21	하나금융지주	48,900	144,697	0.84%	71.82%
15	신한지주	41,550	211,400	1.23%	63.62%
73	코웨이	57,600	42,509	0.24%	61.62%
117	에스원	58,100	22,078	0.12%	54.09%
11	POSCO홀딩스	298,000	252,022	1.47%	51.84%
3	SK하이닉스	94,900	690,874	4.03%	51.37%
35	삼성화재	203,500	96,408	0.56%	51.03%
1	삼성전자	63,100	3,766,933	21.97%	50.52%
6	LG화학	672,000	474,381	2.76%	48.47%
5	삼성SDI	730,000	501,981	2.92%	48.09%
7	NAVER	230,500	378,133	2.20%	47.81%
48	현대글로비스	162,600	60,975	0.35%	47.23%
31	엔씨소프트	474,500	104,172	0.60%	45.61%
34	SK텔레콤	46,700	102,195	0.59%	44.76%
25	KT&G	91,500	125,623	0.73%	44.18%
111	휠라홀딩스	38,150	23,177	0.13%	44.14%
41	KT	33,750	88,125	0.51%	43.61%
68	DB손해보험	66,200	46,870	0.27%	43.53%
59	삼성엔지니어링	25,900	50,764	0.29%	42.62%
55	SK스퀘어	37,250	52,697	0.30%	42.53%
44	카카오페이	63,200	84,487	0.49%	42.42%
39	우리금융지주	12,800	93,192	0.54%	40.68%
108	한솔케미칼	214,000	24,257	0.14%	40.15%
62	오리온	123,400	48,788	0.28%	39.68%
65	LG유플러스	10,870	47,460	0.27%	37.87%
82	한국금융지주	64,400	35,888	0.20%	37.11%
69	한국타이어앤테크놀로지	37,350	46,267	0.26%	36.64%
112	BNK금융지주	7,060	23,011	0.13%	36.60%

출처: 대신증권 사이보스

기업은 다시 우리의 삶을 보다 윤택하게 만드는 재화나 서비스를 생산할 수 있을 테니까요. 이를 통해 세계 시장에서 벌어들인 수익을 국민들과 증권시장에서 함께 누린다면 모두 다 같이 잘 살 수 있다고 생각합니다.

국내 30개 주요 기업들의 지분 구조를 보면 외국인 지분율이 많게는 80%나 되는데, 그것도 지배주주들의 지분을 고려하면 국민들은 거의 투자가 안 돼 있다는 의미예요. 한 나라의 경제 상황을 대변하는 증권시장의 지표가 아무리 좋아진다고 해도 국민들이 투자한 게 없으면 기업의 성과를 공유하지 못하게 되고, 이로 인해 국부가 유출될 수밖에 없죠. 지금의 양극화 현상의 원인도 다 거기에 있고요. 우리나라 자본시장이 이렇게 잘못 흘러가고 있는데도 불구하고 사회 지도층이라고 하는 고위 공무원들이나 국회의원들이 투자에 대한 좋은 경험치가 없으니까 무엇이 잘못된지 모르고 방향을 잡기 어려운 거죠.

이에 존리 대표, 박재환 교수, 김규식 회장, 정의정 대표, 이상훈 교수 등과 함께 국회에서 '자본시장 선진화 방안 정책 세미나'도 주관해서 진행했어요. 존리 대표가 우리나라의 금융 문맹률을 95%라고 했지만, 저는 이전까지만 해도 믿지 않았거든요. 우리나라처럼 교육률이 높고 똑똑한 사람들이 많은 국가의 금융 문맹률이 95%일까 싶었죠. 그런데 우리나라는 공부를 많이 한 사람일수록 자본시장에 대한 이해나 태도가 잘못된 부분이 너무 많습니다.

그래서 당시 세미나에서도 '자본시장 선진화 방안과 거버넌스 문제'에 대한 발제를 한 거예요. 그때 이야기한 방안이 총 다섯 가지였습니다. 모두 상식 수준의 제안이에요. 첫째, 기업의 거버넌스를 개선하자. 주식회사는 납입 자본에 대해서 유한 책임을 지잖아요. 이런 이유 때문에 기업인은 모험 정신을 발휘할 수 있고 결국 사회에도 기여하고 이익도 추구할 수 있는 거죠.

그런데 이 과정에서 잘 견제하고 감시하지 않으면 사익 편취 되는 경우가 많아요. 주식회사는 주주, 이사회, 감사위원회가 있잖아요. 이들이 서로 견제하면서 가야 기업이 본래 목적에 맞게끔 건강하게 경영될 텐데 우리나라는 현재 지배주주에게 예속된 형태죠. 그렇게 만들어진 게 우리나라 10대 재벌이고요. 무조건적인 비난을 하는 게 아니에요. 충분히 기여했으니까 보상받아야 하지만 이런 부분들은 변화해야 한다는 거죠.

공정거래위원회 발표에 따르면 2021년 기준 총수가 있는 60개 국내 그룹의 총수 지분율은 3.5%라고 합니다. 3.5%가 순환출자를 통해 58%로 확장돼서 회사를 경영하고 있어요. 우리나라가 세계에서 주주 환원율이 가장 낮은 것도 그런 이유겠죠. 배당받는 것보다도 그런 회사를 지배하는 게 훨씬 유리하니까 버는 족족 쟁여놓는 거죠. 이 점을 개선해야 한다는 것입니다.

둘째, 대주주도 배당을 통해 성과를 공유하자. 특히 일반 투자자는 배당을 보고 투자해야 하니까요. 배당을 주는 회사는 굉장히 양심적이고 훌륭한 회사입니다. 현재 배당 소득세는 15.4%로 분리과세하잖아요. 물론 대주주는 종합소득세로 환산돼 43%의 세금을 부담하지만요. 박근혜 정부 시절 기업의 수익을 가계 소득으로 환원하자는 취지에서 배당 소득세를 15.4%에서 9.9%로 낮췄습니다. 2018년에 한시적으로 끝났는데, 당시에는 배당성향이 17%에서 23%까지 올라갔어요.

배당을 통해 성과를 공유하자는 것은 자본시장 선진화에서 정말 중요한 이야기입니다. 우리나라의 경우 배당은 안 주면서 오너들이 굉장히 많은 월급을 받는 경우가 많잖아요. 경영 위험을 함께 부담한 소액 투자자들은 무시한 채 자기 잇속만 챙기는 거죠. 대주주도 배당을 통해 성과를 공유할 수 있는 투자 환경과 문화가 만들어져야 해요. 그래야만 우리 국민들이 더불어 잘살 수 있습니다.

셋째, 상장사 시가평가제도를 개선하자. 우리나라는 상속 증여세가 너무 높아요. 50%에 할증되면 65%까지 올라가죠. 그런데 전체 세수에서 차지하는 비율은 2% 수준이에요. 따라서 상속 증여세를 OECD 평균인 약 30%로 낮추는 게 오히려 조기 증여를 통해 경제의 파이를 키우고 더 많은 세수를 확보하는 데도 훨씬 유리하다고 생각해요.

상장사 시가평가제도는 순자산가치나 공정가치로 평가해야 해요. 그래야 증권시장이 바로 섭니다. 그렇지 않기 때문에 국내에는 PBR Price to Book Ratio[3] 1배 미만인 기업이 수두룩합니다. 외국에 이런 기업이 있다고 하면 누구나 M&A하려고 할 텐데, 우리나라에서만 이런 일이 있어요.

한국에는 OECD 국가에 있는 여덟 가지 투자자 보호 제도가 하나도 없습니다. 김규식 회장이 이를 줄여서 '합 의 물 자 자 수 집 증'이라고 이름 붙였는데요. '합' 합병을 할 때 공정가격으로 하자. '의' 의무공개매수제도[4]를 시행하자. '물' 물적분할[5] 시 이중 상장하지 말자. '자' 자진 상장폐지 시 공정가격으로 결정하자. '자' 자사주 매입 후 경영권 방어 목적의 의결권 확보를 금지하자. '수' 수탁자 충실의무를 이사가 주주에 대해서도 지도록 하자. '집' 집단소송 영역을 넓히자. '증' 증거개시제도를 시행하자.

당연히 자사주를 사거나 소각할 때도, 합병을 자진 상장폐지할 때도 공정가치로 해야 하는데 우리나라는 그런 부분에서 대주주의 입맛에 맞춰져 있어요. 왜 아무도 이런 이야기를 안 하는지 생각해 보니 존 리 대표가 이야기하는 금융 문맹률 95%를 실감하게 되는 거죠. 현재 정부도 공정과 상식, 정의를 이야기하는데 현실은 맞지 않잖아요. 법과 제도, 문화가 지배주주에게 기울어져 있어요. 그중에서도 저는 일부 기업주들이 헐값 상속 증여를 위해 상장하는 경우가 가장 잘못됐다고 생각해요. 이런 상황은 막아야죠.

기업가치가 1조 원인데, 주식시장에서 실제 거래되는 시가총액이 낮아서 2000~3000억 원에 상속 증여돼도 아무런 조치를 못 한다는 것은 분명 잘못된 것입니다. 시장 가격은 주주 환원율에 따라서 일반 주주가 만들어낸 가격이거든요. 주주 환원율이 20~30%밖에 안 되니까 결국 PBR 0.2~0.3배짜리가 만들어지는 거예요. 저는 이런 상장사 시가평가제도를 순자산가치나 공정가치로만 평가해도 지수 1000p는 그냥 올라간다고 생각해요.

넷째, 금융 범죄 처벌을 강화하자. 우리는 자본에 근거한 자유시장 경제체제를 살아가고 있습니다. 우리 사회를 지탱하는 자산은 신용, 신뢰, 믿음이죠. 이 부분이 깨지면 동물의 세계와 다를 바 없습니다. 인간은 사회적 동물인데 이런 자산이 무너지면 힘 있는 사람이 모든 것을 누리게 되겠죠.

따라서 자본시장을 해하는 행위에 대해서는 반드시 처벌해야 합니다. 지배주주가 사익 편취한다고 재산권을 박탈할 수는 없어요. 하지만 의결권은 제한할 수 있습니다. 잘못하다가 회사를 뺏길 수도 있겠다는 경각심을 줌으로써 기업 지배 구조가 개선될 수 있는 것입니다. 사후 처방이 아니라 예방하는 차원이라고 보면 됩니다.

다섯째, 투자 경제 교육을 초중고등학교에 의무화하자. 저는 우리나라의 가장 큰 문제가 교육 문제, 자본시장 문제, 부동산 문제라고 생각합니다. 그중 모든 근간은 결국 교육 문제에 있고요. 미국의 교육과 우리나라 교육의 차이가 무엇일까요? 미국은 상생하는 법을 가르칩니다. 그런데 우리는 줄 세우기식이죠. 사회의 모든 문화가 이런 방식으로 흘러가는 것은 분명 잘못된 것입니다.

투전판에서도 품격을 지키는 법

박세익 투자의 대가들은 이렇게 이야기합니다. 경제적 자유를 얻기 위해서는 거인의 어깨에 올라타야 한다고. 그 거인이란 애플, 마이크로소프트, 알파벳, 아마존과 같은 초거대 다국적 기업을 비롯해서 삼성전자, 현대차, LG화학 등과 같은 우리나라의 자랑스러운 기업들일 것입니다. 그런데 우리나라 기업들이 과연 미국의 다국적 기업처럼 주식시장에서 모범을 보여주고 있느냐에 대해서는 의문입니다.

물론 긍정적인 변화도 있습니다. 얼마 전 삼성전자 이재용 회장은 자식에게 경영권을 물려주지 않겠다는 이야기를 했는데요. 아주 큰 변화의 시작이라 생각합니다. 그런데 아직까지도 대주주 지배력 강화 목적의 인적분할[6]과 주주가치가 크게 훼손되는 물적분할 공시가 주식시장에서 계속 나오고 있습니다. 2020년 LG화학은 너무나 당당하게도 물적분할을 강행하면서 소액 투자자뿐만 아니라 우리의 노후를 책임질 국민연금에도 큰 기회손실을 안겨줬죠.

외환 위기 직후 정부는 외국 자본이 국내 우량 기업을 함부로 적대적 M&A 하지 못하도록 지주회사 설립에 관한 조세특례제한법[7]을 전면 개정했어요. 이후 제 기억으로 2002년 4월경 (주)LG가 탄생하는 수순이 진행되죠. LG전자는 현재 LG전자인 LG전자 사업회사와 LG전자지주로 쪼개고, LG화학은 현재 LG화학인 LG화학 사업회사와 LG화학지주로 나눈 다음, 두 지주회사를 합병하면서 지금의 (주)LG가 만들어진 거예요. 법을 대주주 지배력 강화 수단으로 잘 이용해 먹은 거죠.

당시 9.11 테러 이후 6개월 이상 초강세를 보였던 주식시장은 LG화학과 LG전자의 지주사 분할 발표에 즉각적으로 반응했습니다. 지주사 전환 발표가 나자 두 회사

2002년 지주사 전환 발표 전후 LG화학 주가 차트

출처: 대신증권 사이보스

2002년 지주사 전환 발표 후 LG전자 주가 차트

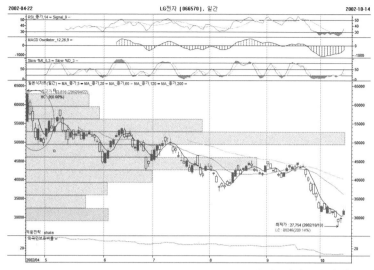

출처: 대신증권 사이보스

의 주가는 박살이 났어요. LG화학은 발표 당일 14.84%
급락해 하한가를 기록했고, LG전자는 지주사 전환 발표
후 6개월도 안 돼서 60% 가까운 하락을 기록합니다. LG
그룹의 지주사 전환 발표 후 시장이 하락 전환했다고 해
서 주식시장에서는 이를 'LG 사태'라고 불렀던 기억이 납
니다.

정확히 20년이 지난 2021년 1월 27일 LG화학에서 분
할된 LG에너지솔루션이 상장됐습니다. 기가 막히게도
2021년은 LG에너지솔루션이 흑자 전환을 한 해였죠. 그

동안 LG화학 배터리 사업부에서 오랜 기간 적자를 내다가 드디어 흑자 전환을 하며 본격적인 고성장 궤도로 올라서는 시점에서 배터리 사업부가 물적분할한 것입니다. 2020년 9월 LG화학 이사회가 전지사업부를 물적분할 후 상장하겠다는 발표를 듣고서 저는 20년 전 악몽이 되살아났습니다.

국민연금 같은 기관 투자자뿐만 아니라, 많은 개인 투자자들도 LG화학을 오랫동안 장기투자해 왔어요. 테슬라가 주도해서 열어가는 전기차 시장의 밸류체인에서 LG화학을 최대 수혜주로 봤으니까요. 2019년 ESS 화재, 변동성이 심한 화학 산업 특성에도 불구하고 꾸준한 투자를 해온 이유는 다른 데 있지 않아요. 본격적인 전기차 시장이 개화되면 LG화학의 시가총액이 100조 원을 넘어갈 수 있다고 믿은 거죠. 아마 LG화학의 순수 케미컬 사업부 임직원들도 배터리 사업부가 미래의 먹거리라고 생각하며 막냇동생 고시 공부 지원하는 마음으로 적자 사업부를 계속 지원해 왔을 것입니다.

그런데 LG화학 이사회는 조속한 투자를 이유로 배터리 사업부를 물적분할해서 재상장시켰습니다. 그때 저는 여러 경제 유튜브 채널에 나가서 "이번 물적분할 결정은 LG화학 주주들과 직원들에 대한 배신행위입니다. 혹시 모르고 결정하셨으면, (주)LG가 주주총회에서 반대 의사를 표

LG화학 재무제표

Financial Highlight [연결|연간] 단위 : 억원, %, 배, 천주 [연결] [별도] [전체] [연간] [분기] 출처: FnGuide

IFRS(연결)	Annual							
	2017/12	2018/12	2019/12	2020/12	2021/12	2022/12(P)	2023/12(E)	2024/12(E)
매출액				14,1611	178,519	255,986	352,938	459,766
영업이익				-4,752	7,685	12,137	22,089	32,472
영업이익(발표기준)				-4,752	7,685	12,137		
당기순이익				-4,518	9,299	7,798	16,922	25,012

시해서 부결시켜 주세요"라고 이야기했어요. 하지만 기적을 기대했던 게 무색하게 결국 가결됐습니다.

2020년 물적분할 공시 전 LG화학의 주가가 72만 원정도였는데요. 2년 반 동안 2차 전지 소재주들이 우리나라 주식시장의 최고의 주도주 섹터로 자리 잡았음에도 불구하고, 2022년 12월 말 LG화학의 주가는 60만 원을 기록했습니다. 반면 2021년 1월 공모가 30만 원으로 상장한 LG에너지솔루션 주가는 2022년 하반기 침체장에도 불구하고 11월 11일에 62만 9000원 신고가를 기록했고, 시가총액도 이때 145조 원을 돌파했습니다.

제가 이렇게 길게 'LG 사태'를 다시 언급하는 이유는 다른 데 있지 않습니다. 우리나라 주식시장이 미국의 나스닥처럼 혁신 기업에 대한 자금 조달 창구가 되고, 그런 기업의 성과를 투자자들이 함께 공유하면서 기업과 투자자가 모두 윈-윈Win-win하는 시장이 돼야 한다고 생각하기 때문입니다. 그러기 위해서는 기업에 대한 투자자들의 '신뢰'가 구축돼야 하죠. 이 신뢰가 무너지는 순간 주식시장은 매매 타이밍이나 노리면서 단타 치기 매매만 하는 투기판으로 전락하고 말 것입니다. 저는 대기업부터 모범을 보여줘야 한다고 생각합니다. 그런데 투자자들이 그렇게 반대를 했음에도 불구하고 LG화학이 물적분할을 강행한 것을 보면, LG화학의 경영진은 이런 폐단을 전혀 모르는 것 같다는 생각이 듭니다.

박영옥 그렇지 않습니다. 경영진들도 이 사실들을 충분히 인지하고 있다고 생각합니다. 그러면서도 회사와 대주주의 이익을 위해 일반 주주들의 가치를 훼손시키는 거죠.

박세익 알고도 하면 정말 나쁜 거죠. 소액주주의 가치를 강탈하고 주식시장의 신뢰를 크게 훼손시키는 일인데 말이죠. 특히 우리나라를 대표하고 인화(人和)를 강조하는 LG그룹에서 20년 전과 똑같은 일이 반복되고 있다는 게 안타깝습니다. 당시에만 해도 국민들이 아직까지는 개발도상국이니까 용인을 해줬습니다. 그런데 이제는 대한민국 금융과 경제의 격이 달라졌잖아요. 이 정도 선진국이 됐으면 우리의 자랑스러운 기업들도 주주가치에 대한 책임감을 가졌으면 합니다.

박영옥 제가 군군신신부부자자(君君臣臣父父子子)라는 이야기를 많이 합니다. 임금은 임금답고, 신하는 신하답고, 아버지는 아버지답고, 자식은 자식다워야 한다는 공자님 말씀인데요. 핵심은 우리도 이제 자부심과 긍지를 갖고 기업들이 그에 합당한 역할을 해야 한다는 거예요. 조선일보에서 매년 미국의 상하원 의원 7~8명을 초빙해서 아시안 리더십 콘퍼런스를 개최합니다. 제가 그곳에 참석해서 느꼈던 게 한국이 세계 어느 나라보다 사회 시스템, 인프라를 비롯해 국민들의 열정, 흥, 끼, 근면함, 성실함, 친절함에서 우위에 있다는 거였어요.

그런 의미에서 현재 우리나라 기업들은 집단 지성을 통해 성장하고 발전하고 있잖아요. 증권시장도 마찬가지예요. 금융업계 종사자들이 굉장히 명석하잖아요. 그런데 자본시장이 외국인에게 예속되면서 우리나라 선물 옵션 시장이 자본시장의 규모에 비해 세계에서 가장 커졌어요. 이런 투기적 거래를 막지 않으면 우리나라 중견, 중소기업들은 커나갈 수가 없습니다. 2008~2009년에도 꼬리가 몸통을 흔드는 현상Wag the Dog이 나타났잖아요. 그래서 제가 선물 옵션 시장의 거래 비용을 증대해서라도 투기적 거래 요인을 낮춰야 한다고 했던 거고요.

그런데 선물 옵션 시장이 2011~2012년부터 잠잠하나 싶더니 이제는 ELSEquity Linked Securities[8], ELFEquity Linked Fund[9] 펀드가 생겼어요. 대기업뿐만 아니라 대기업과 중소기업 간에 만든 ELS, ELF 펀드들이 시장을 또 한 차례 교란시켰죠. 이와 관련해서 제가 〈매일경제신문)에 칼럼을 쓰기도 했어요. 그런데 이후에 또 ETF Exchange Traded Fund[10] 펀드가 나왔죠. 저는 이 모든 게 홀짝 게임과 같다고 봅니다. 투전판이라고 이야기해요. 오르는 것 아니면 내리는 것 맞추기죠. 뭐든 과하면 방향도 틀어지게 돼 있습니다.

그래서 2022년 초 대부분 패시브 펀드 쪽으로 가 있을 때 액티브 펀드Active Fund[11] 쪽에 스마트머니Smart Money[12]가 들어오면 시장 변화가 클 거라고 봤거든요. 실제로 굉장히 성과가 좋았어요. 저는 사실 종목 이야기를 하지 않는데요. 2022년 중반에 투자한 포스코홀딩스, 포스코케미칼, 삼성전자, 한국타이어 등은 전기차 시대에 가장 큰 수혜주가 무엇이냐는 관점에서 투자했어요.

앞으로 전기차의 시대가 온다고 하잖아요. 그런데 6~7년 전에도 관련 주제로 특강 요청이 와서 전문가 대상으로 특강을 한 적이 있어요. 그때 LG화학에 투자하려다가 주가가 너무 올라서 때를 놓쳤죠. 시대가 변하는데 그 핵심에 있는 기업에 투자하지 못한 통한의 아쉬움이 있었어요. 전기차는 소음이 없어야 하고 내구성이 좋아야 하잖아요. 그리고 무게 때문에 일반 가솔린 엔진차에 비해 전기차의 타이어 교체 주기가 짧다고 해요. 그만큼 수요가 더 많아진다는 거죠.

이런 기업들이 코로나로 상승한 물류 비용 때문에 많은 어려움을 겪었는데, 회복이 되면 상당한 수요가 생기면서 손익도 개선이 될 거라 봅니다. 또 포스코는 철강뿐만 아니라 전기차에 들어가는 니켈 등 소재 산업으로 자리 잡을 수 있다고 보고요. 삼성전자 또한 국내 반도체 부문 1등이고 세계 1등 기업이기도 하잖아요. 물론 반도체 파운드리 시장에서 삼성전자와 TSMC를 많이 비교하는데 저는 삼성전자 미래가 밝다고 봅니다. 이처럼 사업가로서 주식 투자에서 성공하려면 주인의식과 기업가 정신, 프런티어 정신이 있어야 해요. 이런 정신을 갖추지 않으면 주식 투자로 성공할 수 없습니다.

기업의 주가는 외국인 지분이 많은 만큼 외국인이 팔면 떨어질 수밖에 없어요. 이럴 때 국민들이 부동산을 비롯한 부동 자금을 유동시켜서 기업에 길게 투자하면 나중에 기업의 성과를 공유할 수 있습니다. 그래서 저는 외국인들이 많이 팔았으면 좋겠다고 생각합니다. 그리고 2021년처럼 주식시장이 싸게 거래될 때 우리 국민들이 주식에 많이 투자했으면 싶은 거죠. 저는 매수를 할 때도 기업을 돕는다는 생각으로 하고, 매도를 할 때도 나눈다는 생각으로 합니다. 그렇게 하면 잃지 않는 투자를 할 수 있습니다.

박세익 저도 투자자들에게 착한 마음으로 매매하라고 이야기합니다. 꼭지에서 팔려고 하지 말고, 내가 판 주식도 가져가는 사람이 먹을 게 남아 있을 때 판다고 생각하라고요. 그런데 대부분의 투자자들은 최바닥에서 주식을 사고, 최고 꼭지에서 주식을 팔려고 합니다. 그리고 내가 팔고 나서 주가가 더 오르면 스트레스받고요.

박영옥 그것은 나쁜 마음이죠.

박세익 내가 보유한 주식을 재수 좋게 꼭지에 팔게 되면 누군가는 내가 매도한 주식을 소위 상투에 사서 물리게 되는 거잖아요. 그 사람은 얼마나 속상하겠습니까? 주식 살 때도 마찬가지고요. 최저가에 주식을 사려는 마음은 누군가 최바닥에서 주식을 파는 실수를 노리는 것인데, 저는 그것 역시 고약한 심보라고 생각합니다.

저는 공포에 질려서 주식을 내다 파는 투매 국면에서는 "매수세가 실종되면서 살 사람은 없고 저마다 주식을 다 내다 던지려고 하는데, 그러면 제가 조금 사드릴게요"라고 말하면서 삽니다. 반대로, 너도나도 주식 사서 돈 벌려고 할 때는, "그러면, 제 주식 조금 나눠 드릴게요" 하면서 조금씩 분할 매도를 하고요. 다들 주식 파는 게 어렵다고 하는데, 주식시장이 과열될 때 내 욕심을 조금만 버리고 이렇게 착한 마음으로 주식을 팔면 늘 후회가 없더라고요.

지금은 작고하신 고 김정태 전 국민은행장님과의 일화가 떠오르는데요. 2001년 9.11 테러 직후 코스피가 500선일 때 고유자금으로 주식 5000억 원을 매수하겠다고 발표하신 거예요. 그때 저는 KTB자산운용 투자공학팀에서 근무하고 있었는데, 바로 옆 건물이라서 그 발표를 보고 무턱대고 국민은행 행장실을 찾아갔죠.

무슨 일로 찾아왔냐고 물으셔서 이렇게 대답했어요. "5000억 원 주식 매수 발표 직후 노조에서 강력하게 반발하고 있다는 뉴스를 봤습니다. 파생상품을 이용하면 실제로 5000억 원을 안 써도 5000억 원을 투자한 효과를 낼 수 있는 방법이 있어서 찾아왔습니다." 그러고는 선물옵션을 이용한 구조화 상품을 말씀드렸죠.

그런데 행장님은 정색을 하시면서 내가 왜 노조의 반대에도 불구하고 지금과 같은 약세장에서 주식을 사려고 하는지 아냐고 물으시더군요. 그러고는 "코스피가 여기에서 또 저점이 깨지면 우리나라 금융 시스템이 망가질 수 있기 때문에 이를 막기 위한 투자를 하는 걸세"라고 말씀하셨어요. 그때 저는 뒤통수를 한 대 맞은 느낌이 들면서, '아… 금융인도 이런 사명감을 갖고 일을 해야 하는구나'를 느꼈습니다.

공교롭게도 주가는 그 이후 6개월 동안 쉬지 않고 상승했고, 국민은행은 1500억 원이 넘는 주가 차익을 실현하고 주식을 팔았습니다. 지금도 생각해 보면, 김정태 전 행장님은 위기 속에서 실리와 명분을 모두 챙기신 대한민국 최고의 금융인이자 승부사였다는 생각이 듭니다.

박영옥 원래 저도 책을 다섯 권까지만 쓰고 안 쓰려고 했습니다. 그러다가 『주식투자 절대 원칙』을 쓰게 된 이유도 많은 투자자들에게 도움을 주고 싶었기 때문이에요. 코로나 팬데믹 이후 주식 투자 열풍이 불면서 증권시장에 많은 주식 관련 책들이 나왔습니다. 하지만 실제로 투자자들에게 도움이 되는 책은 찾기 어려웠던 거죠. 출판사로부터 실제 사례를 중심으로 투자자들에게 필요한 책을 써달라는 요청을 받았어요. 고민 끝에 7~8개월 동안 집필해서 책이 나왔죠.

이 과정에서 많은 고민을 했습니다. 이렇게 쉬운 주식 투자를 왜 사람들은 성공하지 못하는지 고심했어요. 저는 주식 투자처럼 쉬운 게 없다고 생각합니다. 2400여 개의 훌륭한 기업이 등록돼 있잖아요. 저는 그 기업들을 판단할 때 적어도 3~4년 이상 4~5년 동안 오래 관찰해요. 어떨 때는 그냥 보는 게 아니라 100주든 1000주든 1만 주든 일단 투자부터 해놓고 보기도 하죠. 돈 가는 데 마음 간다고 그렇게 기업을 관찰하다 보면 기업의 성장 주기가 보이거든요.

외생 변수에 따라 좋은 기업의 주식이 크게 빠질 때는 1~2년 만에 사는 경우도 있어요. 예를 들어 우크라이나 전쟁이나 미중 간의 외교 갈등, 유가 폭등 등의 이슈가 생기면 주가가 대중 심리에 휩쓸려 무차별적으로 빠지니까요. 그때 관심 갖던 기업들을 원 없이 살 수 있죠. 주식시장이 좋을 때는 사는 사람들이 많으니 주식을 사고 싶어도 싸게 많이 못 사요.

투자자가 곧 갑이잖아요. 많은 기업들 중 마음에 들지 않는 기업에는 투자를 안 하면 되는 거예요. 내가 갖고 있을 때는 내 돈이니까요. 하지만 투자 후에는 돈을 위탁시켜 놓은 거죠. 그래서 저는 투자하는 기업은 온전히 내 회사라는 생각으로 의사결정을 하고 투자를 합니다.

영속성을 가진 혁신 기업과 동업하라

박세익 많은 개인 투자자들이 매수와 매도의 시점을 놓고 고민합니다. 이와 관련해 투자 십계명과 실전 투자 비법을 바탕으로 설명해 주셨으면 합니다.

박영옥 주식 투자를 하면 굉장히 여러 방면으로 공부를 하게 됩니다. 그런데 아는 것 하나하나 따지다 보면 또 실행을 못 합니다. 공부 잘하는 사람이 주식 투자 잘할 것 같지만, 아닙니다. 항상 계획만 있고 실행을 못 하죠.

저 같은 경우는 손이 먼저 나갑니다. 사놓고 생각하는 거예요. 물론 잘못될 수도 있지만 오래 투자하니까 직감이라는 게 생기잖아요. 주위에서는 무리하는 것 아니냐고 우려 섞인 반응을 보여도 35년여 동안 쌓인 경험을 일일이 다 설명해 줄 수가 없어요. 누구나 자기만의 투자 관점이 있거든요.

제가 나만의 가치 기준을 가지라고 이야기하는 것도 이런 이유입니다. 사람은 누구나 다른 관점을 갖고 있어요. 그러니까 시장이 형성되는 거고요. 그런데 그 관점을 얼마나 객관화할 수 있느냐? 내 생각이 얼마나 시장에서 먹히느냐? 이게 남들과 나를 차별화할 수 있는 부분이죠.

제가 투자 십계명을 제시한 이유도 많은 사람들이 투자의 본질을 이해하지 못하기 때문이에요. 투자 십계명 중에서도 무엇이 가장 중요하냐고 묻는 사람들이 있는데, 먼저 투자자의 시선을 가지라고 이야기하죠. 투자자의 관점으로 세상을 바라보면 모든 것들이 투자할 대상이에요. 투자의 대상은 기업이죠. 기업이란 우리 삶의 터전이고 근간이고 공동체가 굴러가게 하는 세금의 원천이에요. 이 기업의 활동이 왕성하게 일어나야 삶이 활력 있고 풍요로워지니까요. 그만큼 기업에 투자하는 것은 자부심과 긍지를 가질 만한 일이에요.

그리고 기업의 주인이 된 후에는 기업과 동행하면서 소통을 해야 해요. 소통 과정에서 기업의 연구 개발이나 신제품 개발, M&A 같은 성장 스토리를 알 수 있거든요. 그러면 그때 바로 투자하지 않아요. 처음에 투자할 때는 투자비가 많이 들어가니까요. 현금 흐름이 좋아지고 감가상각이 끝나갈 때, 손익으로 반영되기 전에 사서 애널리스트와 같은 전문가들이 이야기할 때 파는 거예요. 이렇게 성장 주기에 맞춰서 투자를 해야 합니다.

여러 번 이야기했지만 주식 투자는 농사라는 점을 꼭 기억해야 합니다. 저는 주식 투자가 매우 흥미롭고 가치 있는 일이라 생각합니다. 그래서 100여 개 기업의 주인으로 살아가고 있죠.

그렇게 4~5년 동행하고요. 제가 투자한 기업이 전국 팔도에 모두 있습니다. 그래서 매년 3월은 주주총회 때문에 제일 바빠요. 그다음 4월은 가장 행복한 달이고요.

박세익　배당이 들어오니까요.

박영옥　그렇죠. 하루하루 돈이 쌓이는 기쁨이 있죠. 처음에 적은 자금으로 시작하는 사람들은 투자가 즐겁기보다는 굉장히 어려울 수 있어요. 하지만 티끌 모아 태산이 된다는 말처럼 복리의 마법이 효과를 내면 국민들 모두가 자산가가 될 수 있다고 봅니다.

주식 투자의 성공을 막는 요인들은 분명합니다. 조급함, 시기심, 질투심이에요. 그런 마음을 가지면 안 됩니다. 이번 기회를 놓치면 다시 안 올 것 같다고 생각하잖아요. 그렇지 않아요. 항상 기회는 있습니다. 열심히 공부하고 세상 보는 눈을 키우면 기업을 선택하는 폭이 더 넓어집니다.

이는 십계명의 마지막과도 이어집니다. 주식 투자는 올바른 마음으로 크게 생각해야 합니다. 마음 그릇이 돈 그릇보다 커야 부자로 살 수 있습니다. 주식 투자는 모두가 더불어서 함께 잘살 수 있는 아주 넓은 큰길이에요. 이 점이 제가 자본시장이 서민에게도 희망이 되는 투자 환경, 투자 문화를 가져야 한다고 이야기한 이유고요.

일반 서민이 부자될 수 있는 방법 중에는 주식 투자가 최고예요. 약간의 수수료, 거래세만 부담하면 감히 넘볼 수 없는 기업의 주인으로 기업의 성과를 공유할 수 있으니까요. 우리나라에는 그런 투자 환경이나 문화가 정착되지 않았으니 이제부터라도 열심히 만들어가야죠.

현재 한국의 자본시장은 미국의 1980년대 중후반 상황과 비슷합니다. 미국도 '401K' 덕분에 퇴직연금이 자본시장에 들어오면서 지금까지 40여 년 동안 성장을 한 거예요. 우리나라도 현재 퇴직연금이 약 300조 원에 이른다고 하거든요. 확정기여인 DC Defined Contribution형 퇴직연금[13]으로 디폴트 옵션 Default Option[14]이 도입되면서 증시 쪽으로 들어오고 있습니다. 따라서 하루라도 빨리 계좌를 개설해서 우리나라를 대표하는 평생 동행할 기업을 찾는 게 중요합니다. 자본시장에서 35년여 동안 있으면서 느낀 바예요. 다 취하려고 하지 말고, 그 기업만 사고팔면 절대 손해 볼 수가 없습니다.

다시 한번 말하지만 농부가 농사짓듯이 투자해야 합니다. 저는 배당이 안전 마진이라고 생각해요. 시가배당률이 3~4%에서 7~8%, 10%짜리도 있지 않습니까? 그런데 그보다 중요한 것은 지속 가능성이 있어야 하잖아요. 기업은 고잉 컨선 Going Concern[15], 그러니까 '계속기업'으로 영속해야 의미가 있는 거죠.

결국 우량한 기업 중심으로, 배당을 주는 기업 중심으로 투자를 하고 자본 차익인 캐피털 게인 Capital Gain은 덤이라는 생각으로 기업과 함께하는 거예요. 예를 들어 농심의 주주라고 하면 농심에서 나오는 제품을 먼저 자신부터 많이 소비하는 거죠. 주변 사람들에게도 사주고 소문을 내면 그 기업이 돈을 벌 테고요. 그러면 회사 직원들은 월급만 가져가지만 주인은 성과를 가져가겠죠. 주주는 그 기업의 직원들을 고용한 사람이나 마찬가지예요. 투자자가 곧 기업의 주인이니까요.

따라서 저는 자랑스러운 투자자가 돼야 한다고 이야기해요. 주인의식, 기업가 정신, 프런티어 정신을 갖고 선별한 기업에 투자를 해야 돈을 벌 수 있어요. 여러 주식을 사고파는 것으로는 절대 돈 벌 수 없습니다. 근근이 먹고는 살 거예요. 하지만 절대 큰 부자는 못 됩니다. 아마 저처럼 개인 투자자 신분에 주식만으로 성공한 경우는 그리 많지 않을 거예요. 함께 자본시장에서 성장했다가 사라진 사람들을 많이 봤거든요. 그중에 제가 살아남은 이유는 자본시장의 구조나 틀, 투자 환경을 이해하고 그런 것들을 바꿔가려고 노력했기 때문이 아닌가 싶습니다.

박세익 그런 마음으로 투자를 하려다가도 주식시장에 생기는 악재 앞에서 무너지는 투자자들이 많습니다. 코로나, 우크라이나 전쟁, 연방준비제도Federal Reserve System, Fed의 금리 인상…. 평소에 개인 투자자들과 일대일 상담도 하고 만날 기회가 많은데요. 2021년 6월 이후 1년 넘게 주식시장이 약세를 보이면서 다들 지치고 힘들어합니다.

저는 지금의 고환율, 고물가 상황이 오래 지속되지 않을 테니까 오히려 쌀 때 더 사시라고 말씀드리는데요. 대표님은 이런 약세장도 여러 번 경험하신 베테랑으로서, 그리고 꾸준히 장기투자를 통해 성공한 주식 투자자로서, 개인 투자자들에게 마지막으로 남기고 싶은 한마디가 있을까요?

박영옥 2008년부터 세계 경제가 참 어려웠습니다. 세계를 지배하는 상위 10위 기업 리스트를 과거부터 살펴보면, 우리나라는 삼성전자 빼놓고 다 바뀌었고 세계적으로도 마이크로소프트 외에는 다 바뀌었어요. 2008년 국내 상위 10위 기업들은 삼성전자, 현대중공업, 포스코, SK텔레콤, KB금융지주 등이었어요. 그런데 지금은 기업 구성이 바이오, 배터리, 언택트, 자동차 등으로 바뀌었죠. 세계적으로도 플랫폼 기업들이 대부분입니다.

그런데 이런 기업들도 산업 사이클이 바뀌니까 계속해서 성장하지는 않아요. 소위 판이 바뀐다고 하죠. 이때 투자자는 3~4년의 미래를 보고 약간의 수수료, 거래세만 부담하면 또 다른 사업을 할 수가 있잖아요. 그게 투자자들의 이점이죠. 그런데 저는 기업인이 존경받고, 부자가 존경받고, 세금 많이 내는 사람이 우대받는 사회가 돼야 희망이 있다고 이야기하거든요. 기업인들은 한번 사업을 하면 함께하는 사람들이 있으니 끝까지 끌고 가야 하죠. 그런 점에서 특히 존경받아야 한다고 생각해요.

따라서 투자자도 단순한 투자가 아니라 직접 사업을 한다는 생각으로 접근하면 투자할 기업들을 찾는 게 쉬울 거라 생각합니다. 경기가 어렵지만 이 과정 끝에 주식시장은 다시 정상 궤도로 돌아올 거예요. 이때 혁신하는 기업을 잘 선별하고 동승하면 큰 부를 누릴 수 있을 거라고 봅니다.

2.

위기에도 반전의
기회는 생긴다

윤지호
이베스트투자증권 리테일사업부 대표

전 세계가 연준 의장 제롬 파월의 입에 주목합니다. 연준의 금리 인상 발표에 따라 세계 주식시장은 위축됐고 대출 이자 부담으로 가계 소비 심리도 얼어붙었습니다. 세계 경제가 주춤하며 투자에 대한 회의까지 일고 있는 지금, 무엇을 표지 삼아야 앞으로 나아갈 수 있을까요? 흔들리지 않는 투자를 위해서는 '돈'에 어떤 마음가짐을 가져야 할까요?

성장한 미래는 이미 현재에 있다

박세익 주식시장이 한창 호황을 맞이하면서 많은 사람들이 투자에 관심을 갖고 발을 내딛었습니다. 하지만 여러 가지 악재에 현재는 다시 투자에 대한 본질적인 회의가 일고 있기도 한데요. 이런 상황에서 앞으로의 투자는 어떻게 해야 할까요? 투자에서의 의사결정법에 대해 보다 본질적인 이야기를 나누고자 합니다.

윤지호 투자를 말할 때 항상 드는 비유가 있습니다. 뛰어난 요리사는 어떤 골목에서 장사를 해도 잘됩니다. 좋은 맛을 내는 기술을 갖고 있으면 누군가는 와서 맛을 볼 테고, 그러면 더 큰 비즈니스 기회가 생길 가능성도 크고요. 그런데 모든 식당이 그런 강점을 갖고 있지는 못합니다. 이때는 입지 요건, 금리, 트렌드 등도 장사에 중요한 요소가 되죠.

주식시장도 마찬가지입니다. 다른 어디에도 없는 맛을 가진 기업은 크게 상관없지만, 이제는 사람들의 식성이 까다로워졌기 때문에 나머지 기업들은 묘수를 짜내야 하죠. 이런 상황은 앞으로도 변하지 않을 것 같아요. 결국 두 가지가 중요합니다. 요리 실력이 평범한 수준이라면 기왕이면 사람들이 많이 다니는 길목에 있어야 하고요. 사업 투자를 받기 위해서는 부채도 적어야 합니다.

결국은 '돈값'의 문제입니다. 돈을 '돌고 돌아온다'고 해서 돈이라고 한다잖아요. 그러면 돈이 돌고 도는 흐름을 잘 봐야 하거든요. 그런데 묘하게도 돈의 흐름이 몰릴 때는 비싸져 있는 경우가 많습니다. 사람들이 꺼려 할 때가 오히려 좋은 기회죠. 꼭 주식에만 해당하는 것도 아니고 부동산도 마찬가지입니다.

그래서 금리가 중요한 거고요. 금리와 인플레이션은 돈값에 결정적인 영향을 미치니까요. 주식 투자에는 톱다운^{Top-down1}과 보텀업^{Bottom-up2} 두 가지 방식이 있잖아요. 톱다운 접근을 통해 개별 종목뿐만 아니라 돈의 길목, 돈이 들어오는 흐름을 알고 가야 합니다. 투자에서 간과해서는 안 되는 중요한 부분이죠.

박세익 금리 이야기가 나와서 조금 더 이어가 보겠습니다. 금리가 무섭게 올랐잖아요. 개인 투자자들은 이 상황을 어떻게 해석하고 행동해야 할까요?

윤지호 다이어트로 비유해 볼게요. 세계 경제는 다이어트가 간절히 필요한데, 정상적인 다이어트로는 살을 뺄 수 없는 상황이었어요. 특히 미국이 그렇죠. 사람들이 왜 다이어트를 할까요? 더 건강한 삶을 살기 위해서죠. 더 좋아지려고 하는 거예요.

연준의 여러 정책이 지금의 불확실성을 만든 근원이지만, 결국 좋아지려고 긴축을 하는 것입니다. 우리는 성장한 미래를 압니다. 경영학자 피터 드러커^{Peter Drucker}의 이야기처럼 미래는 이미 현재에 존재하고 있잖아요. 돈의 힘으로 오버슈팅Overshooting³돼 있던 것들이 잘 긴축해서 체중 조절에 성공하면 세계 경제가 다시 뛸 수 있는 상황이 오지 않을까요?

지금은 도저히 운동을 안 할 수 없을 만큼 너무 비대해졌어요. 돈의 양 자체를 줄여야 하죠. 다이어트로 건강을 찾아 소화력이 좋아지면 훨씬 더 맛있는 것을 먹을 수 있어요. 그러니까 연준이 조금 강한 정책을 사용해도 두려워하지 말라는 이야기를 하고 싶네요.

박세익 세계 경제에 연준이 미치는 영향력은 굉장히 큽니다. 저 또한 제 책에서 주식시장이라는 강아지를 연준이 길들이고 있다고 이야기했는데요. 한편에서는 연준이 주식시장에 미치는 영향력을 낮게 평가하는 사람도 있습니다. 뉴욕대학교 레너드 스턴 경영대학원의 애스워드 다모다란Aswath Damodaran 교수인데요. 그는 연준이 정하는 유일한 금리는 '연준 금리Fed Rate'며, 시중 금리에는 제한적인 영향력만 준다고 했습니다. 연준의 금리 정책에 대한 이런 시각을 어떻게 생각하세요?

윤지호 결론부터 말하면 저는 그 생각에 동의하지 않습니다. 애스워드 다모다란 교수는 책에도 드러나듯이 워낙 보텀업 방식을 기본적으로 선호하는 편이에요. 그러다 보니, 연준의 영향력에 대해 그런 말을 했을 거예요. 연준이 어떤 입장을 취하는지는 매우 중요합니다. 주가에서 할인율에 영향을 주기 때문이지요. 하지만 글로벌 IB^{Investment Bank} 크레디트스위스의 글로벌 헤드 졸탄 포자르^{Zoltan Pozsar}가 한 말도 떠오릅니다. 연준이 중요하지만, 제롬 파월^{Jerome Powell}의장은 너무 많은 말을 한다고 비판한 거죠. 기자회견을 하지 말라고 말했거든요. 제롬 파월 의장의 경우 기자회견에서 질의응답을 상세히 하죠. 그러니 시장에 미치는 영향이 너무 크다는 것입니다.

박세익 네. 그런데 2018년 2월 제롬 파월이 연준 의장이 된 이후로는 연준의 금리 정책에 대한 예측 가능성이 떨어지고 시의적절하지 않다는 느낌을 많이 받습니다. 예를 들면, 2018년 12월 미국 연방공개시장위원회^{Federal Open Market Committee, FOMC} 회의 때만 해도 아홉 번째 금리 인상을 단행하면서 2019년에 두세 번의 추가 금리 인상을 예고했지만, 결국 한 번도 못 올리고 오히려 하반기에 세 번 내렸어요.

그리고 2021년 하반기에는 물가 상승을 우려하는 시장의 목소리에도 불구하고 "최근 물가 상승은 일시적이고, 연준은 2022년 말까지 금리 인상 계획이 없다"고 발표를 했죠. 그러고 나서, 2022년 상반기 소비자물가지수^{Cosumer Price Index, CPI}가 급등하자 뒤늦게 3월부터 부랴부랴 금리를 올렸고요. 한편으로는 천하의 연준도 6개월 앞의 경제를 예측하지 못하는구나 싶기도 합니다. 그런 점에서 저는 애스워드 다모다란 교수의 이야기가 어느 정도 맞는 것 같아요.

윤지호 금리 인상으로 시장이 안 좋을 때면 세계적인 투자자들은 어떻게 하는지 궁금하잖아요. 그때 빼놓을 수 없는 인물이 워런 버핏이죠. 누구나 워런 버핏이 되고 싶어 해요. 이를 두고 월가에서는 "당신은 워런 버핏이 아니다"라는 농담도 있다고 하죠. 그리고 반대편에는 또 한 명의 뛰어난 투자자 조지 소로스George Soros가 있어요. 국내 시장에서는 부정적 이미지가 강하지만 훌륭한 투자자인 것은 사실이에요.

조지 소로스의 철학은 딱 하나입니다. 우리의 생각이 시장에 영향을 미치고 다시 피드백을 거쳐 재귀적 과정을 겪는다는 거예요. 재귀성 이론Refexity Theory[4]이라고 하죠. 사회에서 논의되고 있는 사안, 밥 먹으며 떠드는 이야기, 또 유튜브를 통해 전해지는 정보, 모든 것들이 시장과 상호작용하면서 계속해서 변화한다는 것입니다.

그런 관점에서는 연준의 정책도 어느 정도 시장에 작용을 하고 시장에 그런 우려가 반영된 순간이 올 테죠. 그 영향이 뭔지 잘 모르니까 불확실성이라는 단어로 나오는 거고요. 그리고 불확실성은 항상 변동성을 가져옵니다. 지나고 나면 결국 논의된 이야기나 행동은 시장에 반영되고 다시 피드백해서 돌아와요. 의심하고 확산되는 자기 강화Positive Feedback 과정을 거치면 다시 균형을 가져가는 자기 조정Negative Feedback이 있을 거예요. 그렇게 이해하면 연준의 정책이 절대 불편하게 느껴지지 않아요.

어쩌면 시장은 너무 교과서적인 답변을 원하는 것 같습니다. 수학의 법칙처럼 이렇게 하면 투자에 성공하고 저렇게 하면 투자에 실패하고…. 하지만 세상에 절대적인 진리가 있나요. 중요한 것은 시장과 같이 고민하는 거죠. 그러면 개인 투자자가 주린이에서 다음 단계로 진화하지 않을까 생각합니다. 이벤트나 뉴스나 펀더멘털 요소가 자기 강화되는 시간인지, 자기 조정되는 시간인지만 파악해도 시장 판단에 큰 도움이 될 것입니다. 시장과 반대로 보는 습관도 필요하고요.

워런 버핏과 조지 소로스에게는 어떤 공통점이 있을까요? 마크 티어Mark Tier의 저서 『워런 버핏과 조지 소로스의 투자습관』에서는 두 사람 모두 손실을 그렇게 싫어했다고 이야기해요.

박세익 손실 좋아하는 투자자는 없으니까요.

윤지호 그리고 또 하나의 공통점이 있어요. 바로 실수를 두려워하지 않고 과감하게 투자한다는 점입니다. 그러다 잘못된 판단이었을 때는 또 과감하게 빼고요. 워런 버핏의 투자 원칙이 "첫째, 손실을 보지 않는다. 둘째, 첫 번째 원칙을 잊지 않는다"라고 하죠. 이게 어떻게 가능할까요? 처음 살 때부터 안전 마진이 확보된 종목만 사는 거예요. 그렇게 실수를 줄이려고 했던 거죠. 반면 조지 소로스는 재귀성 이론을 통해 어떻게 하면 자기 강화되는지를 봤어요. 결국 두 사람 모두 스스로 완전하지 않다는 것을 인정한 거예요. 미래는 유동적이라는 거죠. 유동적인 미래를 놓고 지나치게 한 가지 방법론을 고집할 필요는 없고요.

박세익 조지 소로스의 재귀성 이론은 쉽게 말해, 자산의 가격이 소위 말하는 적정 가치에 머물러 있지 않고, 사람의 인식 변화에 의해 거품도 끼었다가 또 반대로 투매에 해당하는 패닉셀링Panic Selling[5]이 일어나며 내재가치를 훨씬 밑도는 수준까지 하락하기도 한다는 거잖아요.

어쩌면 시카고대학교의 유진 파마Eugene Fama 교수가 이야기한 '효율적 시장 가설Efficient Market Hypothesis'과 완전히 배치된 개념인데요. 이에 따르면 시장 가격에는 모든 기업의 정보가 다 담겨 있죠. 저는 유진 파마 교수의 말에도 동의해요. 하지만 여러 가지 기업 외적 변수에 의해 주가가 과열 또는 투매 양상을 보일 때 움직임의 원인과 매커니즘에 대해서는 조지 소로스가 천재적인 발상으로 그 비밀을 풀어줬다고 생각합니다.

조지 소로스의 수제자 스탠리 드러켄밀러Stanley Druckenmiller도 조지 소로스에게 영향을 받았어요. 그래서 투자자산의 적정 가치를 고집하기보다는 톱다운 방식의 운용 철학과 시장에 순응하는 운용 스타일을 갖고 있죠. 스탠리 드러켄밀러가 한번은 이런 이야기를 했어요. "주식시장에서는 황소도 돈을 벌고 곰도 돈을 버는데, 이리저리 쫓아다니는 돼지는 돈을 못 번다고 한다. 하지만 나는 누가 뭐라고 해도 시장의 흐름을 쫓아다니는 탐욕스러운 돼지가 될 거다."

이 말은 황소가 갈 때는 황소 따라가고 곰이 갈 때는 곰 따라가고 대중들이 좋아하는 미인주가 탄생하면 그 미인주를 적극적으로 사겠다는 거예요. 즉 그만큼 시장에 유연하게 대응하겠다는 이야기죠. 제가 늘 이야기하는 "내 IQ는 80이고, 시장의 IQ는 2만이다"라는 말과 일맥상통합니다. 내 고집과 인지 편향적 사고를 버리고 시장에 순응해야만 이 냉혹한 주식시장에서 살아남는다고 봅니다.

윤지호 투자 철학에 대한 이야기를 나누다 보니 이런 생각이 들어요. 사람들이 왜 불안할까요? 의사결정을 할 때는 이뤄지길 바라는 소망과 판단에 대한 불안감을 함께 갖게 돼요. 그 둘 사이에서 갈등하는 거죠. 결국 불안에서 벗어나는 방법은 양쪽 의견을 다 듣는 것밖에 없어요. 투자를 할 때 가장 경계해야 하는 자세가 자신에게 유리한 쪽으로 쏙쏙 들어오는 기사, 듣고 싶은 정보만 듣는 거예요.

그러니 매일매일 바쁘죠. 매일 쏟아지는 해설에 파묻혀 지내는 거예요. 예를 들어 비관적인 전망을 위주로 보면, 유튜브 피드는 경제 위기 내지 주가 붕괴 전망으로 가득해요. 실패의 늪에 빠진 투자자들의 공통점이 현재 포지션에 부합되는 정보만 듣고 그런 통계만 찾아다닌다는 거예요. 필패하는 투자는 이런 것을 의미합니다. 워런 버핏, 조지 소로스, 스탠리 드러켄밀러 등 대가의 말을 아무리 찾아봐도 결국 판단하고 결정하는 것은 오롯이 투자자의 몫이에요.

시장을 이해하려는 심정으로 바라보라

박세익 투자자들에게 필요한 게 양쪽의 의견을 다 듣고 균형감을 유지하는 거라고 해도, 뚜렷한 본인만의 투자 철학 없이 마구잡이로 이 사람 저 사람 유튜브만 열심히 듣는 것도 도움이 안 된다고 봅니다. 투자를 할 때 무엇을 중점에 둬야 하고 어떻게 공부해야 하는지 본질적인 면에서 이야기를 더 나눠보죠.

윤지호 이 업에 몸담고 있으면 개인 투자자들의 간절한 편지를 받는 경우가 있어요. 열심히 주식 공부해서 투자 전략 세우고, 이를 토대로 해왔는데 한계에 다다른 거예요. 많은 사람들이 투

62

자도 공부하듯 열심히 하면 될 거라고 착각하는데요. 아무리 공부를 열심히 해도 소위 '공부 머리'가 없으면 어느 수준 이상으로 성적이 안 오르잖아요. 타고난 사람들이 있거든요. 흉내 낸다고 되는 것도 아니에요. 투자 쪽도 투자 머리가 있는 것 같아요.

박세익　저는 '공부 머리'가 지능지수, 즉 IQIntelligence Quotient라면 '주식 머리'는 EQEmotional Quotient인 감성지수가 중요하다는 생각을 많이 합니다. 서울대학교 정신의학과 윤대현 교수님과 이야기하며 공감 능력의 중요성에 대해 생각하게 됐는데요. EQ란 한마디로 타인의 감성에 대한 인지 능력이잖아요. 요즘은 의사가 상냥하고 친절하게 진찰해 주는 병원에 환자가 많아요. 환자의 첫 번째 니즈Needs는 치료지만, 두려운 마음으로 간 병원에서 의사가 마음까지 다독여 준다면 또 그 병원을 찾게 되죠. 이게 환자와의 공감 능력이거든요.

존 케인스John Keynes가 주식시장은 미인대회라고 하지 않았습니까? 내 취향보다는 심사위원들과 대중들이 좋아하는 미인이 우승하는 것처럼, 주식도 대중들의 관심과 투자 심리가 어디로 향하고 있는지를 잘 관찰해야 한다는 거죠. 20세기 최고의 천재 경제학자도 주식 투자는 대중과의 교감과 공감 능력이 중요하다는 점을 강조했던 것입니다.

윤지호　기업의 투자처럼 개인의 투자도 하나의 비즈니스잖아요. 그런데 장 좋을 때 조금 벌었다가 장이 빠졌다고 성과가 확 나빠진다면 비즈니스를 잘한다고 볼 수 없어요. 이 말을 듣고 뜨끔한 사람이 있다면 투자 방식에 대해 근본적으로 고민해야 해요. 그런데 이런 개인 투자자들이 너무 많이 늘어난 것 같아요.

박세익　저도 그런 이야기를 들으면 안타까운 마음이 듭니다. 성공 투자의 가장 기본 원칙이 '크게 먹고 적게 터지는 것'이잖아요. 그런데 대부분의 실패한 투자자들은 먹을 때 적게 먹고, 터질 때 크게 터지거든요. 그 이유를 제가 방송에서 자주 말씀드리는데요. 대부분 잘못된 매매 원칙을 갖고 있기 때문이라고 생각합니다.

첫 번째는 본질적으로 잘못된 투자 방식을 반복하는 거예요. 5~10% 정도 수익 나면 팔고, 사고 나서 손해난 주식은 물타기했다가 본전되거나 소폭 이익 나면 파는 거죠. 이런 식의 매매 방법으로는 '먹고 파는 주식은 늘 0~10% 수익이고, 사서 물린 주식은 0~-70%'입니다.

여기에서 또 안타까운 점은 먹고 파는 주식은 전부 소량이고, 물린 주식은 계속된 물타기로 비중이 아주 커져 있다는 점이에요. 즉 먹을 때는 소량으로 10% 정도 수익 내고 팔고, 정작 대부분은 손실을 무마해 보겠다고 무모한 물타기로 비중만 계속 늘리는 거죠. 아무리 열심히 경제, 산업, 기업 분석해서 투자 유망한 주식을 발굴했다고 해도 이렇게 잘못된 매매 방식으로 투자하면 평생 주식 투자로 돈 못 벌 거든요.

두 번째는 주식 투자에 대한 잘못된 개념 때문이라고 생각하는데요. 그동안 주식시장에서 떠돌던 "위대한 기업에 투자하라"는 말만 듣고 많은 투자자들이 '좋은 가격'의 중요성을 간과하고 있다는 생각이 들어요. 좋은 기업을 비싸게 투자하는 것과 좋은 기업을 착한 가격에 투자하는 것의 투자 결과는 완전히 다르거든요. 그래서 가치 분석을 통해 현재 시장에서 거래되고 있는 주가가 합리적인지, 아니면 거품이 가득 끼어 있는지를 판단해야 해요. 저는 이런 밸류에이션 능력이 '아마추어'와 '프로'의 차이를 만든다고 봅니다.

윤지호 천장팅(陳江挺)의 저서 『주식 투자의 지혜』를 봐도 펀더멘털만큼 가격이 중요하다는 것을 알 수 있어요. 시장이 상당히 많은 것을 이야기해 주잖아요. 세상에는 별 데이터가 다 있어요. 블룸버그에서는 양질의 새로운 데이터를 다양하게 얻을 수 있고요. 최근에 항상 보는 데이터 중에는 MOVE_{Merrill Lynch Option Volatility Estimate}라는 것도 있는데, 채권시장의 변동성을 볼 수 있어요.

그런데 만약 이런 데이터에서 주식시장보다 채권시장 변동성이 점점 커지는 것을 발견한다면 무엇을 추론할 수 있을까요?

그만큼 다양한 불확실성이 반영되고 있다는 거예요. 인플레이션으로 인한 금리 상승 리스크보다도 두려운 것은 스프레드가 벌어지는, 소위 크레디트 리스크Credit Risk[6]예요. 크레디트 리스크가 출현하면 채권시장은 대세 하락으로 갈 수 있어요.

회사가 자금을 조달하려면 돈값을 지불해야 하잖아요. 그런데 금리라는 게 쉽게 말해 내 현금의 일정 부분을 뺏기는 거죠. 돈값이 올라가는데 이를 전가할 만큼의 생산성이 나오느냐의 싸움인 거예요. 연준이 강하게 나가줘야 한다고 생각하는 사람들은 여기에 초점을 맞추고 있어요. 지금 강하게 나가서 물가만 잡으면 금리 변동성을 제어할 수 있으니까요

과거 섹터 로테이션 전략Sector Rotation Strategy[7]을 살펴보면 경기가 약간 주춤했을 때, 먼저 주가가 꺾이는데 코스메틱과 푸드, 즉 음식료 분야는 오히려 좋아졌어요. 미국 정치인 피터 나바로Peter Navarro의 저서 『브라질에 비가 내리면 스타벅스 주식을 사라』에 아주 쉽게 설명돼 있는데요. 우리나라의 OECD 경기선행지수Composite Leading Indicator, CLI[8]가 2021년 7월을 기점으로 떨어졌잖아요. 사실 그때부터 경기가 꺾이며 움직였거든요. 아주 단순한 방법이에요.

이런 상황에서 기업은 인플레이션 상승 이상으로 가격을 올리려고 하죠. 올리면 좋아지지만 못 올리면 그만큼 부담이에요. 원가가 올라서 판매가를 올린 경우는 물가가 안정되면 훨씬 좋은 거고요. 이렇게 머릿속에서 흐름을 그려보는 거예요. 소설을 써

보는 거죠. 기업에 탐방 가서 IR^Investor Relations 담당자 한 번 만나는 것으로 알 수 있는 것은 아니에요. 결국 데이터를 보는 게 중요하다는 이야기입니다. 세상이 발전한 만큼 이미 상상할 수 없을 정도의 다양한 데이터가 구현돼 있어요. 그런 데이터에 조금 더 관심을 가지면 더 쉽고 간단하게 상황을 판단할 수 있을 거예요.

박세익　저는 주식시장에서 형성되는 여러 가지 가격 지표로부터 많은 투자의 힌트를 얻는데요. 그중에 하나가 52주 신고가를 체크하는 것입니다. 매일 아침 회의 때 중국과 미국, 국내 시장의 52주 신고가를 모두 살펴보거든요. 2022년 상반기 우크라이나 전쟁과 물가 급등, 연준의 금리 인상 개시에도 불구하고 코카콜라는 얼어붙은 시장에서 52주 신고가를 냈어요. 이때도 시장은 우리에게 어떻게 포트폴리오를 구성해야 하는지에 관해 메시지를 줬다고 봅니다.

윤지호　네. 맞아요. 코카콜라뿐만 아니라 필수 소비재에 해당되는 기업 중 해당 분야 1등 기업들의 주가가 대체로 다 강했는데요. 그 이유가 브랜드 독점력을 갖고 있으면서 원자재 가격 상승만큼 제품 가격을 올려도 가격 저항이 없기 때문이죠. 인플레이션 시대에는 그런 기업을 사야 한다고 하잖아요.

박세익 네. 그래서 경제 위기 상황에서는 우리가 투자하는 기업이 강력한 경제적 해자(垓子)Economic Moat를 갖고 있느냐가 중요한 것 같아요. 특히 최근과 같은 고물가 상황에서 독점력이 있는 기업은 소비자에게 가격을 전가해도 소비자는 대안이 없어요. 애플 핸드폰 가격이 60만 원, 70만 원에서 90만 원, 100만 원, 150만 원으로 올라도 소비자들의 이탈이 전혀 없잖아요. 가격 저항이 없는 거죠.

코카콜라도 몇 년마다 가격을 올리죠. 그런데 고객에게는 대안이 없어요. 펩시가 있긴 해도 그 충성도를 무너뜨릴 수는 없죠. 모노폴리Monopoly, 그야말로 독점인 거예요. 눈에 보이지 않는 모노폴리. 재무제표에는 나타나지 않는 기업의 무형 자산이죠. 애스워드 다모다란 교수가 저서 『내러티브&넘버스』에서 이야기했듯이 미래의 불확실한 넘버에 예측 가능성을 높여주는 스토리, 그중 가장 중요한 게 고객의 충성도인 거예요.

저는 워런 버핏이 2016년에 애플의 주식을 샀던 것도 같은 이유라고 생각합니다. 강력한 고객 충성도는 과거 코카콜라부터 애플까지, 워런 버핏이 주식 투자에서 가장 중요하게 체크하는 항목이라고 봅니다. 왜냐하면 이를 통해 내년, 그리고 내후년에 대한 매출과 이익에 대한 추정치가 타당한지 아닌지, 실현 가능한지 아닌지가 결정되니까요.

이렇게 워런 버핏의 투자 스타일을 분석해 보면서 드는 생각은요, 최종 소비재를 만드는 기업에 투자할 때 '고객의 충성도'만큼 중요한 것은 없는 것 같다는 거예요. 그러다 문득 '워런 버핏은 애플은 샀는데 왜 페이스북은 안 사지?'라는 생각이 들었는데, 그 이유도 고객 충성도의 변화 관점에서 찾을 수 있었어요.

윤지호 페이스북이 당면한 가장 큰 문제가 틱톡 같은 플랫폼에 저항하는 거잖아요. 그러다 결국 자신의 시장을 유지할 수 없다는 불안감이 올 수 있죠.

박세익 이제는 월트 디즈니, 아마존 프라임, 애플마저 OTT 시장에 들어왔으니까요. UFC의 링이라면 페더급 선수가 갑자기 미들급, 헤비급을 상대하게 된 거예요. 한때 넷플릭스가 고점에서 30% 정도 하락했을 때 CNBC 진행자 짐 크래머Jim Cramer는 넷플릭스 주식을 파는 것은 바보 같다고 했어요. 그런데 워런 버핏의 투자 원칙으로 보자면 독점력이 깨진 거죠. 최근 5년간 FAANGFacebook, Apple, Amazon, Netflix, Google이라는 명제 속에 최고의 주도주 역할을 했던 페이스북 같은 초우량주식도 하루에 30%가량 급락하는 수모를 겪었잖아요. 독점력에 대한 지위가 무너진 기업을 시장이 냉혹하게 평가한 결과라 봅니다.

윤지호 굉장히 중요한 이야기라고 생각합니다. 이런 시선으로 시장을 보면 미래의 성장주도 예측할 수 있어요. 반도체는 뻔하니까 제외하면요. 우리나라의 고유 비즈니스 중에 미래 성장가치가 큰 분야는 바로 K-콘텐츠예요. 무형재죠. 가끔 보는 데이터 중에 일본 관련 데이터도 있거든요. 웹툰 기반의 드라마 〈이태원클라쓰〉가 일본에서 상당한 인기를 끌었어요. 20여 년 전 〈겨울연가〉의 욘사마에서 끝난 게 아니라 더욱 확산된 거죠.

투자자들은 투자를 항상 염두에 두고 살 거예요. 이때 변화의 방향을 파악하는 것을 놓쳐서는 안 돼요. 변화의 방향에서 핵심은 무엇일까요? 바로 지배력이에요. 지배력을 가져야 가격을 전가할 수 있고 비용을 절감할 수 있고 상황이 안 좋아져도 버틸 수 있거든요. 무형자산도 똑같습니다. 이전까지만 해도 소위 K-컬처 분야는 분명 좋은 기업은 맞지만 가격은 좋지 못했거든요. 좋은 주식은 아니었죠. 그런데 점점 합리적 가격의 기업들이 보이더라고요. 그런 기업을 찾았으면 연준이 금리를 올리든 말든 미래를 보고 투자하면 되는 거예요.

물론 이때도 투자 전략이 필요해요. 전략이라는 단어는 고대 그리스어 스트라테고스Strategos에서 왔다고 알려져 있어요. 전투 시 분대장 같은 지위를 나타냈다고 해요. 한문으로는 '싸움 전(戰)'에 '다스릴 략(略)'이죠. 결국 투자는 전쟁과 같아요. 전쟁에서 승리하려면 화살도 지형이 유리한 언덕 위에서 쏴야 할 테고, 비 오는 날도 피해야겠죠.

주식 투자에서 전략으로 삼을 수 있는 게 금리 같은 매크로 환경이에요. 금리가 올라도 추가 비용이 적은 업종은 장기적으로는 좋겠죠. 그게 바로 무형재고요. 성장주는 안 되고 가치주는 된다는 논리가 아니라, 이들이 합리적 주가에 올 때가 언제인가를 판단하는 게 중요하다고 생각해요. 단순하게 PBR을 따지는 시대는 지난 지 오래입니다.

누군가 고통스러워할 때 부는 이동한다

박세익 2022년 1월 미국 시장이 무너지면서 주식시장이 확 빠졌습니다. 어떻게 보면 2018년 상황과 유사하거든요. 미국은 2018년 7월에 신고가를 냈는데, 국내 시장은 2018년 1월 29일 코스피 2600선을 기록하면서 고점을 치고 계속 빠졌어요. 이번에도 거의 똑같았죠. 2018년 가을에도 미국은 신고가 나왔는데 국내 시장은 왜 이렇게 약하냐는 말이 나왔어요. 그때도 금리를 올리고 있다 보니 금리에 대한 공포가 컸고요.

그런데 10월에 갑자기 미국 10년물 국채 금리가 3.2%를 돌파하면서 신고가를 내던 미국 시장도 와장창 무너졌어요. 불과 3개월 만에 S&P500 지수가 20%가량 급락했으니까요. 당시 12월 18~19일에 있었던 FOMC 회의를 앞두고 제롬 파월의 공격적인 금리 인상에 대한 공포로 패닉셀링이 나왔고, 미국을 비롯해 글로벌 주식시장이 바닥을 찍고 돌아섰어요. 그때 미국 시장은 12월 한 달에만 약 15%가량 하락하기도 했죠. 다행히 월말 종가는 낙폭을 다소 회복하면서 약 6% 하락한 것으로 끝났습니다.

그런데 그때 우리나라 코스피는 5% 정도도 안 빠졌어요. 2018년 1월 이후 1년 내내 미국 시장 대비 약세를 보이다가 12월 바닥을 확인하던 달에는 코스피가 상대적 강세를 보였던 게 기억납니다. 그러고 나서 공교롭게도 2019년 연준은 금리 인상을 중단했고 글로벌 주식시장은 안도 랠리[9]가 1년 내내 이어졌고요.

그래서 저는 이번 약세장의 바닥 확인을 위해서 두 가지 시그널을 주목하고 있습니다. 첫 번째는 한국 시장의 상대적 강세 현상, 두 번째는 연준의 태세 전환, 즉 금리 인상 중단 신호입니다. 시장에서 자주 언급되는 연준의 피벗Pivot이죠. 저는 이 두 가지가 확인되면, 최소한 6개월에서 1년 정도의 안도 랠리가 시작될 거라고 보고요. 그중에 가장 관심이 많은 섹터는 이연소비Pent-up Demend가 잔뜩 대기하고 있는 리오프닝 관련 주입니다. 특히 중국의 리오프닝에 의한 '중국 소비재'에 대한 기대가 큰데요. 이번에는 어떤 제품이 2015년 아모레퍼시픽의 '설화수' 같은 히트 제품이 될까 계속 모니터링하고 있습니다.

윤지호 2022년 3월 중국의 양회가 시작됐었죠. 전국 양회를 하기 전에 지방 양회를 먼저 하는데, 거기에서 나왔던 정책들을 보면 대략 방향이 나오거든요. 살펴보면 고정 자산 투자 같은 것은 크게 늘리지 않고 소비 지향책으로 간다는 거였어요. 그런데 사실 이런 세세한 것보다 중요한 것은 현재 모든 사단의 출발점이 미국과 중국의 갈등에서 시작됐다는 거예요. 두 나라가 완전히 봉합되는 시대가 언제 올지는 모르겠어요.

희망적인 것은 이제 위드 코로나 시대로 가고 있으니까요. 내구재 소비에서 서비스 수요가 높아질 거예요. 서비스 자체에 몰두해 있는 업종이 뭔지 생각해 보는 거예요. 기업들은 잉여 현금으로 스스로의 가치를 올리기 위한 다양한 방법을 사용해요. 주주가치를 위해 배당하거나 자사주를 사서 소각하는 것도 방법이지만, 케파Capa 증설을 하거나 M&A를 하기도 해요. 글로벌한 M&A, 특히 항공사 M&A가 상당히 많이 진행됐죠. 기대가 적은 쪽은 기대가 적은 만큼 자기 강화가 시작되거든요.

어쩌면 항공, 여행, 그리고 면세점 관련 코스메틱 등이 시장이 좋아질 때는 더 좋아지고 시장이 빠질 때는 덜 빠지는 섹터가 된 거예요. 오를 때는 더 오르고 떨어질 때는 덜 떨어지는 분야가 이미 나오기 시작했다는 거죠. 앞으로 연준의 정책으로 물가가 어느 정도 안정되고 여러 가지 공급망 이슈도 다소 완화되면 내구재 중에서는 자동차가 주목받을 거예요. 다들 못 사서 안달이잖아요.

시장을 마치 관조하듯 보며, 연준의 결정만으로 장이 빠진다고 보는 것은 옳지 않다고 생각해요. 식당을 영업한다면 식당으로 돈을 버는 방법을 찾아야죠. 그러면 돈을 벌기 위한 조건을 분석해야 하고요. 원체 요리를 잘하면 실력으로 승부하거나, 다른 식당에는 없는 특별한 메뉴를 개발하는 것도 방법일 테고요. 좋은 입지 요건을 갖추거나, 그것도 아니면 돈을 빌려서 분점을 많이 낼 수도 있어요.

이게 바로 매크로거든요. 그런 관점에서 접근한다면 투자에서의 기회 요인들을 충분히 찾을 수 있죠. 톱다운에서 변화가 있어도 그 효과가 아직 기업 실적에는 나타나지 않을 수 있어요. 만약 그렇더라도 앞으로 좋아질 기업들을 찾는 관점에서 시장을 바라보는 것은 중요해요. 조지 소로스의 표현을 빌리자면 이미 그런 움직임은 상당한 자기 강화를 시작한 거라고 할 수 있어요.

박세익 그래도 투자자들은 확인이 될 때 사려고 하잖아요. 반도체나 코로나 진단 키트 등도 수익을 낸 뒤에 들어가려고 하고요. HMM이 2021년에 7년 동안 까먹었던 돈을 1년에 다 벌었거든요. 그리고 2022년에도 사상 최대 실적을 기록할 것으로 예상해요. 하지만 HMM 같은 경기 순환형 기업은 현재 실적보다는 향후 감익될 이익을 선반영하면서 주가는 반토막이 나거든요.

그래서 제 경우 이런 경기 순환형 기업에 투자할 때는

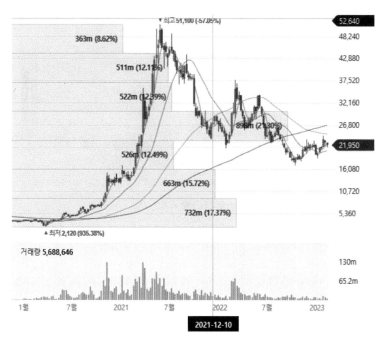

HMM 주가 추이

HMM 시 **22,600** 고 **22,600** 저 **21,400** 종 **21,950** ▼ 650 -2.88% 거 **5,688,646**

이동평균 5 20 60 120 매물분석도(7)

▼최고 51,100 (-57.05%)   **52,640**
52,640
363m (8.62%)   48,240
511m (12.18%)   42,880
522m (12.39%)   37,520
                                                         32,160
89m (21.30%)   26,800
526m (12.49%)   **21,950**
663m (15.72%)   16,080
732m (17.37%)   10,720
▲최저 2,120 (935.38%)   5,360

거래량 5,688,646   130m
                                                         65.2m

1월   7월   2021   7월   2022   7월   2023

2021-12-10

출처: 네이버 증권

기업의 실적이 확연히 개선되기 전에, 매크로 상황을 보면서 다소 빨리 매수를 해요. 이때 외롭고 무섭긴 합니다. 실패할 때도 종종 있고요. 대부분이 너무 빨리 들어가서 문제였는데요. 예를 들면, 2021년에도 리오프닝주가 오를 거라고 예상했지만 상반기에 힘차게 오르다 오미크론 때문에 다시 박살 나고 말았죠.

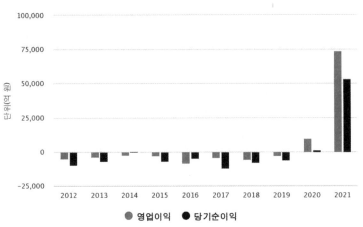

HMM 이익 추이

영업이익, 당기순이익 추이

출처: DataGuide, 체슬리투자자문

차트도 월봉으로 보면 쌍바닥을 만들고 돌아섰고 미국이나 유럽에서 '위드 코로나' 분위기가 조금씩 확산되는 분위기라서 상승 추세가 조금 더 이어지지 않을까 기대를 했는데요. 중국을 비롯한 아시아 국가들의 강력한 방역 조치가 지속되면서 주가는 다시 주저앉고 말았죠. 이때 리오프닝 관련 기업들의 실적이 기대했던 것과 달리 돌아서지 못한 게 가장 큰 원인이었어요.

반면, 이런 정책 리스크가 없고 강력한 독과점적 지위가 유지되고 있는 반도체 산업의 경우에는 실적이 최악일 때 주식을 사고, 반대로 최상일 때 주식을 파는 전략이

자주 잘 먹혀들어 갑니다. 그래서 저는 경기 순환형 기업의 투자 타이밍은 해당 기업의 이익에 대한 주가 배율인 PER$^{Price to Earning Ratio 10}$ 값으로 결정하는 게 아니라, 해당 기업의 영업이익률이 최악의 국면을 지나 개선 조짐이 시작될 때라고 생각합니다.

이를 수학적으로는 이익의 절댓값이 플러스가 될 때가 아니라, 감익하던 이익의 규모가 다시 커지거나 또는 확대되던 적자 규모가 줄어들면서 순이익 차트의 기울기가 플러스로 전환될 때, 즉 이익 곡선의 미분(微分)^{Derivative} 값이 플러스로 전환할 때라고 표현합니다. 이때 주식을 사야 하는 거죠.

윤지호   결국 투자란 다 똑같은 것 같아요. 투자의 관점에서는 사업이나 부동산도 주식과 다르지 않아요. 투자의 철학을 정립하는 데 제게 큰 영향을 미친 작품이 1987년작 영화 〈월스트리트〉예요. "탐욕은 선하다"라는 대사가 상당히 인상 깊은 영화죠. 정확하지는 않지만 이반 보에스키$^{Ivan Boesky}$라는 실제 인물을 모델로 했다는 이야기도 있어요.

이외에도 정말 멋진 대사가 나와요. 악명 높은 금융가 고든 게코에게 브로커 찰리 쉰이 어떻게 해야 돈을 벌 수 있느냐고 물어요. 그 대답이 제가 가장 충격을 받은 대사거든요. 시장은 오르고 내리거나, 이기고 진다의 개념이 아니라는 거예요. 돈이란 뺏어오거나 뺏기는 과정이라는 거죠. 돈은 안정돼 있다는 거예요. 영화가 개봉했던 1987년 당시에는 실제로 월가에 굉장히 스캔들이 많았다고 해요.

주식에서는 다른 사람이 고통스럽게 건넨 돈을 받아야 많이 벌 수 있잖아요. 부동산도 거의 비슷해요. 다른 사람이 굉장히 고통스러울 때가 좋은 투자의 시기였어요. 오히려 금리는 싸지 않았어요. 요새는 유튜브를 통해 시장 분위기가 어디로 쏠리는지, 누가 얼마나 고통스러운지를 다 알 수 있죠.

2014년인가 정확하지는 않은데, 제 지인이 과천 부동산을 사고 고민했었죠. 개발 건으로 많이 올랐던 후로 수년간 가격 조정이 뒤따랐어요. 그때 상승한 집값에서 거의 30~40% 빠지고 다시 그 가격에 온 거예요. 그런 흐름을 봤던 사람들은 금리가 비싸고 누군가 집을 뺏기려 할 때가 집을 사기 좋은 기회였다는 것을 알죠. 물론 2021년에 부동산이 다 오르긴 했지만 사실 거래 없는 상승이었거든요.

원래 주식 투자란 장기적으로는 모두 함께 주주가 돼서 이익을 공유하는 아름다운 세계가 맞아요. 그런데 아쉽게도 지난 투자의 역사를 봤을 때 주식은 모두가 행복하거나 다수가 승자가 되는 게임은 아니었던 것 같아요.

박세익 그래서 주식 투자는 제로섬 게임이 아니라는 말을 많이 하잖아요. 그런데 저는 주식도 결국 제로섬 게임이라고 이야기합니다. 그게 무슨 소리인가 싶으실 텐데요. 이렇게 한번 생각해 보죠. 2004~2011년 인프라 사이클 Infra Cycle 때 해외 플랜트에 강점을 둔 삼성엔지니어링 주식이 100배 가까이 올랐어요. 그런데 셰일혁명이 일어나고 2014년 하반기 국제 유가가 곤두박질치면서 삼성엔지니어링은 2011년 고점 대비 95% 정도 떨어졌죠. 2015년에 단행된 1조 5000억 원 규모의 대규모 유상증자에 주주들이 참여하지 않았다면 회사가 아마 망했을 수도 있어요.

삼성엔지니어링 주식으로 2004~2011년에 큰 수익을 낸 사람들 중 매매를 하지 않은 사람들은 번 돈을 다시 다 날렸을 거예요. 여기에서 부의 이전 현상은 나타나지 않습니다. 실제 현금이 들어온 게 아니라, 계좌에 찍히는 평가익이 어마어마하게 났다가 다시 제자리로 돌아갔을 뿐이니까요. 그러나 매매를 한 사람들에게는 부의 이전 현상이 확연히 나타납니다.

이해를 돕기 위해 두 명의 투자자가 있다고 생각해 보죠. 투자자 A는 2004년에 삼성엔지니어링 주식을 1억 원어치 사서 2011년 고점에 100억에 팝니다. 반면, 투자자 B는 2011년 고점에 삼성엔지니어링 주식을 100억에 사서 2015년에 회사가 망할까 우려가 돼 99억을 날리고 손절합니다. 이렇게 보면, 투자 시점이 다를 뿐이지 정확히 B의 99억이 A의 주머니로 들어간 거나 다름없습니다. 주

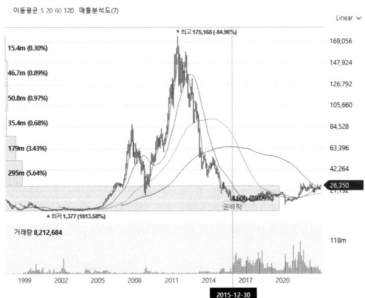

삼성엔지니어링 월봉 차트

삼성엔지니어링 시 26,100 고 26,900 저 25,300 종 26,350 ▲ 500 +1.93% 거 8,212,684

이동평균 5 20 60 120 매물분석도(7)

출처: 네이버 증권

식 투자도 제로섬 게임이 성립되는 거죠.

주식 투자를 통해 기업은 성장하고 참여한 모든 투자자
는 부자가 될 수 있다고 하지만 저는 동의하지 않습니다.
영원히 성장하는 기업은 없잖아요. 그래서 장기적으로 보
면 결국 주식시장도 제로섬 게임인 거죠. 성장기에 투자
해서 수익을 낸 사람의 부의 원천은 결국 하락기에 투자
해서 손실을 본 사람의 부에서 온 거라고 봅니다. 시차

가 거꾸로 돼서 헷갈릴 수도 있는데요. 경기 순환형 기업의 침체기에 B는 바닥에서 99억을 손절하고, 반대로 A는 100억을 산 거예요. 그러고 나서 호황기에 99억의 수익을 내고 판 거죠. 이렇게 생각하면 조금 더 명확하게 설명이 될 듯합니다.

이런 제로섬 게임 현상은 단타 매매를 하는 투자자들에게도 똑같이 적용되는데요. 누군가는 초단타 매매를 통해 99만 원을 잃고, 누군가는 99만 원을 따게 되니까요. 장타든 단타든 서로 반대 포지션으로 매매하는 두 사람은 서로 모르는 사람이고, 투자 시점이 동일하지는 않지만, 누군가는 잃고 누군가는 벌게 되면서 끊임없이 부가 이전됩니다.

부동산과도 비교해 볼 수 있는데요. 가격이 아무리 움직인다고 해도 부동산은 주식처럼 변동성이 크지는 않잖아요. 부동산은 커봐야 30~40% 조정이 있었지만 주식은 70~90%까지도 가니까요. 물론 부동산의 변동성이 주식보다 낮은 가장 큰 이유는 거래 비용 때문이죠. 취등록세를 비롯해 양도 차익 과세, 부동산 수수료 등 거래 비용이 주식보다 수십 배가 더 크니까요.

이런 변동성 차이 때문에 주식시장은 제로섬 게임이 아주 많이 이뤄진다고 생각해요. 실제로 최근처럼 주식시장이 안 좋으면 여기저기에서 추가 하락이 두려워서 손절했다는 이야기를 많이 듣습니다. 위대한 기업에 장기투자해서 경제적 자유를 이루겠다는 꿈도 고점 대비 30~70% 하락한 주식의 평가손을 보고는 버틸 수가 없는 것입니다. 결국 바닥권에서 손절 매도하는 거죠. 그런 이야기를 들을 때마다 너무 안타깝습니다. 가만히 들고 있으면 숫자에 불과한 평가손이 결국 다시 플러스로 돌아갈 텐데, 손실을 확정 지으면서 손절매도를 한 거니까요. 누군가는 그 주식을 싸게 사서 돈을 벌고, 그렇게 제로섬 게임의 희생자가 되는 것입니다.

이렇게 주식시장은 변동성이라는 성질에 의해서 투자자들의 부를 이동시키는 것 같습니다. 그래서 워런 버핏이 "주식시장은 조급한 자의 부를 인내하는 자에게로 이전시키는 장치다"라고 이야기한 거겠죠. 이게 바로 주식시장의 냉혹한 현실인 것 같습니다.

윤지호 투자자 켄 피셔Kenneth Fisher는 "매크로 노이즈에 흔들리지 말라"는 말을 했죠. 쓸모없는 지표는 귀를 닫아야 하는 소음일 뿐이라는 거예요. 투자자 비탈리 카스넬슨Vitaliy Katsenelson도 저서 『적극적 가치투자』에 에드 이스털링Ed Easterling의 『기대하지 않은 수익Unexpected Returns』 속 유명한 문장을 언급해요. 우주에 나가서 지구를 보면 너무 푸르고 아름다워 보이지만 가까이 가서 보면 그랜드캐니언도 있고 밀림도 있다는 거예요. 멀리서 보면 아름

답지만 가까이 가면 정글과 사막과 폭풍우가 있는 곳이 바로 지구라는 거죠. 주식시장의 만만하지 않은 현실을 빗댄 거예요. 세세한 불확실성 모두를 제어할 수는 없죠.

박세익 폭풍우라는 비유가 딱 어울리게 현재도 주식시장 상황이 좋지 않잖아요. 그만큼 많은 우려의 목소리가 나오고 있고요. 지금의 상황을 어떻게 받아들이고 대응해야 할까요?

윤지호 다른 사람들의 부정적 인식이 크게 강화되면 반전의 계기가 생긴다고 생각해요. 모든 게 정돈돼 있을 때는 기회가 별로 없거든요. 뭔가 흐릿한데 안 좋아 보이는 곳, 그런 곳에서 생각하지 못한 반전의 계기가 나오는 거예요. 만약 미래에 성장할 수 있는 기업이 어떤 문제로 상황이 좋지 않다면 위험이 최대로 보이는 그때가 오히려 기회일 수도 있어요. 2021년 초에 전망이 좋아 보였던 섹터들의 결과가 어땠나요? 연말에 게임주들도 마찬가지였고요.

박세익 미국 시장도 마찬가지였죠.

윤지호 다 서학개미라고 했죠. 반대로 중국은 미국과 갈등 속에서 전망이 좋지 않을 거라고 이야기하는 사람들이 많았지만, 오히려 투자의 기회는 모두가 외면한 곳에서 나오더라고요. 리오 프닝주도 마찬가지예요. 사람들이 앞으로 어디에 돈을 쓸까? 돈의 흐름을 따라가 보는 거죠. 내후년쯤이면 코로나에 대해서 많이들 잊을 거라고 생각해요. 인간의 기억은 굉장히 단순하거든요. 그런 시기가 멀지 않았기 때문에 투자할 기회는 그런 곳에서 찾는 게 좋지 않을까 판단합니다.

이제는 새로운 룰이 필요한 때

박세익 개별 기업의 리스크 또한 주식 투자에서 큰 변수로 작용하는 경우가 많습니다. 분산하지 않고 한두 종목에 집중 투자했을 경우 투자 판단이 맞으면 큰 수익을 낼 수도 있지만, 반대의 경우에는 큰 손실을 볼 수밖에 없으니까요.

윤지호 보텀업 방식이 이론적으로는 참 좋지만요. 결코 피할 수 없는 리스크도 생기거든요. 좋은 기업인 줄 알았는데 횡령 등의 문제로 갑자기 주식이 곤두박질치기도 하니까요. 분할 이슈도 마찬가지예요. 어떻게 대비를 하겠어요. 이 점이 우리나라 기업에만 장기투자하는 게 어려운 이유이기도 하죠. LG에너지솔루션 물적분할의 경우도 비난이 많지만 새로운 게 아니잖아요.

84

국내 시장이 좋다는 것은 기업 입장에서 자금을 싸게 조달할 수 있는 기회를 잡는 거죠. 유상증자를 하든 공모를 하든 비싼 가격에 주식을 발행을 할 수 있으니까요. 그리고 주식시장이 과열일수록 기업들의 과감한 IPO^{Initial Public Offering[11]}가 나옵니다. 이미 주식시장에 상장돼 있는 대기업의 자회사 분할 상장 문제도 마찬가지고요. 이럴 때 투자자들은 시장이 불안하다는 것을 생각해야 해요. 그런데 안타깝게도 많은 사람들이 주가 폭락 후에 반응을 해요. 사실 이런 문제가 국내 시장의 장기투자를 막고 있는 고질적 요인이기도 하죠.

박세익 제가 걱정하는 가장 큰 문제는 시장에 대한 신뢰가 무너지고 있다는 것입니다. 더 정확하게 이야기하면 기업에 대한 신뢰가 무너지고 있는 거죠. 그리고 그 피해는 우리가 생각하는 것 이상으로 아주 심각합니다. 주주 가치 훼손에 따른 주가 하락으로 개인 투자자들이 입은 손실이 다가 아닙니다. 자꾸 언급을 해서 LG그룹 임직원 분들께는 죄송하지만, 국내 주식시장의 발전을 위해서라도 꼭 짚고 넘어가야 할 문제라고 생각해요. 편의상 이제부터 LG에너지솔루션은 LG엔솔이라고 할게요.

최근 논란이 됐던 LG엔솔의 물적분할 상장은 전기차 시장의 개화를 기다리며 장기투자를 해왔던 LG화학 주주들에게 큰 피해를 줬습니다. 가장 큰 피해를 본 주체는 우리의 노후 자금을 관리하고 있는 국민연금이고요. 분할 발표 당시 발행주식의 10% 이상을 보유하고 있었는데, 지금은 3% 이상을 손절하고 6.8% 보유 중입니다. 국민연금 수익률의 악화는 국민연금 고갈 시기를 앞당기게 하고, 결국 '국민연금 보험금 인상'으로 이어지면서 전 국민의 고통 분담을 초래하거든요.

일각에서는 신속한 투자를 통해 2차 전지 산업 내 중국과의 경쟁에서 지배력을 유지하고, 이게 국가 전체적인 부의 증대로 이어지는 것 아니냐는 이야기도 합니다. 그러나 국부론적 관점에서 말씀드리면 LG화학이 보유한 LG엔솔 구주매출[12]을 포함해 확보한 12조 7500억 원은 결국 국내에서 조달해서 미국에 공장 짓고 그 지역 일자리를 창출하는 데 사용된 거예요. 제가 국제적인 분업 체계 자체를 부정하는 것은 아닙니다.

다만 우리의 노후 자금에 대한 희생의 대가로 국부 창출이라는 대의명분이 적용되지는 않는다는 것입니다. 오히려 이번 물적분할 후 상장하는 과정에서 엄청난 국부 유출이 있었어요. 당시 LG엔솔이 IPO를 통해 조달한 자금의 내역을 보면 외국인들이 들어왔어요. 외국인 투자자에게 총 1285만 6250주를 배정했으니 공모가 30만 원을 적용하면 3조 8560억 원의 공모 자금이 들어온 거예요. 그중 약 72.9%에 해당하는 937만 7750주가 의무보호 미확약으로 들어왔거든요. 즉 상장 직후 바로 매도 가능한 상태로 공모에 참여했던 거죠.

제가 듣기로 미확약으로 들어온 외국인들 대부분은 홍콩, 싱가폴 등에 베이스를 둔 헤지펀드들인데, 보호예수도 없이 30만 원 공모 가격에 주식을 청약한 후 상장 첫날에 대부분 매도하면서 막대한 수익을 벌어갔거든요. 상장 첫날 외국인 매도 금액이 1조 4968억 원이었고, 평균 매도 단가를 55만 원으로 가정할 시 대략 6800억 원 가까이 벌어간 거예요. 청약일이 19일이었고, 상장일이 27일, 매도한 주식 대금 결제일이 29일이었으니 딱 10일 만에 6800억 원이라는 돈을 벌어간 거죠.

참고로 그날 LG엔솔 주식을 가장 많이 산 기관은 국민연금이었습니다. LG엔솔은 상장하자마자 코스피 시가총액 2위 기업이 됐기 때문에, 코스피를 벤치마크 지수로 추종하는 패시브 펀드에서는 무조건 편입할 수밖에 없었죠. 정말 이야기할수록 분통이 터지는 일입니다. 그렇다면 외국인이 가져간 이 막대한 수익은 원래 누가 가져갔어야 하나요? 당연히 국민연금을 포함한 기존 LG화학 주주가 가져갔어야 할 몫이죠.

제가 이렇게 길게 설명하는 이유는 LG, SK, 카카오 등 우리나라 대기업 경영진들이 물적분할 후 재상장으로 초래되는 피해가 얼마나 큰지 잘 몰라서 그런가 하는 생각이 들어서예요. 그래서 거듭 관련된 이야기를 하게 됩니다. 제발 이제는 개선해 주셨으면 합니다. 투자자와 기업 간의 신뢰가 회복되고 동반 성장에 대한 상생 구도가 완성돼야 우리의 경제가 지속 성장할 수 있으니까요.

그래서 저는 최근 성난 투자자들이 제기하는 특정 그룹에 대한 불매운동에도 반대합니다. 국가 경제에 악순환이 될 뿐이니까요. 네가 나를 때렸으니까 너도 맞아야 한다는 접근보다는, 이사회에서 내린 결정이 어떤 식의 파장 효과가 있는지에 관해 계속 설명하고 호소함으로써 개선되길 바랄 뿐입니다. 우리나라 사람들 천성이 정이 많고 착하고 정의로워서 저는 반드시 개선되리라 믿습니다.

윤지호 이런 식의 물적분할이 장기투자를 가로막는 게 분명한데도 잘 바뀌지 않는 이유가 무엇일까요? 핵심은 우리나라 상장 기업의 역사에 있어요. 과거 기업들이 과도한 차입에 의존하다 보니 자금 조달을 원활히 하고 재무구조를 개선하기 위해 1972년 기업공개촉진법을 마련해요. 그리고 기업을 마구잡이로 상장시킵니다. 1972년 말 66개에 불과했던 종목 수는 1978년에 356개로 늘어나요. 삼성전자, LG전자, 포스코 모두 그때 상장했어요.

문제는 IMF 때 구조조정이나 빅딜을 이유로 이 기업들에 지주사를 허용한 거죠. 먼저 상장한 상태에서 지주사가 나오니까 더블 카운팅 이슈에 사로잡혔던 거예요. 결국 우리나라 시장에서는 투자자들의 아우성이 들릴 수밖에 없는 거고요. 물적분할이후 동시 상장이라니, LG화학 주주로서는 정말 화나는 상황이죠. 분할 상장 시 기존 주주에게 분할된 자회사에 대한 신주인수권을 안 줘도 상법상 아무 문제 없거든요. 2차 전지 사업부의 성장가치를 보고 샀는데 이 부분을 물적분할해서 상장하니까 LG화학 주주들이 갖고 있었던 주주가치를 이사회에서 강탈한거죠.

박세익 백번 양보해서 신속한 시설 투자를 위해 LG엔솔의 물적분할이 불가피했다고 치더라도, LG화학이 물적분할 발표 후 성난 주주들을 달래기 위해 공시한 내용을 보면 더더욱 황당합니다. 즉 LG엔솔을 상장하더라도 LG화학은 LG엔솔의 지분을 최소한 70% 이상은 계속 가져갈 거라는 약속이죠.

하지만 주관식 문제로 따지면 이것은 명백한 오답이었어요. 물적분할로 LG화학 주주들에게서 2차 전지 사업부 가치를 강탈한 거잖아요. 그러면 다음과 같은 보상책을 발표했어야 합니다. "LG화학은 LG엔솔 분할 상장을 통해 발생하는 자회사 가치 상승분은 향후 적절한 시점에 LG엔솔 지분을 매각해 LG화학 주주들을 위해서 쓰겠다"라고 말이죠.

조금 더 구체적으로 이야기하면, 지금 현재 LG화학이 LG엔솔의 지분을 82% 갖고 있잖아요. 현재 지주회사인 ㈜LG가 LG전자나 LG화학의 지분을 33.4% 정도를 갖고 지배하는 것처럼, LG화학도 LG엔솔의 지분 33.4%만큼만 들고 있으면 되는 거죠. 나머지 지분은 6개월의 보호예수 기간이 지나면 LG엔솔의 기업가치가 극대화되는 시점에 순차적으로 팔아야죠. 그래서 LG화학 주주들을 위해 자사주를 매입해서 소각하든지 배당을 줘야 합니다. 지금이라도 늦지 않았으니 LG화학 이사진은 이런 발표를 해야 합니다.

그리고 신속한 시설 투자 자금 조달을 위해 물적분할을 강행했다는 것도 사실 의구심이 들어요. LG화학을 주주들이 선호하는 인적분할 후 인적분할된 LG엔솔이 유상증자를 해도 얼마든지 충분한 자금 조달이 가능하거든요. 물적분할을 하든, 인적분할을 하든 LG엔솔의 시가총액은 지금과 비슷한 100조 원 수준으로 형성됐을 거고, 100조원 시가총액에서 10%만 주주배정 유상증자를 단행해도 10조 원이 금방 모였을 테니까요.

그런데 이렇게 인적분할을 선택하지 않은 이유에 대해서 애널리스트들은 이렇게 이야기하더군요. LG엔솔을 인적분할 후 주주배정으로 10조 원의 유상증자를 단행하면 33% 지분을 소유한 ㈜LG가 3조 3000억 원의 돈을 넣어야 하는데 그 정도 자금이 당장은 없다는 거죠.

아무튼 물적분할로 상장이 이미 이뤄진 현재 시점에서 LG화학 주주들을 위한 최선의 선택은 LG화학이 LG엔솔의 이익 극대화 시점에 주식을 일부 또는 전부 팔아서 배당을 주는 것입니다. 그렇게 되면, LG화학의 대주주인 ㈜LG로도 막대한 돈이 들어가고요. LG엔솔 시가총액이 100조 원이라고 가정 시 10%만 팔면 10조 원이 들어오고, 30% 팔면 30조 원이 들어오잖아요. 그 30조 원을 LG화학의 주주들을 위해서 배당하면 ㈜LG가 10조를 가져가요. 이게 바로 누이 좋고 매부 좋고 아니겠습니까?

윤지호 맞는 말인데 기업 관계자가 지금까지 안 해오던 그런 식의 배당을 할 리가 없지 않을까요? 법적으로 규정한 강제 조항도 아니니까요.

박세익 네. 강제 조항이 아니어도 이제는 해야죠. 과거 1970~1980년대까지만 해도 우리나라에는 누적된 자본이 없었잖아요. 그래서 IMF 때 국민들이 금 모으기 같은 희생을 한 거였고요. 살인적인 노동시간도 감내했죠. 과거에도 물적분할은 분명 있었어요. 그보다 더한 것도 있었고요.

하지만 주주들이 불만을 제기하지 않은 것은 기업가나

종업원이나 투자자나 다 같이 주인의식을 갖고 어려운 시기를 함께 극복한다는 마음이 있었기 때문이 아닐까요? 하지만 세상이 많이 변했고 기업이 주주에 대한 의무감, 책임감을 져야 하는 시대가 왔다고 생각해요. 열심히 뒷바라지해서 지금 정도의 수준이 됐으면 이제 투자자들의 신의를 저버려선 안 되죠.

윤지호 분명 맞는 말이고 아름다운 방법이에요. 덧붙이자면 저는 상법을 개정하는 방안은 어떨까 싶어요. 현재는 신설 법인에 대한 의결권이 없는 게 문제잖아요. 그러면 주주가 반대하는 물적분할을 강행하면 주주가 분할된 자회사의 주식을 공모가에 우선적으로 살 수 있게끔 해야죠. 그 정도 안전장치를 마련해야 일반 주주의 주주가치가 어느 정도 유지되는 거죠. 법적으로 개선할 수 있는 여지는 얼마든지 있어 보여요.

박세익 그런 법을 국회에서 제대로 만드는 것도 분명 중요합니다. 하지만 모든 사항을 법에 세세하게 적어놓을 수는 없으니까요. 요즘은 많이 없어지긴 했지만, 과거에만 해도 건달들이 상점을 무단 점거하고 금품을 갈취하는 경우가 있었잖아요. 줄을 설 때도 예전에는 새치기가 많았지만 이제는 찾아보기 힘들고요. 선진국으로 갈수록 없죠. 이런 사항들이 법에 명시돼서 지키는 것은 아니잖아요. 사실상 법에 적는다는 것도 부끄러운 이야기고요. 마찬가지로 주주가치에 대한 기업의 의식도 법으로 규정하지 않아도 지켜져야 하는 부분이라 생각합니다.

윤지호 물론 물적분할 동시 상장 금지를 법으로 규정한 나라는 세계 어디에도 없어요. 그런 이사회 결정이 일어나면, 주주가치를 훼손한 이사회 멤버들이 엄청난 손해배상 소송을 당하게 되니까요. 이런 방식을 고려해 보면 어떨까요? 증권거래법을 조금 손보는 거예요. 1997년에는 의무공개매수제도를 도입하면서 주식을 25% 이상 사려면 시장에서 해야 했어요. 겨우 1년 뒤 IMF 때 기업 지원 차원에서 폐지하긴 했지만 이제는 다시 도입할 때가 됐지 않나 싶어요.

그리고 주식매수청구권[13]의 인정 범위를 확대해 물적분할에 반대하는 주주들이 엑시트할 수 있는 기회를 주는 것도 방법입니다. 반드시 법적으로 강하게 제한하지 않더라도 최소한 일반 주주들이 동의하지 못한 사항에 대해서는 적절한 조치를 취할 수 있게끔 해주는 거죠. 주주도 기회를 보장받을 수 있도록 제도를 보완해야 한다고 생각합니다.

박세익 사실 법으로 규정할 경우 외국계 행동주의 펀드[14] 같은 곳에서 주주가치 훼손을 이유로 소송을 제기하게 되면 판결이 행동주의 펀드에 유리하게 나올 가능성이 크죠.

그래서 국회에서도 그동안 우리 기업을 보호한다는 명분으로 법제화하지 않았을 수도 있어요. 하지만 이제는 사회적 책임의식과 윤리의식이 떨어지는 경영진을 보호하기보다는 국민연금을 비롯해 투자자들의 주주가치를 법이 지켜줘야 합니다.

이런 방식의 변화는 선진 사회에서는 아주 기본적이고 당연한 상도의라고 보거든요. 옛날부터 해오던 관행이라고 변명하며 소액주주들의 주주가치를 훼손시키는 것을 당연하게 생각할 게 아니라, 기업 스스로도 충실한 관리자의 의무를 우선시하는 변화를 가져야 한다고 생각합니다. 과연 될까 의구심이 들지만 될 때까지 계속해서 이야기해 나가야죠.

윤지호 그런 의미에서 지난 제20대 대선 때 이런 문제점을 의식하기 시작했다는 것은 굉장히 고무적이었어요. 굉장히 중요한 변화거든요. CJ ENM도 물적분할 발표했다가 슬쩍 발 뺐고, KT도 묘하게 발표했었죠.

결국 중요한 것은 경고는 해줄 필요가 있다는 거예요. 너무 피해가 컸거든요. 2022년 초 국내 시장의 부진 원인을 파악할 때 결코 이 요인을 빼고 생각할 수는 없어요. 이해 당사자들이 힘을 합쳐 제도상의 균형을 만들어야 하는데 쉽지는 않은 일이죠. 업계에 있는 모두가 함께 의견을 모아서 전달해야 한다고 봅니다.

과거에는 훌륭한 셰프의 음식을 먹으려면 꼭 그 식당에 가야 했어요. 하지만 이제는 체인점이 생기며 본점까지 가지 않아도 음식을 맛볼 수 있죠. 게다가 밀키트로도 만들어서 팔잖아요. 셰프는 돈을 많이 벌 수 있고 소비자는 맛있는 음식을 더 가까이 접할 수 있어요.

기업도 똑같습니다. 규모가 커지면 고용도 늘고 수익이 커지고요. 투자의 본질은 결국 거의 같아요. 만약 잘나가는 식당에 투자를 했는데 셰프가 따로 식당을 차려서 제일 잘 팔리는 요리만 쏙 빼서 판다면 완전 배신하는 거잖아요. 그런 행위를 금지하는 조항이 있어야겠죠. 제대로 된 보호 조치가 있어야 훌륭한 식당을 발견했을 때 믿고 투자할 수 있고, 식당도 매출이 늘고 보다 많은 소비자가 맛있는 음식을 먹을 수 있어요. 우리나라 시장은 그 룰이 조금 부족한 것 같아요. 앞으로 반드시 변화해야 할 부분이라고 생각합니다.

3.

불안을 없애려면
행동하라

윤대현

서울대학교병원 강남센터 정신건강의학과 교수

2022년 주식시장에는 공포감이 크게 맴돌았습니다. 처음 유가가 오르고 인플레이션 위기에 대한 논의가 점화됐을 때만 해도 낙관적인 시각도 적지 않았습니다. 그러나 우크라이나 전쟁 이후 패닉셀링까지 일며 시장은 곤두박질쳤죠. 이성의 세계인 줄 알았던 주식시장은 인간의 심리가 무엇보다 중요한 영역을 차지했던 것입니다. 이제부터는 투자의 감성에 관한 이야기입니다.

마음이 모르는 답은 경험에서 찾을 수 있다

박세익 20세기 전설적인 투자자 앙드레 코스톨라니[Andre Kostolany]는 이런 이야기를 했습니다. "주식 투자의 90%는 심리다." 워런 버핏도 심리에 관한 아주 중요한 이야기를 했죠. "남들이 욕심낼 때는 두려워하고, 남들이 겁을 먹고 있을 때는 욕심을 내라."

제가 30여 년 동안 자산 운용업계에 몸담으면서 깨달은 바로는 이보다 더 중요한 투자 원칙은 없다고 봅니다. 주식시장이야말로 자신의 심리뿐만 아니라 대중의 심리까지 알아야 하는 분야거든요. 개인적으로 주식 투자에서는 이 하나의 원칙만 잘 지켜도 평생 돈 벌 수 있다고 생각합니다. 실제로 우리에게 '공포 지수[Fear Index]'로 잘 알려져 있는 빅스 지수[Chicago Board Options Exchange Volatility Index, VIX][1]는 주식시장에서 자주 언급되는 대표적인 심리 지표인데요. 저 또한 주식 편입비를 늘릴 때 아주 유용하게 사용합니다.

2022년 주식시장은 유가가 급등하고 전쟁이 일어나고 사람이 죽는 모습을 보면서, 공포감을 느낄 수밖에 없는 상태였습니다. 적정 수준보다 너무 많은 양의 매도가 이뤄지는 과매도 상황이 오자 대중들은 두려워했죠. 마치 부동산에서 15억 원짜리 아파트가 9억 원에 매물로 나온 것과 같은 상황이 펼쳐졌습니다.

빅스와 S&P500 지수

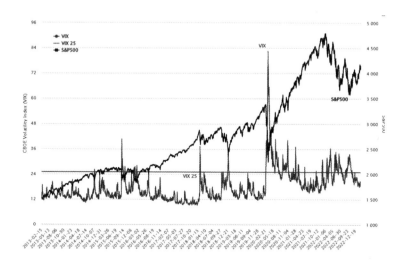

출처: 블룸버그, 체슬리투자자문

    그런데 분기 공시 자료를 보니 당시에도 워런 버핏은 역시나 애플 주식을 더 샀더군요. 오히려 시장의 공포를 이용해 애플과 같은 핵심 우량 기업을 더 매수한 것입니다. 반면 주식 투자 경험이 짧은 초보자들은 지수가 저점을 깰 때마다 너무 무섭다는 이야기를 많이 합니다. 이런 일반 개인 투자자들이 과연 인간의 본성을 극복하고 매수하는 게 가능할까요? 주식 대가들의 투자법을 아무리 많이 공부해도 결국 이성이 감성을 지배하지는 못하는 것 같습니다.

윤대현　인간의 감성은 이성보다 훨씬 더 강력합니다. 이 말은 곧 우리 의지대로 감정 통제가 안 된다는 거예요. 위로라는 것을 생각해 봅시다. 사람이 이기적이긴 쉬운데 나를 위로하긴 어렵습니다. 비슷한 것 같은데 둘은 상당히 다르거든요. 타인을 위로한다는 것은 실체가 있습니다. 행동으로 안아주거나 말로 힘들지 않냐고 표현할 수 있어요. 이는 기본적으로 언어 소통이 가능하기 때문입니다.

반면 내 마음이라는 시스템은 안아줄 수 없습니다. 물리적 형태가 없으니까요. 그리고 마음을 하나의 시스템으로 본다면 보통의 논리적 언어를 사용하지도 않죠. 꿈 같은 것입니다. 마음을 영상화해서 보여주는 게 꿈이죠. 예술 언어라고도 하는데요. 스스로 꿈을 해석할 수 있다면 감성을 이성으로 지배할 수 있을 것입니다. 마치 뇌의 신호로 손을 올리고 내리는 것처럼 감성을 조절하는 거예요. 하지만 인간은 그렇게 할 수 없습니다.

그런데 이런 점이 불편한 것만은 아닙니다. 장점이 굉장히 많아요. 먼저 꿈에 관한 것인데요. 악몽을 나쁘다고만 생각하는데, 악몽이 사실 힐링에 도움이 된다는 주장들도 있습니다. 주식을 예로 들어볼게요. 어제 주가가 떨어지거나 세게 물타기를 해서 불안한 마음에 잠이 들면 이런 것들이 꿈에서 조금 다르게 표현됩니다. 그러면서 태우든 내보내든 감정을 다뤄줘요. 그렇지 않고 안에만 있으면 울화병이 되거든요. 간혹 자신은 꿈을 안 꾼다고 생각하는 경우도 있지만 사람은 모두 매일 꿈을 꿉니다. 기억이 안 나는 거예요.

또 다른 장점은 창의성과 관련돼 있습니다. 우리가 음악을 비롯해 여러 문화 콘텐츠를 감상하거나 생산하고, 또 여행을 즐길 수 있는 것도 예술 언어를 쓸 수 있는 마음이 있기 때문입니다. 사실 주식 투자에서도 좋은 성과를 거두려면 창의적 아이디어, 소위 말해 촉이 필요하잖아요. 이런 모든 활동은 사실 마음의 언어가 하는 일입니다.

그러면 이성이 마음을 이길 수 있느냐의 질문으로 돌아가 보죠. 이길 수 있느냐는 것은 다른 말로 설득이 가능하냐는 거예요. 하지만 잘 안 되죠. 인간은 시스템적으로 그렇게 설계돼 있어요. 만약 가능하다면 심리 전문가가 필요하지 않겠죠. '오늘은 우울하지 말자', '오늘은 약간 우울할까?', '내일은 텐션을 완전 올려볼까?' 모두 가능한가요?

그래서 흔히 사용하는 말 중에 '화이팅'이라는 표현도 조심해야 해요. 가볍게 쓰면 괜찮지만 정말 지친 사람에게는 역작용이 일어나죠. 오히려 화가 날 수 있어요. '화이팅'이라는 말이 '그것밖에 못해? 언제까지 이렇게 있을 거야?'로 들릴 수 있는 거죠. 인간의 심리에 관한 많은 연구가 이뤄졌지만, 여전히 마음은 미지의 영역이고 복잡한 세계입니다.

'주식의 90%가 심리'라는 말도 맞긴 하지만, 문제는 도대체 이 심리가 뭔지를 잘 모른다는 거예요. 심리전에 강한 사람들도 있지만, 심리라는 게 구구단 외우듯이 '1심리, 2심리, 3심리' 식으로 알 수 있는 것도 아니니까요. 공포스러울 때 더 욕심을 내야 한다는 것도 어느 수준의 공포에서 얼마나 욕심을 내야 하는지, 구체적인 적용에 대해서는 알지 못하죠.

결국 '주식 투자의 90%는 심리다'를 조금 다르게 표현하면 '상식적이지 않다'라고 이야기할 수 있을 것 같아요. 생존의 측면에서 경제 시스템은 한쪽이 두려움을 느끼면 서로 상호작용을 통해 반대쪽이 좋아지면서 보완되니까요. 보통은 인류의 생존이 어려우면 지구 전체라는 하나의 생물체도 망해야 할 것 같은데, 돈을 더 찍어내거나 다른 여러 방법을 취해서 비상식적이지만 생존하고 있죠.

박세익　실제로 테러나 전쟁, 바이러스 상황을 전하는 영상이나 사진을 보면 굉장히 무서워요. 그런데 이런 공포를 계량화하기가 참 어렵잖아요? 설문조사를 한다고 해도 무섭다, 아주 무섭다, 정말 무섭다, 진짜 정말 무섭다… 이런 식이라면 응답자의 성격이나 응답 시점에 따라서 매번 대답의 차이가 크게 날 것입니다. 어느 정도의 공포가 극단적 공포인지 측정하기가 어려운 거죠.

반면 주식시장에서는 빅스와 같은 투자 심리 지표만 봐도 투자자들이 특정 이벤트에 어느 정도 수준의 공포를 느꼈는지 가늠이 됩니다. 예를 들면, 2001년 9월에 있었던 9.11 테러와 2011년 8월 미국 신용 등급 강등 사건은

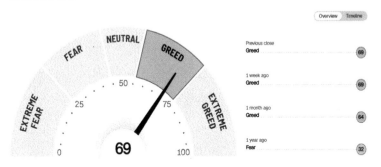

공포와 탐욕 지수

Fear & Greed Index

What emotion is driving the market now?
Learn more about the index

출처: CNN BUSINESS

전혀 다른 이벤트지만, 각각의 빅스 값은 비슷한 수치를 나타냈거든요.

　뇌는 과거에 우리가 어떤 일로, 얼마만큼 공포를 느꼈는를 정확하게 기억하지 못하더라도, 투자 심리 지표가 과거 각각의 사건마다 우리가 얼마나 두려워했는지를 아주 쉽게 보여주는 것입니다. 그런 만큼 다양한 투자 심리 지표를 확인함으로써 투자의 유의성과 신뢰도를 훨씬 더 높일 수 있습니다. 비슷한 지표로서, 'CNN 비즈니스CNN BUSINESS'에서 제공하는 '공포와 탐욕 지수Fear& Greed Index'는 자산 배분Asset Allocation을 결정할 때 아주 유용하게 활용됩니다.

윤대현 대중들이 느끼는 공포감을 계량화해서 투자에 이용한다는 게 매우 흥미롭네요.

박세익 시카고대학교의 유진 파마 교수는 '효율적 시장 가설'을 주장하면서 모든 정보는 주식의 가격에 다 반영돼 있기 때문에 기업의 내외적 펀더멘털 분석을 통해서는 절대 초과 수익을 얻을 수 없다고 주장했습니다. 저는 지극히 맞는 이야기라고 생각하지만 이상한 점이 있어요. 매일같이 주가는 시시각각 변하고, 특히 2022년 같은 경우는 주가가 반토막 이상으로 떨어진 기업들이 수두룩했잖아요.

과연 기업의 펀더멘털이 이렇게 다 같이 안 좋아졌을까? 고물가, 고금리, 고환율로 기업의 내재가치가 정말 이처럼 급락했을까? 코로나 발발 후 코스피나 S&P500 지수는 35% 이상 급락했다가 4월부터 급등하면서 양 지수 모두 2019년 대비 큰 폭으로 상승 마감했는데, 과연 이런 급락과 급등은 주식시장이 효율적으로 작동한 결과인 것일까? 과거 9.11 테러로 급락 후 급등 패턴이 똑같이 연출됐을 때도 저는 똑같은 고민을 했어요. 시장은 과연 효율적인가?

그때 제가 내린 결론은 '인간은 공포 국면에서 이성적으로 행동하지 않는다. 따라서 시장 역시 항상 효율적이

지는 않다'였습니다. 그리고 시장이 효율적이지 못하다면 '초과 수익'도 존재하겠구나 하는 생각을 하게 됐고요. 그리고 초과 수익의 원천은 바로 대중들의 공포감이 만든 '투매'라는 것을 깨달았죠.

9.11 테러 때 이를 깨달은 다음에는 2003년 초 사스-코로나SARS-CoV 발발 때도 매수 대응, 2008년 금융 위기 때도 매수 대응, 2020년 코로나19 발발 때도 매수 대응을 할 수 있었고요. 많은 사람들이 투매 때마다 매수를 외치는 저를 보고 여의도 최고의 강세론자라고 이야기하지만, 저는 투매가 만들어준 '바겐세일'을 놓치지 말라고 말씀드리는 거예요. 다들 돈 벌려고 주식 투자하는 거잖아요. 그런데 투매 국면만큼 쉽게 돈을 벌 수 있는 타이밍이 없거든요.

2020년 코로나 확산으로 코스피 1600선이 깨졌을 때도 저희 직원들에게 이제 코로나 바이러스 확진자 추이 모니터링은 그만하고, 주식시장이 반등할 때 시장을 주도할 주도주를 찾으라고 이야기했어요. 물론 막상 그다음 날 조간신문 1면에 실린 코로나 확진자 추이와 사망자 숫자를 보면 무서웠죠. 그래서 저는 '투매 국면'에서는 신문과 TV 뉴스를 멀리하라고 이야기합니다. 언론은 시청률과 구독률이 생명이기 때문에 이런 투매 국면에서 더더욱 자극적인 뉴스를 보도하거든요.

윤대현 그런 공포에도 불구하고 투자를 할 수 있는 근거가 바로 '경험'이라고 봅니다. 기상 예보를 잘하려면 슈퍼컴퓨터가 필요하다고 하잖아요. 우리 뇌에도 예측 엔진이라는 게 있다고 합니다. 관련해서 많이 이야기하는 예가 3~4월 새 학기 때의 신입생 블루예요. 신입 사원 블루도 있다고 하고요. 실제로 상담했던 사례 중에도 있습니다.

아이가 초등학교 1학년 입학을 앞두고 소화도 안 된다고 하고 짜증이 늘었다는 거예요. 아이들은 감정을 직접 잘 표현하지 못하니까 스트레스가 몸으로 나타나거든요. 몸과 마음은 연결돼 있으니까요. 과거 학창 시절을 떠올리면 공감될 거예요. 새 학기가 되면 새로운 선생님을 만나고 친구들도 다시 사귀어야 하는데 두려운 거죠. 친구들이 나를 싫어하면 어떻게 하나 고민도 하고요. 명확한 질병이 없는데 조퇴하거나 양호실 가는 게 사실은 다 이런 요인이거든요.

직장도 비슷해요. 이직을 해서 새로운 직장에 출근할 때 상사와 잘 지낼 수 있을지, 새로운 업무는 잘 처리할 수 있을지에 대한 두려움이 있죠. 이때 예측하는 엔진이 작동하는데, 경험이 있는 것과 없는 것에 큰 차이가 나요. 주식을 처음 할 때는 배짱은 있지만 경험은 전무한 상태죠. 그런 사람은 심리 지표를 본다고 해도 투자 경험이 풍부한 사람만큼 과감한 결정을 내리긴 어려워요. 누구나 전쟁의 실체를 보면 두렵죠. 하지만 경험이 있는 사람은 그럼에도 불구하고 지수를 보면서 공포를 떨쳐내고 투자할 수 있는 것입니다.

경험이 없으면 미래가 전반적으로 부정적으로 예상될 때 아무것도 안 하는 현상이 나타납니다. 뭐든 해야 경험이 쌓이는데, 그보다 나 자신이나 타인에게 비난받을 가능성을 더 두려워하는 거예요. 아무것도 안 한 채로 시간을 흘려버리게 되죠. 신입생으로 들어갔거나 직장에 취직했다면 조금 어렵더라도 당연히 뭐든 하는 게 나아요. 해서 잘될 수도 있고요. 아무것도 안 하는 게 더 문제죠. 코로나가 처음 등장했을 때도 주식시장은 좋지 않았어요. 그때 다시 오른다는 의견을 듣고 과감하게 시행한 사람들은 좋은 결과를 얻을 수 있었고요.

이처럼 마음을 잘 살피는 것만큼 경험도 중요하다고 생각합니다. 만약 경험이 적다면 경험이 풍부한 사람들의 조언을 잘 듣는 것도 도움이 될 수 있고요. 그렇다고 너무 많은 이야기를 들으면 또 헷갈릴 수 있어요. 경험이 많다고 조언을 잘하는 것도 아니고요. 실패 경험만 잔뜩 듣는 것도 좋지 않습니다. 주식도 결국 스스로 노력해야 하지만 혼자서는 한계가 있다는 것을 받아들이고요. 조언을 구할 수 있는 사람 혹은 기관을 통해 두려움을 극복하고, 함께 정확한 전술로 심리전을 펼치는 게 중요하다는 생각이 듭니다.

박세익 경험의 중요성에 대해 공감하는데요. 아무리 전문가라고 해도 저 또한 시장 상황이 좋지 않으면 불안을 느낍니다. 하지만 함께해 온 팀원들 덕분에 자신감을 갖거든요. 아침마다 회의하면서 의견을 제안하고 피드백을 주고받으면서 자신감을 얻어요.

9.11 테러가 터졌던 당시 제가 느꼈던 공포감은 지금도 너무 생생해요. 미국 본토를 공격한 것인 만큼, 저는 이제 3차 세계대전이 터졌구나 싶었죠. 그러면서 나름대로 상상했어요. 미국의 군사력이 너무 막강하니까 제3세계가 테러라는 방식으로 공격했고, 그러면 이제 2차 테러는 어디일까? 그런 공포감에 9.11 테러 발발 후 코스피는 바로 460선까지 급락했죠. 우리나라뿐만 아니라 미국 시장도 약 16%씩 급락했어요.

그런데 이후 7개월간 코스피는 460에서 940까지 조정 없이 올라갔습니다. 저러다 2차, 3차 테러가 터지면 시장은 금방 다시 급락할텐데, 주식시장이 왜 계속 올라가는지 이해할 수 없었어요. 그때 제 예상이 보기 좋게 엇나가면서 많은 고민을 했고, 그러면서 대중들의 심리에 의해 내재가치를 일탈하는 주가의 속성을 발견하게 된 거죠.

윤대현 당시 주가 상승 요인은 무엇이었나요?

박세익 경기가 좋아진 것도 아니었어요. 특히 미국 주식은 닷컴 버블 Dot-com Bubble[2] 때의 거품 때문에 우리나라만큼

2001년 9.11 테러 전후 코스피 주봉 차트

출처: 대신증권 사이보스

못 올랐어요. 그 이유가 내재가치보다 주식의 거품이 심하면 심할수록 떨어질 때 더 많이 떨어지거든요.

실제 가치 1만 원짜리가 1만 5000원까지 올라가면 떨어질 때도 1만 원에서 멈추지 않고 5000원까지 내려가요. 반대로 9.11 테러와 같은 공포스러운 사건 때문에 기업의 내재가치 1만 원보다 훨씬 더 떨어져서 5000원이 되면 올라갈 때도 1만 원보다 훨씬 더 올라가더라고요. 우리가 수영장에서 배구공을 물속으로 꾹 누른 뒤 손을 놓으면 수면상에서 딱 멈추는 게 아니라 더 튀어 오르는 것처럼요.

저는 주식시장에서도 뉴턴의 제3법칙, '작용-반작용'

원리가 작동한다고 생각해요. 내재가치를 밑돌게 하는 어떤 힘이 100만큼 작용했다면, 그에 대한 반작용도 똑같이 100만큼 발생하더라는 거죠.

2020년 1분기에도 코로나라는 강력한 충격파가 증시를 끌어내렸잖아요? 당시 코스피가 2250에서 1430까지 820p나 떨어졌는데요. 저는 이번에도 뉴턴의 제3법칙이 작동한다면, 코로나의 충격에서 벗어난 주식시장의 코스피는 코로나 전 2250 수준까지 회복하는 정도가 아니라 똑같은 크기의 반작용에 의해 820p를 더한 3080까지 상승하는 게 아닐까 생각했죠.

그리고 여러 경제 방송에 나가서 "내년에 코스피 3000p 넘을 테니까 주식으로 돈 벌어서 집 사세요"라는 이야기를 하고 다녔고요. 그때 처음에는 저보고 소위 미친놈, 사기꾼 등 엄청난 악플이 많이 달렸어요. 당시 세계 경제 상황을 보면 그럴 만도 했죠. 미국의 2분기 GDP가 31% 하락하고 실업률이 14% 돌파하는 등 경제 대공황이 오는 게 아닌가 다들 걱정하는 분위기였으니까요. 코스피도 2100에 비정상적이고 시장은 다시 전저점을 깰 수 있으니 조심하라는 이야기가 대세였고요.

제가 '갓세익'이라는 민망한 별명을 얻게 된 게 바로 그때였습니다. 9.11 테러 때 겪은 뼈아픈 실패의 경험이 20년 뒤 코로나 폭락장에서 저를 스타로 만들어준 거죠.

2020년 코로나 발발 전후 코스피 주봉 차트

출처: 대신증권 사이보스

윤대현 그 이야기를 들으니 역시 실패는 할 수 있지만 반복하지 않는 게 중요한 것 같네요. 실패가 트라우마로 남지 않고 경험으로 남아서 성장으로 간 거죠.

전쟁이 주식시장에 남긴 흔적

박세익 사실 9.11 테러 당시 펀드매니저로서의 대응 실패는 개인적으로 엄청난 트라우마로 남을 수 있었습니다. 저는 그때 레버리지Leverage³가 큰 파생상품을 활용한 시스템 펀드를 운용하고 있었는데요. 100억 원짜리 사모펀드

하나는 9.11 테러로 단 3일 만에 36억 원의 손실을 봤거든
요. 그때 자금을 맡겼던 기관 고객은 "이번 사태는 천재지
변과 같은 일이라 회사에서도 다 이해합니다"라고 오히려
저를 위로해 줬어요.

하지만 저는 책임감이 유독 강한 성격이라 한 달 내내
죄책감에 빠져 지냈어요. 그때는 열심히만 하면 하루 일
당이 딱딱 나오는 택시 기사님이 부럽기도 했죠. 청렴결
백한 선비와 같은 성품을 갖고 계셨던 저희 팀장님은 한
술 더 떠서 "내가 전생에 무슨 죄를 지었길래 펀드매니저
가 됐을까"라는 말씀도 하셨던 기억이 납니다.

윤대현 그 정도면 마음 깊은 곳에는 테러나 전쟁에 관한 트라우
마가 계속 남아 있을 것 같은데, 코로나 때 그 실패의 경험을 살
려서 코스피 3000을 예측했다는 게 놀랍네요. 그러면 지금은
'러시아-우크라이나 전쟁'이 주식시장에 큰 악재로 작용하고 있
던데, 이번에는 어떻게 대응하고 계신가요?

박세익 "포성이 울리면 주식을 사고, 하프가 연주되면 주
식을 팔라." 앙드레 코스톨라니의 또 다른 명언입니다.
9.11 테러 때도 제가 이 말을 기억하고 있었다면 좋았을
텐데요. 아무튼 이 말의 핵심은 대중의 심리와 반대로 행
동해야 수익을 얻을 수 있다는 것입니다. 앞서 이야기했

던 워런 버핏의 "두려울 때 탐욕을 부리라"는 명언과 어떻게 보면 똑같은 말입니다.

이번 우크라이나 전쟁에 대한 대응 전략도 저는 다를 바가 없다고 생각합니다. 첫 포성이 울리는 날이 주식시장의 최바닥은 아니겠지만, 전쟁의 공포로 패닉 상태에 빠졌을 때 매수한 주식은 결국 장기적으로 시장 평균 이상의 수익률을 기록할 거라고 봅니다. 제가 왜 그렇게 생각하는지 이 부분을 조금 더 구체적으로 설명해 드릴게요.

제가 9.11 테러 당시 실패를 겪고 도대체 무엇이 문제였나 데이터 분석을 하면서 깨달은 바가 있어요. 하나는 기업의 펀더멘털에 대한 관점이고, 또 다른 하나는 주가에 영향을 주는 수급에 관한 부분입니다.

먼저 전쟁이 기업의 가치에 미치는 영향부터 살펴보죠. 우리가 삼성전자, 하이닉스, 마이크로소프트, 애플 등 기업의 주식을 살 때는 현재의 자산가치보다는 미래의 성장 가치를 보잖아요. 따라서 9.11 테러나 이번 우크라이나 전쟁이 과연 삼성전자의 향후 매출과 영업이익에 얼마나 영향을 미칠까 보는 거죠.

현금흐름할인법Discounted Cash Flow, DCF[4]이 통상적으로 가장 많이 쓰이는 분석 방법인데요. 우리가 투자하는 기업의 향후 적정 가치가 얼마인가를 분석하는 방법입니다. 앞으로 5~10년 정도의 매출과 각종 비용을 추정해서 미래에 발생하는 순 현금을 계산하고 이것을 현재 가치로 환산하는 거예요. 요약하면, 투자하는 자산의 향후 10년 현금 흐름을 적정 이자율로 할인해서 현재 가치를 구하는 방법이죠.

이번 전쟁으로 우크라이나의 수많은 건물과 공장, 도로가 파괴되고 부서졌어요. 통상 재난이 일어나면 소방서 추산 얼마의 경제적 손실이 났다고 발표하잖아요. 인명 피해는 제외하고, 이번 전쟁으로 생긴 경제적 손실은 실로 어마어마해요.

그런데 이를 투자의 관점으로 냉정하게 분석해 보면 전쟁으로 파괴된 건물이나 여러 가지 인프라 시설에 들어간 돈과 그 피해 금액은 회계학적으로는 이미 발생한 매몰 비용Sunk Cost이에요. 삼성전자, 애플, 마이크로소프트의 미래 기업가치에는 어떤 부정적 영향도 끼치지 않죠. 오히려 파괴된 기간 시설과 건물을 재건하는 데 엄청난 돈이 필요하고 이를 위해 많은 기업들의 신규 투자가 일어납니다.

최근 발표된 뉴스에 따르면 우크라이나를 다시 재건하는 데 거의 1000조 원 가까운 돈이 든다고 해요. 지난 2월에는 JP모건체이스 주체로 '우크라이나 투자 포럼'이 열렸더라고요. 조금 전에 기업의 가치 평가는 미래의 현금 흐름으로 결정된다고 이야기했던 것을 기억해 보면 우크라이나 재건을 위해 투자되는 천문학적인 돈은 분명 기업의 미래 현금 흐름에 긍정적 영향을 줄 것입니다. 이렇게 보면, 왜 전쟁이 발발했을 때 우량 기업의 주식을 사야 하는지 명확해지지 않나요?

다음으로 수급에 관한 효과도 살펴보죠. 주식시장에는 '수급이 깨끗해졌다', '빈집털이 상황이다', '팔 사람이 없다'와 같은 표현이 있는데요. 테러나 전쟁이 발발하면 공포감으로 주식을 내다 파는 상황이 벌어집니다. 돈을 빌려 과도한 레버리지를 일으킨 투자자나 펀드는 이때 투자 손실이 급증하면서 담보 부족 사태가 발생하고 반대매매와 같은 '강제 청산'을 당하게 되죠.

여기에 투매가 투매를 부르는 패닉셀링 상황을 거치며 주가가 폭락하면, 투기적 성향의 단기 투자자가 갖고 있던 주식의 소유권이 기업의 장기적 성장가치를 내다보고 담담하게 투자하는 장기투자자에게로 이전됩니다. 이런 상황을 우리는 수급이 깨끗하게 되고 빈집털이가 시작됐다고 이야기합니다.

이런 두 가지 이유로 1차 세계대전, 2차 세계대전, 1950년 한국전쟁, 1960년대 베트남 전쟁, 1990년대 걸프전쟁 이후에는 기간의 차이만 있었을 뿐 늘 경제 호황기와 강세장이 연출됐다는 것을 알 수 있습니다. 저는 이

2022년 우크라이나 전쟁 전후 록히드마틴 주가 추이

출처: 대신증권 사이보스

번에도 다르지 않다고 생각합니다. 이제 중국마저 방역을 풀면서 전 세계가 코로나 상황에서도 거의 벗어나고 있잖 아요.

저는 주식 투자로 성공하기 위해서는 다소 장기적인 안 목으로 시장을 바라볼 필요가 있다고 생각합니다. 코로나 때도 비관론자들은 각국의 록다운Lock Down 조치로 기업들 에 초래될 단기적 손실에 너무 초점을 맞췄다고 봅니다. 과거 100년 동안의 바이러스 사태를 관찰해 보면 이번 코 로나19도 5년, 10년 계속되지는 않을 텐데 말이죠.

같은 맥락에서 우크라이나 전쟁도 냉정하게 합리적으 로 판단해 볼 필요가 있다고 봅니다. 사실 우크라이나 전 쟁 발발 이후 신고가를 기록한 회사도 많았습니다. 전쟁

2022년 우크라이나 전쟁 전후 한화에어로스페이스 주가 추이

출처: 대신증권 사이보스

으로 직접적인 수혜를 볼 거라 예상된 미국의 방산업체 '록히드마틴'뿐만 아니라 에너지 기업들도 유가 급등 덕에 무더기로 신고가를 냈죠.

윤대현 우리나라 방산 회사들도 많이 오르지 않았나요?

박세익 네. 맞습니다. 우크라이나 전쟁으로 폴란드, 대만, 체코 등의 나라들이 전쟁에 대한 위기감이 고조되면서 국방비 예산을 대폭 늘렸거든요. 이런 흐름에 가장 큰 수혜를 받은 기업이 미국과 우리나라 방산업체입니다. 요즘 국제 무대에서 K-방산이 뜬다고 하잖아요. 70년 가까이 남북이 휴전 상태로 대치돼 있는 만큼, 막대한 국방비를 지출해 끊임없이 현대화 무기를 개발하고 생산해 왔기 때문이라고 합니다. 그래서 요즘 국내 방산업체들은 말 그대로 국제 방산시장에서 상한가를 달리고 있는 느낌입니다.

윤대현 전쟁으로 오히려 주가가 오른 사례를 이야기하다 보니까 떠오른 연구가 있는데요. 우리 몸도 정반대로 작용하는 경우가 있거든요. 상식적으로 똑같이 먹고 매일 운동하면 살이 빠져야 하잖아요. 그런데 안 빠질 수 있다는 것입니다. 심지어는 몸무게가 늘 수도 있다고 해요. 우리의 몸이 단순한 논리 공식과는 다른 측면이 있다는 거죠. 물론 한 가지 논문만으로 진실 공방을 할 수는 없지만요. 그래도 꽤 정교한 연구예요. 미국 듀크대학교 진화인류학과 허먼 폰처Herman Pontzer 교수의 연구로 『운동의 역설』이라는 제목으로 우리나라에도 소개됐어요.

아직도 아프리카 탄자니아 쪽에는 수렵과 채집으로 생존하는 부족이 있죠. 이들의 경우 운동량이 엄청날 거예요. 연구에 따르면 남성은 하루 평균 16~24km를 걷는다고 해요. 보통 도시에 사는 사람들은 일주일 동안도 못 걸을 거리죠. 그런데 연구에 따르면 유럽, 미국, 일본 사람들과의 비교에서도 탄자니아 부족의 대사량이 더 높지 않았다는 것입니다. 운동량이 그렇게 어마어마한데도요. 주식으로 치면 위기 상황인데 주가가 안 떨어지는 것과 비슷한 거예요.

허먼 폰처 교수의 또 다른 연구에 따르면 마라톤을 계속 뛰어도 오히려 에너지 대사량이 떨어진다고 해요. 아직은 가설이지만 인간의 몸이 처음 만들어졌던 때는 식량이 지금처럼 풍족하지 못했잖아요. 몸이 그 시점에 세팅돼 있으니 인간의 몸은 살을 빼는 것보다는 에너지를 유지하는 게 훨씬 우선순위에 있다는 거죠.

그런데 뇌는 크기는 작아도 에너지 소모량이 엄청나거든요. 사회적 상호작용이나 커뮤니케이션을 위해서도 뇌가 가장 중요하니까요. 심장이 한 번 피를 내보낼 때마다 20~25%의 피가 뇌로 가는 것도 다 그런 이유입니다. 결국 뇌를 작동하기 위해서는 그만큼의 에너지를 비축해야겠죠. 하지만 현대인들은 상대적으로 먹을 게 많으니까 내장 지방이 생기고, 그 요인으로 여러 가지 질병이 생길까 봐 운동을 해서 살을 빼려고 해요.

뇌를 작동하려면 에너지를 비축해야 하는데, 열심히 운동해서 내장 지방을 없애려 하니 컨트롤 타워 입장에서는 큰일인 거예요. 공포로 다가오는 거죠. 주식시장에 비유하면 기업의 펀더멘털, 경제의 펀더멘털이 없어지고 다 망할지도 모른다는 식의 시그널이 생기는 것입니다. 한마디로 패닉이에요. 그래서 운동을 많이 하면 다른 에너지 소모를 줄인다는 거예요. 대표적인 게 스트레스 반응이나 염증 반응이고요.

소위 주말에 소파에 누워 정크푸드나 먹는 사람을 '카우치 포테이토'라고 하는데요. 예전에만 해도 그런 나쁜 생활 방식으로는 건강하게 못 산다고 했어요. 그런데 어쩌면 이들의 에너지 소모량이 더 많을 수도 있는 거예요. 물론 실제 그렇다는 것은 아니고요. 그만큼 몸이 우리의 생각대로만 작동하지는 않는다는 거예요.

결국 체중 조절만 생각하면 덜 먹어야 하는 게 맞고요. 운동은 다른 형태로 건강에 도움이 된다는 거죠. 그리고 사실 운동이 건강에 도움이 된다는 것 자체는 분명하지만, 그 작동 기전이 정확히 밝혀진 것은 아니거든요. 가설들만 다양하죠. 오히려 연구에서 이야기하듯 항스트레스 효과가 더 중요한 게 아니냐는 의견도 있고요.

박세익 주식시장뿐만 아니라 우리의 몸부터 일반적인 예상과는 반대의 작용을 한다는 게 재미있네요. 그런 의미에서 우크라이나 전쟁 또한 푸틴이 처음 생각했던 것과는 다른 전개로 진행되고 있다는 생각이 듭니다. 우크라이나 전쟁의 결과가 어떻게 될 것 같냐는 질문을 받은 적이 있는데요. 제가 군사 전문가가 아니라서 잘 모르겠다고 답했지만 분명한 것 하나는 있다고 봅니다.

원효대사 해골 물 이야기 아시죠? 아마 모르는 사람이 없을 텐데요. 원효대사가 당나라로 유학을 가던 중, 잠시 노숙했던 동굴에서 잠결에 맛있게 마신 물이 알고 보니 해골에 고인 물이었잖아요. 결국에는 모든 게 마음에 달려 있다는 깨달음을 얻었다고 하셨죠. 그리고 부처님 말씀 중에 마음을 얻으면 모든 것을 얻는다는 이야기도 있고요. 그래서 저는 우크라이나 전쟁의 결과 또한 누가 더 많은 사람들의 마음을 얻었느냐는 관점에서 바라볼 수 있다고 생각해요.

젤렌스키는 전 세계 사람들의 마음을 얻었고, 푸틴은 전 세계 사람들의 마음을 잃은 것 같아요. 이번 전쟁으로 수많은 러시아 청년들의 죽음을 목격한 러시아 사람들의 마음까지 잃었다고 봅니다. 그래서 저는 이미 전쟁은 젤렌스키의 승리로 끝난 것과 마찬가지라고 생각해요.

2차 세계대전 때만 하더라도 SNS처럼 실시간으로 전쟁 소식을 들을 만한 통신이 발달하지 않았어요. 그래서 적의 사기를 꺾으려고 승전 소식을 루머로 퍼뜨리기도 했고요. 푸틴은 여전히 과거를 떠올렸던 것 같아요. 러시아의 막강한 군대로 단숨에 승리를 거둘 수 있다고 생각한 것 같은데, 완전 오판이었죠.

반면 젤렌스키는 군복을 입고 위험한 전장에 나가 SNS를 통해 탄환을 달라고 호소했어요. 그렇게 사람들의 마음을 얻었죠. 이를 본 우크라이나 사람들 13만 명이 지원했어요. 여기에 스위스나 핀란드 같은 중립국들도 지원에 나섰고요. 푸틴은 세계가 어떻게 변하고 사람들의 마음이

SNS를 통해 어떻게 움직이는지 너무 간과한 것 같아요.

그래서 저는 전쟁은 끝나지 않았지만 이미 승부는 났다고 생각해요. 그리고 이 전쟁이 끝나면 세상은 우크라이나 재건을 위해 엄청난 돈을 투자할 거라고 봅니다. 이번 전쟁이 우크라이나를 세상에서 가장 최신식 기술이 도입된 스마트 시티로 탈바꿈시켜 줄 거라고 생각해요.

희생당한 우크라이나 국민 수천 명은 전 세계에 평화의 시그널을 준 거예요. 이제는 더 이상 과거 방식의 전쟁은 통하지 않는다는 것을요. 많은 사람들이 SNS를 통해 평화를 원한다는 것을 공유했어요. 푸틴이 핵을 비롯한 여러 공포감을 조장해 위협해도 소용없죠. 그리고 이번 우크라이나 전쟁은 현대 자본주의 시스템에서 국가 사이의 신뢰가 중요하다는 것을 다시 한번 전 세계에 알려줬다고 생각해요.

애덤 스미스가 『국부론』에서 이야기했듯 자본주의는 '분업'을 통해 더 많은 부를 창출하면서 발전하잖아요? 이번 전쟁으로 서방 국가들이 러시아를 고립시키는 여러 가지 경제 제재를 가하고 있는데요. 이런 제재의 직간접적인 효과는 아마 수백 조 원에 달할 거라 봅니다.

눈에 보이는 전쟁의 양상으로만 보면 러시아 쪽 피해가 미미해 보이지만, 국부의 원천인 '국가 간 분업 시스템'에서 러시아가 왕따를 당하게 되면서 입는 피해를 상상해

보면, 당분간 러시아 통화, 주식, 채권, 부동산은 쳐다도
보지 말아야겠다는 생각을 합니다.

심리전에 능해야 돈도 마음도 잃지 않는다

박세익 예전에 우연히 교수님께서 쓰신 칼럼을 읽다가
'공감(共感)은 하되 신뢰(信賴)는 천천히'라는 문장을 보게
됐는데요. 제가 지금까지 핵심을 모르고 주식을 한 게 아
닌가 싶은 정도의 충격을 받았습니다. 물론 칼럼은 투자
와는 전혀 상관없는 내용이었지만, 저는 그 문장 속에서
'공감'과 '신뢰'라는 단어의 가치와 그 속도 차이의 중요
성을 깨우쳤거든요.

주식 투자에서 공감이란 결코 빼놓을 수 없는 키워드인
데요. 스티브 잡스 Steve Jobs가 이룬 가장 큰 업적이 바로 사
용자들이 겪는 불편을 해소한 거잖아요. 스마트폰 이전
까지만 해도 핸드폰은 모두 기판 형식이었으니까요. 어떻
게 하면 아이폰 고객들이 조금 더 편하게 전화기를 사용
할 수 있을까에 대한 치열한 고민을 한 거죠. 사용자의 입
장에서 고객의 불편함이 무엇인지, 어떤 니즈가 있는지를
파악하고자 하는 의지, 그것이 바로 공감 능력이라고 봅
니다.

윤대현   인간이 본능적으로 편리한 것을 좋아한다는 점은 분명한 것 같습니다.

박세익   "다르게 생각하라Think Different"를 모토로 삼았던 것도 같은 맥락이고요. 결국 어떻게 하면 더 편리하게, 더 멋있게 만들 수 있을지를 생각하라는 거니까요. 사람도 멋있고 예쁜 사람이 더 인기가 많듯이 제품도 그런 식으로 접근한 거라고 할 수 있죠.

그런 의미에서 신제품이 매출을 일으키고 이익으로 이어지도록 하려면 기업이 소비자 입장에서 고민해야 한다고 생각합니다. 이는 투자자도 마찬가지예요. 애플에서 스마트폰을 처음 출시했을 때 엄청난 열광을 얻었어요. 테슬라도 자율 주행 기능으로 시장에서 주목을 받았고요. 결국 소비자의 니즈를 파악했던 거죠. 결국 기업가의 공감 능력이 제품 경쟁력의 차이를 만들었다고 생각해요. 테슬라 이야기가 나왔으니, 제가 테슬라와 관련된 재미난 증시 에피소드를 들려드릴게요.

'테슬라' 때문에 롯데칠성 주가가 박살 난 스토리입니다. 그게 무슨 소리인가 싶으실 텐데, 아마 교수님께서도 약주를 좋아하시니까 아실 거예요. 지금도 식당에 가서 "소주 한 병에 맥주 두 병 주세요"라고 이야기하면, 식당 아주머니께서 이렇게 물어보시잖아요. "테슬라로 드려요?" '테슬라'란 아시다시피 '테라'에 '참이슬'을 조합해서 만든 줄임말이죠. 2014년 클라우드를 출시했을 때는 기존의 밍밍한 우리나라 맥주보다 맛이 진해서 시장에서의 반응도 좋았어요. 실제로 많이 팔렸고 롯데칠성 주가도 함께 올랐죠.

그러다가 2019년 테라가 출시되고 애주가들 사이에서 '테슬라'가 유행하면서 비상등이 켜진 거예요. 테라에 참이슬을 배합해서 진한 맥주 맛을 탄생시킨 그 조합도 뛰어났지만, 당시 주식시장에서 최고의 히트 종목이었던 '테슬라' 이름을 마케팅에 이용한 게 저는 신의 한 수였다고 생각합니다. 이렇게 대중의 호응을 얻을 만한 마케팅 언어를 만들어낸 사람도 대단한 공감 능력을 가졌다고 보고요.

그래서 저는 경기소비재에서 투자 유망 종목을 찾을 때 이런 관점을 적용해요. 기업이 신제품을 출시하면 이에 대한 소비자들의 반응을 제일 중요하게 생각하죠. 내 취향을 배제하고 대중들의 반응을 살피는 거예요. 제가 주식 투자를 해서는 안 되는 사람으로 공감 능력이 부족한 사람을 첫 번째로 꼽는 이유예요.

7년 전쯤 일인데요. 저희 회사 한 매니저가 모 주류 회사가 출시한 'A맥주'가 본인 입에는 맛있다면서 계속 해당 회사를 MP^{Model Portfolio}에 추천하는 거예요. 그 제품은 이미 대중들의 인기를 끌지 못해 폭망했다는 분석이 애널리스트 리포트에도 나왔는데 말이죠. 그 매니저는 누구보다 재무제표 분석을 꼼꼼하게 잘한다는 강점을 갖고 있었지만, 펀드 수익률이 계속 좋지 않아서 결국 다른 직종으로 이직을 했어요.

주식은 펀더멘털이나 재무제표 분석이 전부가 아니거든요. 교수님 말씀대로 내 고집과 선입관을 버리고 먼저 세상의 변화와 트렌드에 공감할 수 있는 능력이 우리 매니저들에게는 가장 중요한 부분이라고 생각합니다.

윤대현 제가 '공감은 하되, 신뢰는 천천히'라고 한 이야기가 투자에서도 중요하다고 하니까 참 재미있네요.

박세익 보통 주식 투자는 나이 든 사람보다 20대 후반에서 30대 중반의 연령대가 잘한다고 해요. 증권업계에서는 이들을 겁 없이 용감하게 잘 산다고 해서 '용대리'라고 부르죠. 그런데 이들도 나이가 들면서 여러 번 실패의 경험을 쌓게 되거든요. 성장주라고 샀다가 급락하면 손절하고, 다른 성장주로 들어갔다가 또 상투 잡고 떨어지면서 손절 매도를 몇 번 반복하다 보면, 성장주 투자에 대한 부정적인 고정관념과 선입관이 생기고 결국 투자 스타일이 보수적으로 바뀌죠.

저는 주식 투자에서 선입관과 고정관념을 가장 경계해요. 이를 버리기 위해 제 스스로 끊임없이 "내 IQ는 80이다"라고 되뇌죠. 성공 투자로 생긴 자만심뿐만 아니라 투자 실패로 초래된 두려움도 모두 잊어버리고, 항상 깨끗한 머리로 시장을 바라보기 위한 자기 세뇌 과정인 거예요.

보통 저희 업계 분들이 연차가 쌓이면 지난 과거에 성공한 투자 무용담을 늘어놓거든요. 내가 예전에 어떤 주식을 얼마에 사서 수십 배를 벌고 팔았다는 이야기를 많이 해요. 그런데 그마저도 대부분은 최근이 아니라 이미 지나간 옛날이야기가 많아요. 그런 이야기를 들을 때마다 '아… 저분은 아직도 과거의 프레임에 갇혀 계시는구나'라는 생각을 합니다. 세상은 너무 빨리 변하는데, 투자자가 이미 지나간 틀에 갇혀 있는 것만큼 위험한 게 없거든요.

심리가 투자를 망치는 사례는 개인 투자자들을 상담하면서 더욱 많이 접합니다. 코로나 이후 많은 사람들을 만나다 보니, 개인 투자자들이 어떤 스타일이나 심리로 주식 투자를 하는지 알게 됐는데요. 많은 투자자들이 가장 중요한 밸류에이션 능력은 제대로 갖추지 않고 그냥 시장 분위기에 휩쓸려 불안감에 주식을 삽니다. 이를 포모Fear Of Missing Out, FOMO 현상이라고 하는데요. 나만 돈 못 벌고 있는 게 아닌가 싶은 거죠.

그리고 지금 주식이 싼지 비싼지에 대한 판단이 어렵다 보니 최근처럼 고물가, 고금리 상황에서는 자금 손실이 더 확대될까 두려워서 바닥권에서 주식을 팔고요. 부동산 이든 주식이든 '싸게 사서 비싸게 판다 Buy Low, Sell High'가 기 본인데, 실패한 투자자들은 늘 군중심리에 휩쓸려 다니면 서 '비싸게 사서 싸게 판다 Buy High, Sell Low'를 반복합니다.

밸류에이션 능력을 갖추지 못한 사람들은 시장이 과열 됐을 때 가치 평가는 하지 않고 성장 스토리만 듣고 그냥 사는 거예요. 뉴스나 분위기에 휩쓸려 사는 사람들이 많 은 주식은 반드시 빠지게 돼 있거든요. 밸류에이션 안 따 지고 상승 추세만 쫓아서 주식을 사면 결국 거품을 양상 하니까요.

윤대현 결국 투자자의 공감 능력이란 시장의 분위기를 잘 관찰 해서 비관적인 분위기에 휩쓸리지 않고 '쌀 때 용감하게 사고, 과열 국면에서는 너무 욕심내지 말고 팔라'는 거겠네요. 시장의 트렌드에 공감은 하되, 현재 가격이 적정 가격인지 늘 의심해 보 고 신뢰가 갈 때 투자를 해야 하는 거군요.

박세익 제가 독일의 에르빈 로멜Erwin Rommel 장군을 상당히 좋아하거든요. 영국의 처칠 수상이 2차 세계대전 중 의

회 연설에서 적의 장군임에도 불구하고 위대한 장수라고 표현할 정도였죠. 저는 에르빈 로멜이 심리에 상당히 능한 사람이었다고 생각해요. 우리가 주식을 살 때도 내 판단이 잘못돼서 혹시라도 손해날까 봐 주저하게 되잖아요. 그런데 전쟁은 오죽 무섭겠습니까? 생명이 걸려 있고 잘못하면 죽을 수도 있으니까요.

그런데 에르빈 로멜 장군은 군인들의 심리를 기가 막히게 알고 대치 상황에서 전술을 편 거예요. 영국군과 수적으로 열세한 상황에서도 거의 다 선제공격을 했어요. 전투가 벌어지면 모두가 죽음을 두려워하며 떨게 되는데 이런 상황에서 오히려 선제공격으로 치고 들어가니 더 무서운 거죠. 그래서 에르빈 로멜 장군의 명언에 보면 "공격이 최선의 방어다"라는 말이 있어요. 그런 이야기도 있잖아요. 동네 싸움에서는 '선빵 때리면 절반은 먹고 들어간다'고요.

주식도 똑같습니다. 하루짜리 데이 트레이딩Day Trading부터 장기투자까지 모든 유형에 해당돼요. 코로나가 조금씩 풀리면서 리오프닝주에 관심이 몰렸을 때도 아직 코로나가 끝난 게 아닌 만큼 방역 지침이 어떻게 될지 알 수 없었어요. 분명 풀리고 있는 상황에서도 여러 번의 변이를 겪다 보니 두려움에 선뜻 행동할 수가 없죠. 그런데 이런 상황에서 누군가 해당 주식을 확 질러서 올려버리면 포모 현상에 의해 무조건 따라가는 게 대중심리예요. 살까 말까 망설이던 사람들이 주가가 확 오르면 쫓아가게 되거든요.

집단생활을 하면서 900만 년 동안이나 생존해 온 인간의 DNA에는 '강한 것에 의존하는 본능'이 숨겨져 있어요. 성공한 투자자들이 그렇게 '선빵'을 날리면서 용기 있게 주식을 사는 이유는 대중들이 주저주저할 때 먼저 사는 게 유리하다는 것을 알기 때문이고요. 그런 면에서 주식 투자도 미래의 불확실성에 대한 두려움을 극복하고 먼저 액션하는 사람이 늘 승자였던 것 같아요.

윤대현 뭐든 해야 결과물이 나오니까요.

박세익 제가 회사 직원들에게 하는 이야기가 있습니다. "부자 마인드로 투자해라. 부자들은 조급하지 않고, 또 '고위험-고수익High Risk-High Return' 주식으로 한 방에 큰돈 벌려고 하지 않는다. 우량 자산으로 예금 금리의 두세 배 수준의 수익만 꾸준히 내줘도 만족해한다."

저희한테 3억 이상의 자금을 맡기는 고객들 중에는 자산가가 꽤 많거든요. 그중에서도 거액 자산가가 된 경우는 모두 마음 관리Mind Control에 능한 덕분이고요. 부자들은 손실을 극도로 싫어해요. 그래서 위험성이 큰 중소형 주식이나 애매한 부동산은 절대 투자 안 하거든요. 그들은 스스로 믿을 수 있는 우량 자산으로만 투자하죠. 그리고 갖가지 경제 위기 상황에서는 가격 변동성이 발생해도 무시하고 버티고요.

윤대현 쉽지는 않겠지만 부자가 아니어도 부자 마음으로 투자해야 한다는 거죠.

박세익 맞습니다. 대부분 개인 투자자들이 또 어려워하는 부분이 매도하는 거예요. 그런데 이 점은 펀드매니저들도 마찬가지거든요. 가난한 마음으로는 한 번에 많이 벌고 싶잖아요. 그러니까 많은 수익을 냈는데도 조금만 더, 조금만 더 하는 거죠. 대중이 쏠리면서 분명히 거품 영역으로 들어갔음에도 불구하고 상승하는 분위기에 본인도 취해서 결국 팔지 못해 손해를 입죠.

그래서 부자 마인드가 중요한 것입니다. 파는 것도 부자 마인드여야 하는 거죠. 요새는 금리가 많이 올라서 예금 금리가 10%인 상품도 있지만요. 일반적으로 예금 금리와 비교해서 주식으로 1년에 30%, 60% 번다면 그게 얼마나 큰 수익입니까? 특히 대형 우량주라면 더 그렇죠.

코로나 이후 최고의 주도주 역할을 했던 테슬라 주식도 2020년에만 740%나 올랐거든요. 2020년 저점에서

2021년 고점까지 계산해 보면 무려 17배나 올랐어요. 그런데 수익을 내고도 주식을 팔지 못합니다. 밸류에이션 능력도 중요하지만, 조금만 더 먹고 팔아야지 하는 욕심과 최고점에서 주식을 팔고 싶어 하는 '요행 심리' 때문이라 생각합니다.

윤대현 부자 마인드를 이야기하다 보니 요즘 투자자들 사이에서 회자되는 '경제적 자유'라는 키워드가 생각나는데요. 흔히 사용하는 의미와는 별개로, 자칫 잘못하면 문제가 될 만한 지점도 있거든요. 저는 경제와 자유는 분리해야 한다는 입장이에요. 자유라는 것은 본능이죠. 대부분의 본능은 너무 원하지만 끝까지 채울 수 없다는 특징을 가져요.

예를 들어 식욕은 어떤가요. 오늘 하루 잘 먹으면 내일 배가 안 고플까요? 그러면 생존할 수가 없죠. 먹어도 먹어도 배고프도록 설계돼 있어요. 비슷한 게 친밀감, 사랑이죠. 인생에 한 번 사랑 잘했으니 다시는 사랑 안 해도 된다고 생각한다면 인류가 유지될 수 없죠. 사랑이 고파야 사랑을 하고 그래야 종족 번식이 되니까요.

자유 또한 마찬가지예요. 그러면 경제적 자유는 어떨까요? 상대적으로 나보다 더 부자인 사람을 보면 자신의 처지가 처량해지는 느낌을 받죠. 10여 년 전만 하더라도 행복학자들이 사람의 행복을 유지하는 데는 친밀감이 더 중요하고, 경제적 부분은 일정 수준 이상에서 영향력이 없다고 했어요. 돈에 너무 얽매지 말라는 풍의 연구들이었죠.

그런데 비교적 최근의 연구에서는 돈이 많아질수록 주관적 행복감이 상승했다고 해요. 연구에는 여러 변수가 있기 때문에 어떤 결과가 더 진실에 가까울지는 모르지만요. 저는 이게 더 현실적인 연구 결과가 아닐까 싶어요. 이 연구에서의 자유는 더 구체화된 선택의 자유 Freedom of Choice를 의미했는데요. 퇴직 후 원하는 새 직장을 구할 때까지 버틸 수 있는 자유, 싫은 사람은 안 만날 수 있는 자유 같은 거죠.

그런데 또 다른 연구 결과가 흥미로워요. 경제적으로 여유로운데 상대적으로 그만큼 행복하지 않다고 느끼는 경우인데요. 만나고 싶지 않은 사람을 안 만날 수는 있는데, 그러다 보니 하나하나 정리하다 결국 남는 사람이 없는 거예요.

인간에게는 친밀감에 대한 욕구와 자유에 대한 욕구가 있는데, 사실 경제적인 것은 자유 쪽으로 더 치우쳐 있는 거죠. 그래서 경제적 자유라는 말도 그렇게 붙어 있는 것 같아요. 너무 경제적 자유 쪽으로만 치우치다 보면 친밀감이 조금 약해질 수도 있는 거죠. 물론 봉사를 하거나 이를 통해 친구들을 두루두루 많이 만나면 두 마리 토끼를 다 잡을 수 있으니까 반드시 그렇다는 것은 아닙니다.

결국 돈이 많다고 해서 완벽한 자유를 얻는 것은 아니지만, 어쨌든 있는 게 더 좋은 것은 분명한 것 같은데요. 그래서 이런 감정을 느꼈던 사람들도 있을 거예요. 평범하게 대기업에 다니며 직장 생활이나 가정생활 모두 행복했는데, 동료가 코인 투자를 해서 큰돈을 번 거예요. 그 돈으로 차 사고 가전제품도 다 바꾸는 것을 보면서 갑자기 자신이 불행하게 느껴지는 거죠. 상대적 박탈감을 경험한 거예요.

투자에서 심리가 중요한 만큼 내 마음을 지키는 데도 돈이 굉장히 중요한 것입니다. 하지만 아무리 맛있는 음식도 많이 먹으면 비만이 되고 건강을 해치잖아요. 때로는 돈이 독이 될 수도 있어요. 결국 균형이 필요하죠. 목표를 설정하고 그 지점까지 못 오르면 자유롭지도, 행복하지도 않다는 마음을 가지면 상당한 경제적 성취를 이뤄도 마음은 불안하게 세팅될 수 있어요. 작은 것에도 기쁨을 느낄 수 있는 마음은 절대적 성취 기준과는 별개인 것입니다.

최선의 결정을 위한 최상의 마음 관리

박세익 아마존 의장 제프 베이조스Jeff Bezos의 경우 오전에 일을 다 끝낸다고 합니다. 저도 운용 회의는 모두 아침에 하는데요. 밤새 자면서 충분한 휴식을 취해서 그런지 아침에는 좋은 아이디어도 많이 떠오르고, 아침에 내린 투자 의사결정은 특별히 후회한 적이 없었던 것 같아요.

윤대현 사람마다 다른데 저도 중요한 결정은 아침에 내리는 편입니다. 정설은 아니지만 밤에는 사람이 조금 더 감성적으로 변한다고도 하고요. 밤에 감성에 취해 좋아한다고 고백했다가 아침에 부끄러워서 후회하고 그러잖아요. 그리고 잠이라는 게 뇌가 꺼져 있는 시간만은 아니라고도 하고요.

박세익 꿈도 꾸니까요.

윤대현 자기 전에 고민을 하고 잠자리에 들면 뇌가 일을 해준다는 거예요. 그러면 아침에 일어났을 때 조금 더 명확하게 생각할 수 있다는 거죠. 개인적으로도 뭔가 고민스러울 때는 아침에 결정 내릴 때가 많습니다. 조금 더 생각이 명료할 때도 있어요.

박세익 저도 최근에 그런 경험을 상당히 많이 했는데요. 그 전날 밤까지 고민했던 문제에 대한 해답이 다음 날 아침에 일어날 때 딱 떠오르는 거죠. 그런 경우가 꽤 많았거든요.
　수십 년 동안 주식을 하면서 느낀 것인데, 오후에 시장을 보면서 감정에 휘둘린 채 내린 결정은 오히려 후회하는 경우가 많더라고요. 그래서 웬만하면 아침에 결정하려고 하거든요. 시험 볼 때도 처음 쓴 답을 나중에 고치면 고치지 않은 게 답인 경우가 많잖아요.

윤대현 언제 결정하느냐만큼 평소의 마음 관리도 중요하다고 봅니다. 특히 리더는 중요한 의사결정에 대한 선택의 순간을 자주 마주하니까요. 평상시 마음 관리가 더욱 필요하죠. 과거에는 양자택일 방식으로 리더가 소탈한 감성을 가지면 성공하지 못한다고 했는데요. 이제는 비즈니스 심리 분야에서도 이중 목표를 가져야 한다고 합니다.

투자를 비롯한 여러 비즈니스에서 실적이든 퍼포먼스든 성취는 높이 잡으라는 거예요. 하지만 동시에 소소한 데서 행복을 느끼는 훈련도 해야 한다는 거죠. 이게 작동돼야 긍정성이 유지되고 두려움을 막을 수 있다는 것입니다. 결국 긍정의 마인드로 불안을 이겨내야 결정도 잘 내릴 수 있다는 거예요. 다 맞물려 돌아가는 것입니다.

그래서 요즘은 리더의 역량에서 퍼포먼스만큼 직원을 위로하고 감싸주는 것도 중요하다고 봐요. 안아줘야 퍼포먼스가 난다는 거죠. 퍼포먼스에 관한 이야기뿐만 아니라 힘든 이야기를 들어주는 것도 리더의 업무니까 업무 시간에 반영해 줘야 한다는 거예요. 리더의 자리는 그만큼 어려워졌다고 할 수 있죠. 여기에서도 결국 중요한 것은 균형이에요. 그냥 열심히 살고 성취하는 데만 집중할 게 아니라 작은 것에서도 행복을 느끼는 훈련을 해야 해요. 그렇지 않으면 공허나 외로움이 찾아올 수 있죠.

수십 조 원의 가치를 가진 기업의 CEO라고 해도 기업의 성과에 대해 사회적으로 좋은 피드백만 받는 것도 아니니까요. 성과에 대한 것은 피드백 자체가 그리 크지 않기도 하고요. 그런데 그만큼 사회적 책임은 져야 하죠. 따라서 이런 균형은 개인 차원에서뿐만 아니라 사업을 할 때 리더십 차원에서도 필요하지 않나 싶습니다.

박세익 균형이라는 키워드가 참 마음에 와닿습니다. 동학개미, 서학개미라 불리는 많은 개인 투자자들이 주식시장에 경제적 자유를 얻으려고 왔죠. 말이 고상해서 그렇지 결국 돈 걱정 안 해도 될 정도로 돈 벌고 싶은 거예요. 내가 하고 싶은 것을 하기 위해서죠. 나이 들어서까지 하고 싶은 것 못하고, 아침에 출근해서 저녁까지 일하는 생활을 그만하고 싶은 거예요.

결국 행복하려고 투자하는 거죠. 지금 계속 마음 관리에 대해 이야기하고 있는데, 나를 불행하게 만드는 투자 행태도 있거든요. 저도 한때 파생상품에 투자했으니까요. 그때 1년 반 연봉을 딱 3개월 만에 다 잃었어요. 파생상품에 투자하는 사람들끼리는 영혼을 파는 매매라고 말하거든요. 파생상품은 누군가 잃으면 누군가는 따게 되는 제로섬 게임이에요. 그리고 선물이나 옵션은 만기가 정해져 있기 때문에 시간적으로도 여유 있는 투자가 안 되죠. 결국 단기적인 방향을 맞혀 돈을 벌어야 하는데 그게 마치 카지노의 홀짝 게임과 비슷한 바카라 게임을 하는 느낌을 주거든요. 주식보다는 훨씬 투기적이라 심리적 압박감이 정말 큽니다.

윤대현 저도 후회한 투자가 있어요. 미국 주식은 밤에 열잖아요. 조금 전에 중요한 결정은 아침에 내린다고 했는데, 제가 밤에 간이 부어요. 주린이인데 TQQQ[5]를 산 거죠. 전문가들이야 얼마든지 살 수 있는 좋은 지수이긴 했어요. 하지만 합리적 결정이 아니었죠. 어디에서 정보를 주워듣고 밤에 홀린 듯 산 거예요. 많이는 안 샀지만 아침에 너무 불안한 거죠. 밤 돼서 팔았습니다. 해외 심리 잡지를 보니 저 같은 사람은 전문가에게 맡겨야 하는 유형으로 나오더라고요.

박세익 이왕에 TQQQ 이야기가 나왔으니 설명을 드리면요. TQQQ는 한마디로 오래 투자하면 할수록 확률적으로 무조건 지는 싸움이에요. 예를 들어 나스닥 지수가 1만에서 30% 빠졌어요. 그러면 TQQQ는 세 배 빠지죠. 즉 1만 원을 투자했으면 90% 손실 나면서 1000원이 되잖아요. 이후에 다시 나스닥 지수가 1만을 회복했어요. 7000에서 1만이 됐으니까 약 42% 오른 거예요. 그런데 TQQQ는 42% 지수 상승률에 세 배 더 오르니까 126% 상승했을 거예요. 그런데 그래 봐야 2260원이에요. 1만 원까지 회복이 안 돼요.

두 배짜리 레버리지도 똑같아요. 레버리지는 지수가 40% 빠지면 80% 빠지잖아요. 1만 원이 2000원 된 거죠. 그러고 나서 지수가 다시 회복돼도 레버리지는 원금 회복을 못 해요. 2000원이 겨우 5577원 될 뿐이에요. 그래서 지수가 회복돼도 레버리지는 전고점 회복을 못 하는 것입니다. 그러니 세 배짜리는 더하죠.

윤대현 손실 확대에 대한 불안이 내 영혼을 갉아 먹는 느낌이네요.

박세익 이런 상품은 터졌을 때 스트레스도 너무 크고요. 이익을 봐도 별로 못 봤다고 또 자책하게 돼요. 물론 해야 할 때도 있죠. 코로나 위기 때처럼 공포가 극에 달했다가 최악의 상황을 벗어난다 싶을 때 들어가는 거예요. 하지만 이것은 정말 특수한 상황이죠. 이를 제외하고는 투자에서도 마음을 행복하게 하는 매매를 해야 합니다. 마음 관리를 통해 일상의 균형부터 잡으려는 노력이 모든 투자를 하기 전 반드시 선행돼야 합니다.

2장

대세에
끌려가거나
등지지 말라

1.

더 큰 도약을 위해
움츠려라

강영현
유진투자증권 이사

유튜브에는 없는 게 없습니다. 각자의 관심사를 검색창에 키워드로 입력하는 순간 수많은 영상이 쏟아집니다. 주식 정보도 그중 하나입니다. 유명한 투자 전문가들이 시황 분석이나 전망을 내놓습니다. 얼핏 투자하기 좋은 환경 같지만, 곧이곧대로 따라 하다 큰 손해를 입을 위험도 있죠. 홍수처럼 밀려오는 투자 정보에 잠식되지 않는 방법은 무엇일까요?

주식 정보는 무시하지도 받들지도 말라

박세익　지금도 기억나는 일화가 있습니다. 벌써 20여 년 전의 일인데요. 모 증권사의 시황 세미나에 참석했는데 발표자가 꽤 유명한 리서치센터장이었습니다. 그런데 그분이 당시 주식시장의 강세 현상을 설명하면서, 상승 원인을 저금리에 의한 유동성의 힘이라고 말하더라고요.

저는 주식시장은 전적으로 매출 성장이나 영업이익률과 같은 펀더멘털 덕분에 올라가는 거라고 생각해서 귀담아듣지도 않았습니다. 그런데 나중에 유동성이 꺼지고 종목들이 박살 나는 것을 보면서 유동성이 그토록 중요하다는 것을 실감했습니다.

100 정도 갈 주식이 유동성 때문에 200~300 가기도 하고, 반대로 유동성이 빠지면 내재가치보다도 훨씬 더 떨어진다는 사실을 몸소 느낀 순간이었죠. 그런데 아직까지도 이런 주식시장의 수급이나 유동성에 관한 부분을 주식 전문가들이 잘 이야기하지 않으려고 합니다. 주식시장의 여건에 따라 투자 종목의 수익률이 크게 엇갈리는데도 말이죠.

그런 의미에서 2022년 중순, 이사님께서 섣불리 주식 매수했다가는 '참교육당한다'는 경고를 하셨던 게 떠오릅니다. 그리고 얼마 전 방송에서는 '주식 투자자는 손실이

나면 장기투자 뒤에 숨는다'라는 촌철살인(寸鐵殺人) 같은 명언을 만드셨고요.

강영현 '광대는 가면 뒤에 숨고, 칼잡이는 칼 뒤에 숨는데, 증권맨은 장기투자 뒤에 숨는다'는 이야기였는데요. 아무래도 유튜브를 하면 다양한 사람들의 의견을 접하게 됩니다. 실제 고객들은 면전에서 하지 못할 말들이 댓글에는 여과 없이 올라오죠. 장기투자해야 한다, 가치투자해야 한다고 하는데 가치가 없는 주식을 누가 사냐는 거예요.

사실 경영학과 1~2학년만 되면 PER, PBR 밸류에이션 다 할 줄 알고, 이름 자체도 상대적 가치 평가 모델이잖아요. 이름 자체에 변한다는 의미가 들어 있어요. 그런데 뭐라도 되는 것처럼 이를 바탕으로 주식 투자는 장기적으로 하면 무조건 수익이 난다고 하니까요.

실제로 2021년 주식시장은 금리 인상이나 인플레이션 상황, CAPE Cyclically Adjusted Price to Earnings[1] 지수상 워런 버핏의 장기투자나 가치투자는 하면 안 되는 상황이었습니다. 멀티플 Multiple[2]이 20~30배 되는 상황에서 장기투자를 하라는 말은 맞지 않거든요. 장기적으로 갖고 있으면 결국에는 된다는 어조의 책들도 있는데, 이런 상황에서는 곧이곧대로 받아들여서는 곤란해요. 시대를 풍미한 큰 주식까지도 타격을 받을 수밖에 없는 시기였으니까요.

그렇게 장기투자만 믿는 상황이 너무 안타까워서 투자자들의 생각을 바꿔보려고 했죠. 처음에만 해도 댓글이 너무 안 좋아서 하지 말아야겠다 싶었어요. 그러다 나중에는 오기가 생기더라고요. 저에 대한 비판이라기보다는 이런 현실을 모르고 보이는 반응이겠구나 싶으니까 안쓰러운 마음이 들었어요. 그래서 방송을 더 열심히 준비했어요.

유튜브가 어떤 면에서는 분명 좋은 영향력을 끼칩니다. 예전에는 인맥이 있지 않으면 이런 정보를 서로 공유한다는 것 자체가 어려운 일이었으니까요. 펀드매니저와 애널리스트가 만나는 자리도 흔치 않았고요. 그런데 지금은 펀드매니저나 애널리스트가 나와서 털어놓는 금융 지식을 편하게 다 얻을 수가 있어요.

그런데 한편으로는 오히려 들으면 해가 되는, 소위 쓰레기 같은 정보도 상당히 많습니다. 예전에는 정보가 없어서 문제였는데 지금은 정보가 너무 많아서 걸러내는 게 더 어려운 시기가 된 것 같아요.

박세익 말 그대로 스팸Spam 내용이 너무 많죠.

강영현 다양한 분야의 경험 있는 사람들이 유튜브를 통해 진중한 충고를 건네잖아요. 곧이곧대로 믿고 따르라는 게 아닙니다. 한 번쯤 균형자에 놓고 생각해 보라는 거죠. 오늘 낮에 주식을 샀는데 누가 저녁 방송에 나와서 내일 떨어진다고 하면 불안하고 기분이 나쁘죠. 그런데 그렇게 단순하게 받아들여서는 안 됩니다. 내려놓고 냉정하게 읽어낼 줄 알아야 합니다. 우리나라는 아직까지 그런 면에서만큼은 성숙하지 못한 것 같아요. 주식 관련 유튜브에는 입에 담을 수조차 없는 악성 댓글들도 많이 달리거든요. 지금은 많이 바뀌었지만 앞으로 더 바뀌어야 한다고 생각해요.

> **박세익** 주식 투자를 너무 쉽게 생각하는 것도 문제라고 봅니다. 요즘 주식 투자를 하면서 좌절감을 느낀다고 하는 투자자들에게 저는 이렇게 이야기해요. 1~2년 정도 유튜브 열심히 시청하고 주식 관련 서적 몇 권 읽은 상태로 주식 바닥에 들어오는 것은 태권도장 2년 정도 다니고 종합격투기, UFC 무대에 들어오는 것과 마찬가지라고요.

강영현 주식이 수레바퀴 이후 최고의 발명품이라는 비유를 한 적이 있는데요. 이를 듣고 한 고객이 건넨 말이 아직도 기억에 남아요. 수레바퀴가 발명된 이후로 그 밑에 깔려 죽은 사람이 몇이나 될 것 같냐고요. 그 이야기를 듣고 정신이 번쩍 들었습니다. 가난해서 돈도 기댈 곳도 없으니 맨몸으로 주식 한번 성공해서 폼 나게 살아보려고 한 것인데, 잘못하면 깔려 죽는 거예요. 이후로 많은 개인 투자자들에게 도움이 되는 이야기를 더욱 진심을 다해 전하고 소통해야겠다고 생각하게 됐어요.

당신은 호랑이인가, 고양이인가

박세익 주식 채널이나 유튜브를 보면 전문가들이 종목 추천하는 모습을 심심치 않게 볼 수 있습니다. 그런데 누구보다 방송 활동을 열심히 하면서도 최근 1년 정도는 종목 추천을 안 하셨죠. 어떤 이유일까요?

강영현 『이솝우화』에 나오는 「여우와 두루미」 이야기 아시죠? 여우가 두루미를 초대해서 음식을 내미는데 접시에 담아주니까 부리 때문에 먹을 수가 없었어요. 그러자 이번에는 두루미가 여우를 데려다가 호리병에 음식을 담아주죠. 여우 입으로는 먹을 수가 없을 테니까요. 전문가들과 개인 투자자들 사이에서도 이런 벽을 느꼈어요.

전문가는 전문가의 용어밖에 없거든요. 접시를 사용하는 입장에서는 호리병을 준비할 필요가 없잖아요. 전문가들은 접시로 돈을 벌기 때문에 접시에 음식을 대접해요. 분명 음식을 안 내준 것은 아니죠. 그런데 개인 투자자들은 먹을 수가 없는 거예요. 이 점을 깨닫고부터는 전문가들의 용어로만 소통할 게 아니라 적극적으로 나서야겠다는 생각을 했습니다.

유튜브가 트리거의 역할을 한 거예요. 사실 종목은 시황도 맞아야 하고 업황도 좋아야 하잖아요. 그 안에서도 이것저것 살펴볼 게 너무 많아요. 그런데 전문가들이 특정 종목을 추천하면 개인 투자자들은 유명한 사람이 이야기한 거라고 무조건 투자해요. 쌈짓돈이라도 불려보겠다는 심정으로 매수했다가 물려 들어가는 거죠.

저는 종목 추천이야말로 전문가들이 스스로 신뢰를 훼손시키는 것 중의 하나라고 생각합니다. 탄환을 까서 주는 거예요. 총을 쏘려면 일단 총이 있어야 하죠. 그리고 총을 쏠 때나 탄환을 갈 때는 일정한 제식이 필요해요. 피아 식별하고 총구를 위로 향한다는 등의 정해진 양식에 맞춰 일괄적으로 이뤄져야 해요. 그런데 총알만 주는 거예요. 그러면 그냥 갖고 가서 불에 넣고 터져 죽는 거죠.

유튜브 하는 전문가들 중에 개인 투자자들을 위하지 않는 사람은 한 명도 없습니다. 모두 진심으로 이야기하는데 각각 추천하는 배경이 다르고, 서로 다른 영상으로 토막 내서 전달되니까 메시지가 제대로 전해지지 않는 거라고 생각해요. 그러니까 종목 추천은 요청을 하는 입장에서도 더욱 책임감이 필요하죠.

종목만 공부하고 매크로는 재미없다고 느낄 수 있지만 전체적인 뷰를 볼 줄 알아야 하잖아요. 연준의 정책을 보면 때가 아니라는 결론이 나는데 이를 무시하고 계속 투자해서는 안 되거든요. 이후에 올라가는 장에서는 최선을 다해 매수하고요. 균열이 생긴 상태에서 어금니 깨물면 임플란트해야 하는 거예요. 개인 투자자들도 큰 판을 먼저 읽고, 여기에서 세부 전략을 마련해 확률적으로 이기는 싸움을 해야 해요. 지금은 개별적인 자잘한 지식들로만 전략을 짜려 하니까 큰 문제죠.

저는 앞으로 6개월에서 1년 정도는 더 빠진다고 봅니다 (2023년 2월 기준). 지수가 아니라 종목이요. 지수는 1800으로 빠지면 거기에서 사면 되니까 당연히 어렵지 않죠. 그런데 종목은 오르고 내리는 것만 있는 게 아니니까 샀다 팔았다 하면서 옆으로 기어버릴 수도 있고 유상증자나 파산 문제도 남았고요. 앞으로 갈 길이 멀다고 생각해요.

이 과정에서 손실을 많이 본 투자자들은 진짜 투자해야 할 시점에는 정작 겁부터 나죠. 1년 지나면 제가 떨어진다고 할 때 악성 댓글 받았던 것처럼 올라간다고 했던 사람이 악성 댓글을 받을 거예요. 이런 모든 부분에서 투자자들의 성숙이 필요하다고 생각합니다.

박세익 저는 종목 추천을 함부로 하는 사람들이 있다면 속내를 의심해 봐야 한다고 생각하거든요.

강영현 그렇게 좋으면 본인이 사야죠. 주식도 결국 행복하기 위한 것인데, 하다 보면 본래 목적을 많이 잃어버리는 것 같아요. 이미 손실을 본 주식은 아까워서 못 팔겠고, 그냥 두자니 불안하잖아요. 매시간 움직이는 시세들을 보면서 성격도 거기에 맞춰서 바뀌고 불행으로 자꾸 빠져드는 거예요. 통과의례처럼 시간이 지나면 어느 정도 해결되는데 이미 내상을 입은 사람들이 너무 많습니다.

주식 투자에서는 처음부터 욕심을 너무 많이 내서는 안 됩니다. 방송에서 부추기는 것도 문제지만요. 테슬라로 1000% 수익 낸다는 것은 전문가 영역입니다. 2020년 테슬라가 유상증자할 때 싸게 투자했으면 부자가 될 수는 있었겠다 싶지만, 우리나라 개인 투자자들은 테슬라 유상증자 참여 못 하거든요. 1000%라고 하는데 내 몫은 단타에서 15%밖에 없어요.

호랑이 그림을 그린다고 하면요. 머리를 호랑이로 그리다가 망쳐서 몸을 고양이로 그리면 결국 고양이인 거예요. 그런데 스스로는 호랑이라고 생각하죠. 머리가 호랑이니까요. 몸은 고양이인데 정체성은 호랑이인 비극이 발생하는 것입니다. 스스로 생각하는 세계는 큰데 몸은 못 받쳐주는 거예요. 저는 유튜브의 너무 많은 정보가 이런 정신착란에 가까운 아노미 상태를 대량 양산했다고 생각합니다. 평균적으로 15~20%만 벌 수 있다면 무리할 필요가 없거든요.

리세션Recession[3] 온다고 하면 원유 인버스Inverse[4] 사면 되고, 달러가 올랐으면 미국 주식에 투자할 게 아니라 현금을 갖고 있다가 우리나라 무역수지 적자가 흑자로 돌아설 때 그 현금을 주식 사는 데 쓰면 50~100% 먹을 수 있잖아요. 확률적으로 높은 자리에서 자산을 차분히 불릴 수 있는데 매일 10~20% 수익 내겠다고 계속 들여다보고 있는 거죠.

사실 이것은 전문가들의 영역이거든요. 선수들이 분초를 다투면서 하는 투자고 시스템부터가 달라요. 이를 개인 투자자가 스마트폰으로 직장에서 한다고 하니 마음이 아픈 거죠. 지금의 어려움은 가치투자다 장기투자다 해서 잘 알지도 못하는 것을 고집한 대가라고 여기고요. 이제부터 잘 배워야 한다고 생각합니다. 단순하게 아픔으로 여기고 절망으로 받아들일 게 아니라 배움의 기회로 삼으면 되는 거예요.

물론 갈 길은 멉니다. 하지만 유튜브를 켜면 살아 있는 경험을 한 식견 있는 전문가들이 피가 되고 살이 되는 이야기들을 하고 있어요. 정말 좋은 스승이라 생각하고 그런 말들을 균형감 있게, 냉정하고 정확하게 받아들여서 자신의 것으로 만들었으면 좋겠습니다.

> **박세익** 퀸트Quant 투자[5]로 유명한 강환국 작가도 레시피를 다 가르쳐주는데 왜 이대로 안 하냐고 하거든요. 〈백종원의 골목식당〉을 보면 다 알려주는데도 일부에서는 그대로 안 해서 결국 또 문제가 생기잖아요. 많은 개인 투자자들이 주식이라는 세계가 위험한 정글이고, 내가 그곳에 뛰어들었다는 사실을 깨달았다고 봅니다. 그러면 이제 해야 할 것은 분명하죠. 자신이 호랑이인지 사자인지, 자칼인지 하이에나인지를 알아야 해요.

강영현 정체성을 알아야 한다는 거죠.

박세익 개인 투자자들은 그동안 주식 투자를 하면서 내가 잘할 때와 못할 때가 언제였는지, 내가 어떤 장에서 돈을 벌었고 어떤 장에서 돈을 잃었는지 냉철하게 한번 분석을 해봐야 합니다. 그리고 나에게 맞는 시장과 투자 스타일을 스스로 찾아야 합니다. 스포츠에도 내 적성에 맞는 스타일이 있잖아요. 투자에도 공격수와 수비수가 있거든요. 자신의 스타일과 적성을 스스로 파악해야 합니다. 지피지기면 백전불태라는 말이 괜히 있는 게 아니니까요. 곰곰이 고민해 보는 시기로 삼았으면 합니다.

정치학적으로 본 최후의 왕 깨기

박세익 이야기를 나눠보니 어려운 설명도 쉽게 비유하시니까 이해하기에 훨씬 좋습니다. 이 점이 많은 투자자들이 이사님을 좋아하는 이유일 테죠. 증권업에 인문학적 소양을 접목할 수 있었던 비결이 있을까요?

강영현 경제학을 전공했지만 관심 있었던 분야도 신학이나 역사학, 철학이었습니다. 대학 도서관에서 웬만한 철학 서적은 다 읽었을 정도였죠. 그런데 증권업계에서 일하는 선배가 보기에도 화려하게 빼입고, 보통 대학생들이라면 걸어갈 가까운 거리도 택시로 이동하는 모습이 좋아 보였어요. 글을 쓰는 것은 어려워서 애널리스트에 지원할 수는 없었고, 여러 우여곡절 끝에 지점 영업에 지원해서 2008년 3월에 영업을 시작했죠.

박세익 금융 위기 터지기 바로 직전이네요?

강영현 그때 어렵게 모은 돈을 한 방에 다 잃었습니다. 증권사 간다니까 친한 친구들이 돈을 많이 맡겼는데, 한 달 만에 다 깡통 찼어요. 버티려고 해도 고객들은 못 버티니까 결국 빚만 200만 원 남더라고요. 큰 지진이 있고 난 후에는 여진 피해 복구에 굉장히 오랜 시간이 걸리잖아요. 저도 빚 갚는 데 한참 걸렸어요. 투자가 이렇게 어렵다는 것을 깨달은 힘든 시기였습니다.

박세익 2008년 금융 위기로 주식시장이 폭락한 이후 2009년부터 2년간 유동성 랠리가 있었지만, 2011년 하반기부터 5년 동안 우리나라 코스피는 지루한 박스권 장세를 연출했었죠. 그동안 랠리의 주역이었던 태양광, 조선, 풍력 기업들이 실적 쇼크가 나면서 중후장대 산업의 암흑기를 보냈던 기억이 납니다. 2014년 하반기에는 유가까지 폭락하면서 해외 플랜트에 강점이 있었던 GS건설, 삼성엔지니어링은 생존이 어려워 보이기도 했고요. 지점에서 영업하기 정말 쉽지 않으셨을 것 같습니다.

강영현 당시에는 지점 영업을 하다 보니까 개인적인 투자 목적으로는 기업 탐방을 가는 것도 어려웠어요. 해당 기업에서 대우를 해주지 않았죠. 결국 회사에 강력하게 주장해서 1년 만에 여의도 영업부로 왔어요. 사실 자문사나 자산 운용사로 취직한 신입 사원도, 증권사의 신입 사원도 모두 똑똑한 사람들이고 시작은 비슷하거든요. 그런데 3년여가 지나면 자산 운용사의 직원들은 기업 분석하고 탐방 다니면서 네트워크를 만드는데, 증권사는 아니었던 거죠.

그래서 증권사 내에서 자문사처럼 영업하는 팀을 만들어야겠다고 생각했어요. 이후 회사에 2년 동안 꾸준히 요청해서 결국 투자정보연구팀을 만들었죠. 회사 승인을 받아 고객 대상으로 영업하고 오후 2시부터는 기업 탐방을 다녔습니다. 약 2~3년 한참 열심히 하니 몸이 먼저 지치더라고요. 어느 순간 졸음운전으로 큰 사고가 날 뻔해서 업무를 줄였어요.

이후에 종목 장세 나올 때도 수익을 어느 정도 거뒀는데, 매크로라는 큰 줄거리를 보지 못하니까 관리가 힘들었죠. 지금도 생각나는데, 어려운 시기마다 떠오르는 이야기가 있어요. 서브프라임 모기지 사태 터졌을 당시, 나이 지긋한 강사분이 이제 연준이 돈 풀어서 다 살려줄 테니 주식하면 된다고 하는 거예요. 계속 돈 풀어서 마이너스 난 구멍 메우는 거니까 그렇게 생각하라는 거죠.

그런데 정말 시간이 지나니 큰 흐름들이 조절되더라고요. 그러면서 점점 감을 잡았습니다. 시장의 색깔이라고 표현하는데요. 시장도 대형주가 끌고 갈 때가 있고 중소형주가 끌고 갈 때가 있잖아요. 박스권 장세일 때도 있고 추세 장세일 때도 있고요.

지수만 보고 투자를 판단하는 것은 지수 플레이를 하는 거지만, 실제 종목 투자로 들어가 보면 지금처럼 지수가 급락만 안 하면 열심히 종목 투자해서 수익을 낼 수 있잖아요. 그런데 우리나라 시장은 가끔씩 매크로 변수에 의해 10년간 열심히 투자해서 벌어놓은 것을 한두 달 만에 다 까먹는 장이 반복돼 왔죠. 그리고 지금처럼 또 매크로 이슈가 발생하니까 이번에도 못 버티겠더라고요. 그래서 그만뒀죠. 시장도 너무 비싸 보였고요.

제가 박스피에서 퍼포먼스가 상당히 좋았어요. 싸게 잡았다가 적정하게 올라오면 정리하고, 주도주 잡고 있으면서 인버스를 따로 다 덮어가면서 넘어왔기 때문에 하락할 때도 깨지는 게 별로 없었죠. 그렇게 트레이딩한 인버스 플레이가 고객들과 저를 많이 보호해 줬고요.

2022년 5월은 정말 트릭이었어요. 올라갈 장이었는데 좋은 주식들이 못 올라가고 있더라고요. 우리나라에서 제일 좋고 끌고 갈 수 있는 종목들에만 투자했는데도 며칠 버텼는데 안 오르는 거예요. 그때 애니멀 스피릿으로 다 정리했는데 6월에 빠져버린 거죠. 그렇게 다행히도 마지막에 피했어요. 이후 올라갈 때도 거래도 안 실리고 힘이 없더라고요.

박세익　약세장에서는 동물적 감각이라는 게 상당히 중요하다고 생각해요. 2022년 6월은 우리나라 대장주들, 소위 말하는 명품 주식들, 그리고 미국의 FAANG 주식들까지 이상하게 힘없이 빠지는 것을 보고 잘못 걸려들었다는 느낌을 받았어요. 그때 등골이 오싹해졌죠.

강영현　한 번씩 자조적으로 주식을 안 해야 인생이 행복하다는 생각도 합니다.

박세익　이 업계에 종사하는 사람들은 다 한 번씩의 좌절을 경험할 거예요. 미국에서도 '월스트리트의 멋쟁이들'이라는 표현을 쓰지만, 사실 증권업에서 멋지게 성공하려면 적성도 맞아야 하고 노력도 무진장해야 하고 정신력도 좋아야 하잖아요. 그래야 100명 중 성공하는 다섯 명에 속하죠. 지금은 증권업계 종사자들 모두 힘든 시기인 것 같아요. 결국 이 매크로 위기가 빨리 끝나야 할 텐데, 앞으로 주식시장은 어떤 그림일까요?

강영현　나스닥도 그렇고 국내 시장도 전 저점 깨진다고 보고 인버스로 방향을 틀어서 대응해 왔는데요. 너무 빠졌으니 반등이 나올 때가 됐기 때문에 인버스는 단기적으로 더 큰 효과는 발휘하지 못할 거라고 생각합니다. 그런데 과거 기억을 더듬어보면,

만약에 여기에서 15~20% 반등한다면 예전 오락 게임처럼 마지막에 제일 강한 왕 깨기가 남은 거예요. 더 이상 가면 대책이 없는 거죠.

박세익 혹시 신용위기, 즉 크레디트 리스크가 온다는 것인가요?

강영현 그렇죠. 결국 연준은 크레디트로 깨버리려는 거잖아요. 지금 우크라이나 전쟁 상황 자체도 단순히 경제 문제라고 보지는 않아요. 미국은 이미 러시아를 이기고 있잖아요. 미국의 상대는 중국이죠. 그래서 제 생각에는 러시아가 아니라 독일과 이탈리아를 길들이려는 게 아닌가 싶어요.

박세익 미국이 러시아를 이용해서요?

강영현 러시아 입장에서 이미 우크라이나 돈바스 지역은 절반 이상이 러시아 사람들이었고, 주민 투표하면 그냥 넘어가는 거였어요. 그런데 왜 미국이 무기를 대주면서 전쟁을 붙이냐는 거죠. 결국 전쟁으로 가장 큰 타격을 받는 나라는 독일과 이탈리아거든요. EU에서 마지막 남은 제조업은 독일과 이탈리아밖에 없잖아요. 결국 우크라이나는 전쟁의 표면적인 모습이고요. 정치적으로 친러 성향이 강해지는 독일과 이탈리아를 미국이 길들인다고 생각해요.

특히 독일과 이탈리아는 중국 투자가 굉장히 많으니까요. 크레디트스위스나 도이치뱅크가 운용하는 자금에 대체적으로 러시아 마피아나 옥시덴털 페트롤리움 같은 가스 회사들의 자금이 들어 있잖아요. 미국 입장에서는 유럽 패권을 장악하는 데 러시아나 중국이 위협이 되죠. 미국이 총칼로 전 세계를 지배하기 위해 왕이 되려는 것은 아니잖아요.

달러로 전 세계를 쥐락펴락하면서 좌지우지했던 것처럼 지금은 타깃이 러시아가 아닌 독일과 이탈리아를 향하고 있는 것 같다는 생각이 듭니다. 그 후에 제2의 마셜 플랜Marshall Plan[6]을 시작해서 완전한 우방으로 만들어놓는 거죠. 어디까지나 제 생각이지만 그렇게 보니까 상황이 너무 잘 맞아 들어가고 미국 입장에서 해석되는 거예요.

크레디트 리스크가 생기면 증권사들도 문제가 많을 거예요. 채권에 많이 투자하기도 했고, 건설사들 PFProject Financing도 전부 중단된 상태잖아요. 집값이 이렇게 비싼데도 자금 지원을 못 받아서 건설 공사를 못 하는 상황이죠. 우리나라 코스피200의 평균 영업이익률이 8~9%인데, 이자가 5% 오르면 영업이익률 5%도 안 나오던 기업들은 EVEnterprise Value/EBITDAEarnings Before Interest, Tax, Depreciation and Amortization[7] 비율 안 나올 테고요. 그러면 또 유상증자를 하든 채무 조달을 하든 신용 등급이 다 깎일 거예요. 미국의 경우 2022년 9월 말 정도에 S&P나 무디스에서 신용 조정에 들어갔고 그러면 삼성전자, 하이닉스부터 시작해서 대기업들의 신용이나 국가 신용 등급까지 나오겠죠.

그러면 이제 크레디트로 흔드는 시장이 한 번 남았다는 거예요. 그때는 어딘가 막혀서 쓰러져 버리는 거니까 구급차가 와야 하는 상황이죠. 지금까지의 하락은 애교일 것 같다는 생각이 들어요. 2022년 3~4월에는 반등하면 궁휼히 여겼다고 생각하고 주식 팔라고 했는데 그런 정도가 아닐 것 같아요. 주식은 나중에 전문가에게 맡긴다는 생각으로 지금은 일단 은행에 예금해야죠.

박세익 그런데 최근 리오프닝이 시작되면서 실물 경제로만 보면 그런 심각한 위기가 오는 게 맞나 싶기도 해요. 속절없이 떨어지는 주식시장에 비해 실제 경기는 상대적으로 나으니까요. 그래서 저는 2023년 상반기에는 소위 안도 랠리가 올 수도 있다고 봐요. 하지만 장단기 금리 차나 부동산시장 여건 등을 보면 2024년 주식시장은 저도 좋지 않을 거라고 봅니다.

욕심부리지 말고 쉬어가라

박세익 1980년대에 제조업 강국인 일본이 아시아 외환위기를 거친 후 후퇴하고, 2000년대 미국발 금융 위기 이후 남유럽이 심각한 타격을 입으며 최고의 선진국이었던 유럽도 쇠퇴했죠. 이를 보며 저는 연준이 의도적으로 위기를 만들어내는 게 아닌가 의문도 듭니다. 이사님께서 이 정도의 경제 충격은 아직 시작도 아니라고 보시는 것도 같은 맥락이고요. 결국 이번 연준의 금리 인상으로 초래되는 위기도 사실상 미국이 아닌 다른 나라의 경제를 작살낼 텐데, 그 타깃이 독일과 이탈리아가 되는 거군요.

강영현 만약 독일과 이탈리아가 러시아와 붙는다고 하면 미국으로서는 재앙이죠. 안 그래도 유럽에서 가장 힘이 센 두 나라잖아요. 그리고 독일과 이탈리아는 겉으로 봤을 때는 같은 민주주의 같아도 내부적으로 들어가면 언제든 공산당으로 넘어갈 수 있거든요. 생각 자체도 자유민주주의라기보다는 사회민주주의 방향이고요.

그렇게 보면 앞으로는 위험한 시간이 이어질 거예요. 아직 투자자들이 희망을 못 버리는 경우가 많은데, 적어도 1년 이상은 주의를 기울여야 할 것 같습니다. 나이브하게 종목이 반등했다고 해서 상황이 좋아졌다고 생각한다면 정말 큰코다칠 것 같아요. 그래서 저는 2020년부터 투자로 얻은 수익은 빚을 갚는 데 제일 주력했어요.

보통 사람들이 이 정도는 없어도 살 수 있는 돈이니까 주식이나 하자는 마음으로 시작해요. 그러니까 떨어져도 오히려 더 매수하면서 버티려고 하고요. 그런데 그때 돈이 필요한 순간이 꼭 찾아와요. 1억 원이 2000~3000만 원으로 떨어져 있는데, 그 돈이 딱 필요한 거예요. 갑자기 교통사고가 나거나 가족이 아프거나 대출이 안 되는 등의 상황이 오면 나올 데는 주식밖에 없죠. 그런 시장이 한 차례 남았다는 거예요. 그 건기를 바짝 준비하지 않으면 확 쓸려갑니다. 이렇게 경고해야 투자자들이 겁을 먹을 것 같아요.

한 달에 월급으로 500만 원 버는데 빚이 1~2억이면 쓸 돈이 없습니다. 이자로 내는 비율이 너무 높아요. 지금은 주식을 하기보다 빚부터 갚고요. 차분히 1년 정도 기다리다 은행에서 돈 빌려가라고 할 때 투자하는 게 맞다고 생각합니다. 지금은 너무 안 좋아 보입니다.

박세익 사실 2008년 금융 위기 이후 최근 15년 동안, 미국 시장이 3분기 연속 빠진 적이 없었잖아요. 코로나 때도 1분기 빠졌고요. 그렇게 큰 조정이 없었는데, 최근에 2분기 연속 빠지는 것을 보면서 2000년대 초 닷컴 버블이 붕괴될 때와 비슷하다는 생각을 했습니다. 이번에 나스닥이 올라가는 모양도 1990년대 말과 똑같았거든요.

단지 차이가 하나 있다면 1999년에는 연준이 금리를 계속 인상하는데도 주가가 미친 듯이 올랐는데, 이번에는 2022년 3월 첫 금리 인상을 단행하기도 전에 박살이 났고 금리 인상 폭을 25bp(1bp = 0.01%p)에서 50bp, 50bp에서 또 75bp로 올릴 때마다 주식시장은 저점을 갱신하면서 투매가 나왔죠.

다행히 20년 전과는 달리 한국 수출 기업들의 위상과 경쟁력이 일본이나 독일과 비교해도 어깨를 나란히 할 만큼 올라와 있잖아요. 이를 희망으로 삼는다면 이번에 연준이 만들어준 고환율 상황이 우리나라 수출 기업에는 마진율을 높여주는 효과가 있다고 봐요. 게다가 아직까지는 신용 리스크 가능성이 낮아 보이는 상황이니 2023년 상반기까지는 안도 랠리가 있을 수도 있다고 보는 거죠.

결국 연준의 최종 금리 수준에 따라 달라지겠지만, 저는 이번 안도 랠리의 목표치를 2700에서 2900까지 보고 있습니다. 2700은 2023년 기준으로 PBR 1배 정도 수준이고요, 2900은 이번 낙폭의 60% 정도 되는 수준입니다. 그래서 저희 회사는 2023년 상반기에 2700 이상에서 도망칠 기회를 줄 수도 있겠다는 생각으로 운용 전략을 짜고 있습니다.

강영현 제발 그렇게 됐으면 좋겠습니다.

박세익 다만 닷컴 버블 붕괴 때 어떤 주식들이 80~90% 빠졌는지 돌이켜 보면 지금도 꿈 주식은 절대 담으면 안 되는 거죠. 닷컴 버블 붕괴가 가속화됐던 2001년에 올라간 주식도 조사해 보면 전부 실적 모멘텀Momentum[8]이었어요. 리세션 장에서도 실적이 중요하다는 거죠. 코로나 때도 반사이익을 받는 업체들이 많이 올라갔잖아요. 지금은 무작정 아무 주식이나 사놓으면 올라간다는 게 아니라 실적을 철저하게 분석해서 2023년 상반기까지 15% 정도의 수익은 먹고 도망 나오자는 전략이에요.

강영현 시장이 계속 좋지 않기 때문에 할 수 있는 투자는 듀레이션Duration[9] 긴 채권을 산다거나 개인연금을 채권 ETF에 넣어놓는 거죠. 제가 2008~2009년 분당 지점에 있을 때는 해외 선물 계좌를 터서 달러 쇼트Short[10]를 했거든요. 1550원에 달러 쇼트를 쳐서 1260원인가 1280원인가에 먹고 나왔어요.

박세익 2008년 10월 말 미국과의 통화스와프Currency Swap[11]가 체결된 당시 국내 주식시장은 892p를 찍고 돌기 시작했는데, 미국 주식시장은 2009년 3월 초까지 계속 하락하다 보니 환율은 더 올라갔죠. 저는 그때 주식 바닥이 나왔다고 보고, 1200원에 달러 선물 매도를 했다가 1600원까지 상승하는 바람에 상당히 고생했습니다.

일반적으로 롱 장은 지루하게 올라가고 쇼트 장은 짧고 굵게 오잖아요. 그래서 쇼트 플레이는 하락장에 대한 공부를 많이 한 극히 일부 선수들만이 돈을 벌 수 있는 전략이라고 봐요. 저희 회사는 인버스 매매는 하지 않고, 롱온리Long Only 헤지펀드 스타일을 지향해요. 즉 매수해서 먹고, 아니다 싶을 때는 쉬고, 또 간다 싶을 때 들어가고요. 그래서 2021년 5월 코스피 3150 근처에서 고객들 주식을 모두 이익 실현해서 현금 다 찾아가시라고 했어요. '쉬는 것도 투자다', '쉼표도 음악이다'라는 설명까지 덧붙여서 말이죠.

그런데 대부분의 고객들이 그 현금을 받아서 예금에 집어넣고 쉰 게 아니더라고요. 여기저기 유튜브에서 얻은 정보로 다 따로 주식을 사서 20%에서 많게는 40%가량 손해를 보고 있더군요. 그래서 다음부터는 약세장이 올 때 저희 쪽에서 이익 실현한 자금을 이사님께 운용 맡겨야겠다는 생각이 드네요.

지금까지 이야기 나누며 개인 투자자들에게 정말 진정성 있는 마음으로 다가가고 있다는 것을 느낄 수 있었습니다. 이런 약세장에서 누구보다 어려움을 겪고 있을 투자자들에게 진심으로 애처로운 마음을 갖고 있기 때문이겠죠. 이사님의 오랜 공부와 경험으로 풀어주신 이야기가 많은 투자자들에게 도움이 됐기를 바랍니다.

2.

새로운 성장 동력에
주목하라

이선엽
신한투자증권 이사

전쟁이 70년 만에 다시 얼굴을 드러내자, 유럽을 비롯한 전 세계 경제에도 직격탄이 떨어졌습니다. 하지만 모든 암(暗)에는 명(明)이 있죠. 악재가 가득한 시장에서도 안보와 직결된 방산 산업은 뜻밖의 호황을 맞이했습니다. 이 기회를 놓칠 리 없는 미국은 이미 다음 성장의 씨앗까지 뿌리고 있죠. 다음 세계를 이끌고 갈 산업의 축은 어디에 있을까요?

신중하게 관찰하되 무모할 만큼 과감하라

박세익 2020년 코로나 발발 직후에만 해도 돈이 많이 풀려 있던 상태라 주식시장에서 돈을 빌리기도 그리 어렵지 않았습니다. 2021년 여름, 코스피가 3300을 돌파하며 한창 주식시장이 뜨거웠을 때는 증권 회사로부터 돈을 빌려 투자하는 신용투자Marging Debt Trading 잔고 규모가 25조 원이 넘었죠.

그런데 미국은 우리나라 시장과는 비교도 안 될 만큼 천문학적인 규모의 신용투자가 이뤄지고 있더라고요. 2021년 말 S&P500 지수가 고점을 기록할 무렵, 미국 시장의 신용투자 규모는 9770억 달러에 육박했습니다. 원

코스피 지수(p)와 신용투자 잔고(백만 원)

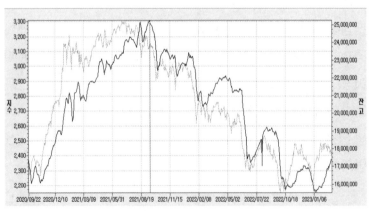

출처: 대신증권 사이보스

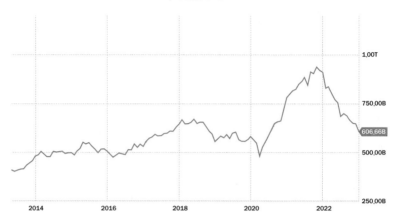

미국 신용투자

출처: ycharts.com

화로 환산하면 1300조 원이 넘고, 이는 사우디아라비아, 튀르키예 GDP보다도 큰 규모입니다. 코로나 시기 연준이 저금리로 만들어준 엄청난 부채가 미국 주식시장에 가수요를 유발하고 있더군요.

그러다 2022년 1월부터 나스닥 시장이 무너지면서 미국 주식시장에서도 담보 부족이 도미노처럼 쏟아졌고, 실제로 강제 청산매매가 많이 일어났어요. 대략 3500억 달러, 원화로 약 455조 원 규모의 신용 잔고가 털렸더라고요.

이선엽 하락장에서 신용을 써서는 안 된다는 게 투자에서의 금기 중 하나죠. 신용을 안 썼을 경우에는 손실이 있어도 어느 정도 버틸 만한데, 신용 때문에 낭패를 보는 경우가 굉장히 많거든요. 고점에서 신용을 산 경우도 있을 거고, 이전의 원금 회복을 위해 신용이 없어서는 안 되는 경우도 있을 거예요. 하지만 결국 반대매매가 나는 것을 보면 신용을 쓰는 타이밍이 참 안타깝더라고요.

결국 두 가지가 안 좋게 맞물렸다고 생각해요. 역사적으로 몇 안 되는 개인 투자 중심의 시장이었던 데다가 너무 어려운 시장이었던 거죠. 많은 개인 투자자들이 이번에는 직접 시장에 뛰어들었어요. 그동안 기관을 통한 간접투자 등 여러 가지 방법으로도 결과가 안 좋았으니까요. 그런데 애널리스트 생활을 수십 년 해본 저에게도 이렇게 어려운 시장은 처음입니다.

물론 과거에도 순간순간 어려운 경우들은 많았어요. 그런데 이번보다 더 어려운 경우가 있었을까 생각하면 급이 다를 정도로 너무 힘들다는 거죠. 대부분 초보인 개인 투자자들이 맞닥뜨려 중심을 잡기에는 너무 어려운 시장이에요.

박세익 이럴 때일수록 개인 투자자들은 들려오는 정보들을 잘 선별해야 할 텐데요. 주식시장이 지금처럼 싼 국면에서는 너무 신중하다가 수익을 내지 못하는 경우가 있는가 하면, 투매로 급락하는 우량 주식에 과감히 투자해서 많은 돈을 버는 경우도 있으니까요. 그런 것을 보면 경제 위기 상황에서는 투자자들에게 약간의 무모함도 필요한 것 같고요. 잡주로 한 방을 노리는 욕심이 아니라면, 주식시장에서는 위기를 기회로 받아들이는 긍정의 프레임이 부정의 프레임보다는 돈 벌기에는 더 낫지 않나 싶기도 해요.

이선엽 보통 주식시장에서 굉장히 큰 시세가 나는 경우는 미지의 세계나 새로운 경험인 경우가 많아요. 투자자들이 모르면 모를수록 시세가 굉장히 크죠. 새로운 세상이 왔을 때 그 세상을 다 믿을 필요는 없어요. 하지만 나중에 큰 세상이 될 수 있다는 큰 꿈을 갖는 사람들이, 그리고 그 세상을 정확하게 알지는 못해도 적당히 속는 사람들이 큰돈을 벌었다고 생각해요.

1999년 닷컴 버블 때 컴퓨터가 처음 등장했던 시기만 해도 컴퓨터를 아는 사람이 별로 없었어요. 그래서 닷컴 글자만 붙어도 많이 올라갔죠. 제약 바이오도 마찬가지예요. 제약이라는 게 화학 공식도 나오고 일반 사람들에게는 어려우니까 처음에 많이 올랐어요. 물론 이제는 제약 분야에 종사하는 사람들도 시장에 많이 포진해 있고 애널리스트나 투자자도 워낙 많이 공부하니까 그렇지 않죠.

임상을 한다고 해도 실제화 가능성은 낮을 수 있거든요. 라이선스 아웃이라고 기술 수출을 해도 지속적으로 검증하면서 마일스톤^{Milestone}이라는 개발 단계의 수수료를 받잖아요. 그러면서 중

간에 드롭되는 경우도 많기 때문에 이전처럼 오르지 않죠. NFT
Non-Fungible Token나 메타버스도 마찬가지예요. 많이 올랐다 또 빠졌
죠. 반복되는 것 같아요.

그러니까 새로운 세계가 열렸을 때는 상식선에서 질문해 보는
과정이 중요해요. 저는 개인적으로 집안에 암을 앓았던 분들이
많아요. 저도 마찬가지로 항암 치료 경험이 있고요. 수술 빼놓고
다 할 줄 안다고 할 정도로 제약 공부를 많이 했죠. 그래서 저는
신약 개발과 같은 소식이 들리면 상식적으로 판단해요. '이 조그
마한 기업이 저런 제품을 개발할 수 있다고?' 반대로 '왜 글로벌
메이저 기업이 이런 제품에 주목하지 않는 거지?' 이렇게 물음
을 던지면 결론을 내릴 수 있어요.

새로운 시대를 무조건적으로 수용하거나 배척하지 말고요. 먼
저 가서 공부하고, 세상을 정말 바꿀 것인지를 고민한다면 시장
에서의 기회는 항상 열려 있다고 생각합니다.

박세익　미국 국무부 장관이었던 콜린 파월Colin Powell의 의사
결정 공식 'P=40~70'이 생각나네요. 여기에서 P는 성공
가능성Probability of Success, 숫자 40에서 70은 확보된 정보의
퍼센트The Percentage of Information Acquired를 의미하잖아요. 40%의
정보도 없으면 행동하지 않아야 하고, 100% 다 알고 결
정하려는 것도 너무 늦는다는 거죠. 바이오 제약 분야도
마찬가지인 것 같아요. 대중들이 너무 많이 아는 상태에

서는 수익이 나지 않잖아요. 성공하려면 다들 긴가민가할 때 40% 정도 빠르게 공부해서, 약간 무모하더라도 과감하게 뛰어들 수 있는 용기가 필요하다는 생각이 듭니다.

이선엽 제약 바이오 공부할 때 보통 의료 제약 컨퍼런스를 떠올리지만 실제 제약 바이오에서 가장 큰 트렌드는 노벨 의학상이거든요. 노벨 의학상이나 노벨 생화학상을 받고 나면 7~8년 후에 실제 약으로 나와요. 새로운 후보 물질이 발견되면 그런 시간적 차이를 노리면 괜찮죠. 신약과 관련해서도 트렌드가 있잖아요. 항암제도 1세대, 2세대, 3세대가 있고요. 모두 우연히 나온 게 아니라 이미 노벨상을 통해서 상용화된 것이거든요.

그런데 만약 특정 기업이 치매 치료제를 개발했다고 하잖아요. 상식선에서 치매 치료제를 개발했으면 노벨 의학상감이에요. 아마 글로벌 메이저 제약사들이 서로 달라고 아우성을 쳤겠죠. 그런데 시장 반응이 잠잠하다면요? 상식적으로 생각했을 때 성립되지 않는 정보들은 기본적으로 거들떠보지 않아요.

물론 정말 큰 정보들은 꼼꼼히 판단하려고 해요. 그래서 평소 노벨상이라든가 관련 정보를 꾸준히 스크랩해 놓거든요. FDA 승인을 받는 약들도 많아요. mRNA도 그렇고 이전에 있던 게 7~8년 후에 현실화된 것이거든요. 그러면 우리나라와 최적화된 기업들이 있겠죠. 그게 모멘텀이 될 수도 있고, 새로운 신약 트렌드일 테고요. 약은 새로운 약이 나오면 기존의 약은 거의 사멸

되니까요. 항상 신약이 나오면 트렌드도 달라지고 주도주도 바뀌죠.

약의 종류도 중요해요. 제약 분야에서 시장의 크기는 죽고 사는 문제를 결정하느냐에 달려 있어요. 허리나 무릎 통증을 치료하는 약은 생활을 개선해 주기는 하지만 시장에서 어느 정도 이상의 파괴력은 없죠. 결국 사람들이 큰돈과 가치를 부여하는 것은 항암제처럼 생사와 직접 관련 있는 약일 수밖에 없어요. 이처럼 상식선에서 접근하면 시장이 더 분명하게 보입니다.

박세익 상식선이라고 해도 투자를 할 때는 내가 확신을 가질 만큼의 공부는 필요하겠죠. 워런 버핏도 잘 모르면 투자하지 말라고 했잖아요. 저만 해도 바이오는 너무 어려워서 기피하게 되는데, 또 시장이 워낙 크니까 안 할 수도 없더라고요. 유전자 가위, 알츠하이머, 항암제 등 새로운 트렌드가 하나 생기면 2~3년은 이어지니까요. 그 시장을 손 놓고 보기에는 너무 아쉽긴 해요.

이선엽 기술력을 모두 이해하려다 보니까 더 어렵게 느끼는 것 같습니다. 계속 이야기했듯이 단순화를 하면 편하거든요. 신약이 기존의 약과 무엇이 다른지 보는 거예요. 같은 항암제라고 해도 화학합성인가, 바이오인가 구분해 보고요. 기존 약과 형식에서 어떤 차이가 있는지, 결국 효능에 어떤 영향을 미치는지 단계

별로 단순화해서 보면 시장을 파악하는 데 좋죠.

한미약품의 랩스커버리도 약효 지속 시간을 늘려서 투여량과 횟수를 줄이는 기술이잖아요. 이 경우도 상식적으로 이해하면 쉬워요. 예를 들어 당뇨병이 있으면 인슐린을 주기적으로 주사해야 하죠. 단백질이라는 성분 자체가 우리 몸에 잘 안 붙어 있다 보니 자꾸 빠져나가기 때문이에요. 한미약품의 기술이 바로 단백질이 안 빠져나가게 해주는 거고요. 일주일에 한 번 맞던 것에서 한 달에 한 번만 맞도록 해주는 거죠.

그러면 상식적으로도 확장성이 있다는 것을 알 수 있잖아요. 단백질로 된 다른 약들의 효능도 늘려주는 기술이라고 보면 굉장히 시장이 큰 거죠. 약 자체에 대한 구체적인 지식보다는 약이 기본적으로 갖고 있는 특성을 바탕으로 상식선에서 장점을 뽑아보는 거예요. 만약 판도를 바꿀 수 있는 약이라면 투자로 더 큰 효과를 볼 수 있죠.

박세익 이야기를 나누다 보니 새록새록 다시 생각이 납니다. 랩스커버리 기술을 이용한 당뇨병 신약 에페글레나타이드Efpeglenatide가 사노피에도 기술 수출이 됐던 것으로 기억해요.

이선엽 사노피는 당뇨병과 관련해서 가장 큰 제약 회사 중에 한 곳이죠.

박세익   2015년 발표되기 전부터 시장에 소문이 돌며 주가가 오르고, 발표 후에도 꽤 많이 올랐어요. 약 4조 원에 라이선스 아웃된 것으로 기억하는데요. 신약 하나가 이 정도의 가치로 팔리는구나 싶어서 참 놀랐습니다. 이때를 기점으로 미국의 암학회를 비롯한 세계적인 학술제 행사에 한국 기업들이 초청받기 시작했죠.

이후 많은 신약 개발 바이오 기업들이 시장에서 주목을 받으며 주가가 올랐어요. 하지만 임상 3상을 제대로 통과한 기업들이 나오지 않으면서 그중에는 주가가 폭락한 경우도 꽤 많았습니다. 한미약품도 사노피에서 권리 반환 및 계약 취소를 통보하며 주가가 고점 대비 50% 이상 하락하기도 했고요. 바이오 투자는 너무 어려운 것 같아요.

이선엽   이제는 많은 투자자들이 약의 상용화까지 굉장히 오랜 시간이 걸린다는 것을 알아요. 사실상 국내 제약사들이 약을 개발하더라도 라이선스 아웃할 수밖에 없는 사정도 있고요.

약은 신뢰잖아요. 브랜드력이 있는 글로벌 유통망이 중요하거든요. 사노피든 화이자든 공신력 있는 이름을 달고 나와야 더 많이 팔리니까요. 국내 제약사의 기술력이 아무리 훌륭해도 글로벌 시장에서는 브랜드력이 약할 수밖에 없어요. 그런 의미에서 정말 세계적인 약인데 라이선스 아웃을 안 한다면 일단 의심부터 하는 게 맞습니다. 그런 기업은 투자하지 말아야죠.

긴장된 국제 관계 이면의 속내를 보라

박세익 연준의 금리 인상도 결국 물가 상승 때문이고, 2022년 상반기 물가 상승에 직접적인 영향을 준 것은 에너지와 곡물이었는데요. 물론 그 한가운데 우크라이나 전쟁이 있었고요. 이와 관련해 시장에서도 방산과 국방에 큰 변화가 일어나고 있다고 이야기하셨죠.

이선엽 처음에만 해도 저는 전쟁이 일어나지 않을 거라고 생각했습니다. 그도 그럴 게 푸틴이라는 인물이 아닌 러시아와 우크라이나를 연구하고 있었거든요. 전쟁을 일으킨 것은 푸틴이라는 사람인데 말이죠. 2차 세계대전을 연구할 때도 독일 역사만큼이나 전쟁을 일으킨 히틀러라는 사람을 빼놓을 수 없잖아요. 결국 단기간에 끝날 줄 알았던 우크라이나 전쟁은 예상보다 더 장기화되고 있죠.

열세였던 우크라이나가 서방 국가인 미국과 영국 등으로부터 무기를 지원받은 게 가장 큰 요인이라고 봅니다. 그렇다고 우크라이나에 이길 수 있는 무기까지 주지는 않았거든요. 결국 전쟁을 장기적으로 끌고 갔을 때 미국이 얻는 이익에 대해 떠올리게 되죠. 생각보다 많은 외신에서도 미국과 유럽이 전쟁 무기를 지원함으로써 우크라이나에 전쟁을 권하고 있다는 기사들을 내기도 했어요.

물론 아직까지도 갑론을박이 많은 이야기입니다. 그러나 논란을 차치하고도 전쟁은 이미 벌어졌고 장기화에 따른 세상의 변화는 생각보다 훨씬 더 큽니다. 저는 그중에서도 방산 분야의 변화가 크다고 봤고요. 과거에도 소련과 미국이 대치할 때 굉장한 군비 경쟁을 했잖아요.

박세익 상당했죠. 레이건 대통령 때나 케네디 대통령 때도 그랬죠. 소련과 우주 전쟁까지 갔으니까요.

이선엽 당시 우리나라는 국방력은 튼튼했어도 국산 무기가 없었어요. 자주국방을 내세운 지 얼마 안 된 이유기도 한데요. 그때부터 방산 사업을 키우기 시작했죠. 주목할 점이 유럽에는 통상적으로 약 50년마다 한 번씩 반드시 전쟁이 일어났다는 거예요. 보불 전쟁, 1차 세계대전, 2차 세계대전까지요. 그런데 처음으로 70여 년 동안 전쟁이 없었어요.

과거에는 소련 중심의 바르샤바조약기구와 미국 중심의 서방 국가들이 설립한 나토가 대립했어요. 둘 다 군사 동맹체죠. 그런데 1991년에 사회주의가 붕괴되면서 소련이 해체되고 바르샤바조약기구도 사라졌어요. 반면 나토는 여전히 있죠. 그러면 나토에 속한 국가들 입장에서는 전쟁이 없을 거라고 생각할 수 있어요. 나토에 대항할 군사 조직도 없고 러시아도 선거로 대통령을 뽑잖아요. 전쟁이 일어날 가능성이 없으니까 1990년과 비교하면 국방비를 거의 70%까지 줄였어요.

유럽 전역의 전차 수는 우리나라보다도 적다고 해요. 여러 언론을 종합해 보면 독일의 경우 가용할 수 있는 전차가 300대가 안 된다고 하고요. 우리나라는 7기동군단부터 시작해서 보유한 전차만 수천 대죠. 그만큼 유럽은 지난 30여 년 동안 방위 산업에 투자를 하지 않았어요. 그 돈으로 다른 분야의 성장은 이뤘겠지만 군대 자체는 거의 지리멸렬한 상황인 거예요. 그러다 우크라이나 전쟁으로 유럽에서도 또다시 전쟁이 일어날 수 있다는 사실이 각인된 거고요.

박세익 이런 점을 유럽만 느낀 것은 아닐 거예요. 저만 해도 미국의 천문학적 규모의 국방비가 아깝다고 생각했거든요. 그런데 우크라이나 전쟁을 보면서 생각이 바뀌더라고요.

이선엽 우리나라도 주력 전투기를 F35라는 스텔스기로 바꾸고 있어요. 과거에는 F4 팬텀부터 F5 제공호, F16 팔콘, F15K 이글이었는데 지금은 F35 스텔스기까지 들어와 있는 거예요. 물론 F22 랩터가 훨씬 더 성능은 유능하지만 너무 비싸니까요. 반면 현재 유럽은 전투기도 아주 오래된 토네이도 전투기고 그조차도 몇 대 없죠. 탱크나 무기도 거의 없어요.

우크라이나도 이번에 무기가 없어서 서방 국가 지원을 받았잖아요. 그런데 러시아 위협은 더 커지고, 러시아와 중국이 밀월 관계가 되면서 중국이 대만을 바라보는 시각을 비롯해 안보라는 이슈가 전 세계적으로 굉장히 커졌어요. 그래서 GDP 2%에 해당하는 금액을 국방비로 증액하겠다는 유럽 국가들이 상당히 늘고 있고요.

박세익 독일뿐만 아니라 폴란드도 그렇고요.

이선엽 역사적으로도 2차 세계대전은 독일이 폴란드의 단치히라는 지역을 침공한 것에서부터 시작했으니까요. 그때 카틴 숲 학살이라고 해서 수많은 폴란드 장교들이 살해당했죠. 그런 아픔이 있어서 무장을 더 서두르는 거고요. 지금 폴란드가 사고 있는 무기가 전부 우리나라에서 만든 K-방산입니다. FA-50 전투기, K9 자주포, K2 흑표 전차 등 많은 훌륭한 무기들을 거래 계약했죠.

박세익 대전차 미사일 현궁은 재블린과 비교를 많이 하더라고요.

이선엽 재블린보다도 훨씬 더 유능한 무기입니다. 재블린은 한 번 발사하고 두 번째 발사 때까지 시간이 걸려요. 그러다 보면 발사한 사람이 노출되거든요. 그만큼 적군의 공격을 받을 위험이 있죠. 그런데 우리나라 무기는 두 번째 발사 시점까지 시간이 굉장히 짧아요. 발사하는 사람의 생명을 보존할 수 있다는 장점이 있죠.

K2 흑표 전차도 자체 방어 시스템이 있습니다. 보통 탱크 장갑은 7cm여서 재블린 같은 미사일이 날아오면 속수무책이거든요. 그런데 K2 흑표 전차는 방어막이나, 재블린 같은 대전차 무기를 무력화시킬 수 있는 능동 방어 시스템을 장착할 수 있습니다. 여기에 수심 4m 이상을 잠수할 수 있도록 방수 기능도 갖고 있어서 굉장히 유용한 전차죠.

폴란드가 우리나라 무기에 주목한다는 의미는 폴란드를 시작으로 노르웨이나 스웨덴 등 유럽의 다른 국가들에서도 K-방산에 관심을 갖기 시작한다는 거고요. 잘 기억해 보면 국내 시장에서 열 배 수익을 내는 텐배거Ten Bagger 주식들은 내수에서 수출로 바뀌었다는 공통점이 있어요. 과거에는 농심이나 삼양 등 음식료 기업도 수출주가 아니었어요. 그러다 수출과 함께 모멘텀이 된 거죠. 그런 의미에서 K-방산이 새롭게 뻗어나가는 수출주가 되고 있다는 데 주목해야 합니다.

전 세계에서 무기를 제대로 만들 수 있는 국가는 생각보다 많지 않습니다. 미국, 중국이 시장의 큰 영역을 차지하고 영국, 러시아, 프랑스 등이 뒤따르고 있죠. 한국도 현재 10위 안에 드는 규모로 피어나기 시작했고요. K-방산은 남북이 대치하고 있는 안타까운 상황이 발전의 계기였다고 볼 수 있어요. 그런 만큼 무기들이 상당히 개량되면서 발전했고 성능도 전천후죠. 어떻게 보면 사계절이라는 모든 기상 조건에서 성능를 검증해 본 유일한 무기잖아요.

이전 세대는 전쟁이라는 것을 경험해 봤지만 세대가 젊을수록 이런 경험이 없을 거예요. 그런 의미에서 우크라이나 전쟁은 방산을 수출 개념으로 다시 바라보게 만든 계기라고 할 수 있어요. 앞으로 전 세계에 신냉전 시대가 도래하고 탈세계화되면 안보 이슈는 계속해서 부각될 거예요. 무장에 대한 욕구는 점점 커지는데 자국에 보유한 무기가 없다면 방위력을 갖추기 위해 눈을 돌리겠죠.

이때 선택지는 미국, 독일, 그리고 한국 정도라고 보고요. 그중 K-방산은 가성비가 뛰어나죠. 성능은 좋은데 미국에 비해 가격은 거의 절반이거나 그 이하도 있으니까요. 유럽에서 재정을 생각하면 K-방산을 선택할 여지가 다분히 높다고 보는 거죠.

더 재미있는 것은 에너지 산업입니다. 에너지 혁명보다 더 큰 산업은 없죠. 유럽이 공식적으로 탈러시아를 선언한 것도 그 힘을 보여주고요. 러시아가 이번 전쟁을 일으킬 수 있었던 가장 큰 배경 중에 하나가 에너지 주권을 갖고 이를 무기화한 거잖아요. 이에 대한 유럽의 대응이 '리파워 EU'라고 불리는 탈러시아 에너지 정책이고요.

한마디로 2030년 재생에너지 목표를 40%에서 45%로 높이겠다는 거죠. 그러면 나머지 55%는 무엇일까요? 가스나 원자력 같은 것들이죠. 그 수입처를 러시아가 아닌 미국이나 캐나다 등으로 다변화하겠다는 거예요. 그런데 미국에서 수출하려면 무엇이 필요한가요? 배가 필요하죠. 결국 메이드 인 코리아예요. 다른 나라는 없어요.

전 세계에서 액화천연가스Liquefied Natural Gas, LNG 운반선을 만들 수 있는 국가는 한국과 중국 정도밖에 없습니다. 여기에 미국과 중국의 관계까지 따져보면 결국 한국밖에 없죠. 유럽이 수입처를 다변화했을 때 수혜를 받는 것은 미국의 에너지 기업뿐만이 아닌 거예요. 한국의 조선업도 새로운 전기를 마련하는 계기로 삼을 수 있어요.

박세익 이런 경제적 연쇄 작용이 어디까지 확산될까 궁금하네요.

이선엽 미국 백악관 경제자문위원회 의장이 미국은 새로운 제조업을 통해 산업 발전을 이루겠다고 발표했어요. 바로 신산업 정책이죠. 그러면서 초대 미국 재무장관 알렉산더 해밀턴Alexander Hamilton 시절의 보고서를 갖고 나와 앞으로 미국이 나아갈 길이라고 이야기했죠. 그동안의 서비스업 중심에서 첨단 제조업 중심으로 바꾸겠다는 공식 발표를 한 거예요.

그런데 과연 다른 나라의 기업들이 미국 안으로 들어올까요? 중국에서 잘 운영하던 공장을 비용까지 들이면서 미국에 다시

지을까요? 미국이 여러 세제 혜택을 주겠지만 그것만으로는 부족하죠. 사실상 가장 중요한 핵심은 안보예요. 군사적으로 긴장 관계에 있는 국가에 공장을 유지할 수는 없으니까요.

실제로 러시아와 미국의 관계가 안 좋아지면서 나이키, 맥도날드, 스타벅스, 메리어트 호텔이 철수했어요. 이처럼 갈등 관계가 더 깊어지고 군사적으로도 긴장 관계가 더해지면 중국에서 나오려는 기업들이 많아지지 않을까요? 그렇게 해서라도 나오도록 만드는 게 미국의 정책이 아닌가 싶은 거죠.

나토도 신전략 개념을 밝히면서 주적으로 규정한 러시아와 중국을 동일선상에 뒀어요. 군사동맹인 나토에서 중국을 '구조적 도전Systemic Challenge'이라고 명시하며 새로운 위협으로 삼은 것은 안보의 개념으로 격상시켰다는 의미죠. 결국 이런 흐름이 더 강해질 경우 기업들이 선택할 수 있는 방법은 무엇일까요? 사업하기 불안한 중국을 대신할 국가를 찾겠죠. 이때 미국도 조건만 괜찮으면 고려할 수 있는 거예요.

기업 입장에서 가장 큰 문제는 비용이에요. 하지만 미국 첨단 자동화협회의 발표에 따르면 2022년 1분기 미국 기업의 산업용 로봇 주문은 전년 동기간 대비 40% 급증했어요. 많은 기업들이 자동화라는 대안을 선택해서 미국으로 들어간 거예요.

그 시점에 한국투자공사에서 미국의 공장자동화 기업에 약 5700억 원을 투자했다는 소식도 들렸죠. 국가기관이 투자했다는 것은 무엇을 시사할까요? 미국에서 첨단 제조업이 공장자동화 시스템으로 이뤄질 가능성이 높다는 거예요. 알려진 대로 삼성전자를 비롯해 2차 전지 기업들이 미국에 투자하기로 약속했고, 이미 진행되고 있죠.

결국 미국이 안보라는 카드를 꺼내 들며 긴장 관계를 계속 부각하면 기업 입장에서는 선택을 강요받게 될 거예요. 안보협의체 쿼드Quadrilateral Security Dialogue, Quad를 비롯해 미국이 주도해서 만든 인도-태평양 경제협력체 IPEFIndian-Pacific Economic Framework도 중국을 견제하겠다는 상징적 의미가 담겨 있죠.

첨단 공정이 필요한 반도체 등의 기업들은 미국에 유치하고, 그보다 비용이 중요한 기업들은 멕시코를 비롯해 베트남 등지에 프렌드쇼어링하는 거예요. 경제 블록을 만들어서 이를 중심으로 중국을 배제하고 안보 이슈를 부각해 공장들을 미국에 짓게 만드는 거죠. 결국 미국의 움직임은 큰 밸류체인을 재구성하겠다는 밑그림 위에서 일어나고 있는 거예요. 이를 앞당기게 만든 기폭제가 우크라이나 전쟁이고요.

박세익 코로나 이후 이동 제한으로 여러 플랫폼 기업들의 서비스를 이용할 수밖에 없게 됐잖아요. 우크라이나 전쟁도 엄청난 변화를 촉발한 거네요.

이선엽 워런 버핏이 옥시덴털 페트롤리움이라고 하는 셰일가스 기업을 매수한 것도 결국 러시아산을 대체하기 위한 유럽의 수요가 있었기 때문이에요. 유가가 오른 것도 있지만 꾸준하고 안정적인 매출처가 확보된 후에 매수한 것이거든요. 사실 셰일가스 기업들은 전부 배당 주고 자사주 사는 방식으로 투자를 안 하고 있어요.

박세익 그동안 ESG Environmental, Social and Governance[1]에 대한 사회적 요구와 정부의 규제 강화로 이런 에너지 기업들이 제대로 된 투자를 못 했잖아요. 기업뿐만 아니라 기관 투자자들도 ESG 점수가 기준치에 미달하는 기업은 점점 투자 리스트에서 배제해 왔고요.

이선엽 그런데 워런 버핏은 투자하죠. 저도 ESG가 대두했을 당시 ESG 아닌 기업에 투자하면 돈 벌 거라고 봤어요. 2021년 초에 한 방송에서는 ESG 때문에 유가도 더 오르고 원자력도 될 거라고 이야기했죠. 그때는 아무런 반응도 없었어요. 그러다 발목이 잡힌 거죠.

미국 입장에서 보면 ESG 안 하고, 그린 에너지도 뒤로 늦추고, 오일이나 셰일 기업들에 규제도 풀고, 증산할 수 있는 많은 혜택도 주면 유가는 분명 하락할 거예요. 그런데 스스로 발목이 잡혀서 설비 투자도 안 하니까 유가가 계속해서 오르는 거죠.

중국 봉쇄로 수요가 많이 줄면 유가도 빠질 줄 알았는데 그것도 아니었어요. 당시 90달러가 깨지지 않는 것을 보고 저도 놀랐어요. 이유를 조사해 보니까 여러 배경들이 있었죠. 셰일 관련 추가 투자를 하려면 장비가 중요한데 장비 가격이 일단 50% 올랐더라고요. 설비 투자에 들어가는 비용도 비싼데 인건비도 높죠. 그마저 사람도 없어요. 그리고 더 중요한 것은 환경 규제나 ESG 때문에 시장 전망도 어두웠죠.

얼마나 다급했으면 바이든 대통령이 사우디 무함마드 빈 살만 왕세자를 찾아갔겠어요. 카슈끄지 암살 사건으로 껄끄러운 관계였는데도 왕세자 면책 특권은 관행이라며 눈감아 버린 거예요. 쉽게 이야기하면 아무리 미국이라도 원유와 관련해서는 사우디의 힘을 빌리지 않으면 안 될 순간까지 왔던 거죠.

유럽도 마찬가지예요. 그린 에너지 정책으로 원자력 폐기하다가 러시아에 에너지 주권을 뺏기면서 볼모가 된 거잖아요. 물론 지구를 구하는 것도 중요하지만 이런 정책들이 발목을 잡아서 또 다른 후폭풍으로 올 거라는 예상은 왜 못했을까 아쉽습니다.

> **박세익** 에너지가 장치 산업이다 보니까 돈이 굉장히 많이 들어가죠. 그런데 그동안 ESG나 탄소 배출권 등이 강화되다 보니까 관련 기업들 입장에서는 비용이 더 늘어나게 되고, 이는 채산성 악화로 이어져서 공장 증설에 대한 의지를 꺾고요. 가격의 기본 원리가 수요와 공급인데, 이렇게 에너지 산업에 대한 여러 가지 규제로 공급이 위축되다 보니 경유 가격 폭등과 같은 현상도 발생한 거죠.

어두워진 시장에서는 내일의 해를 맞이하라

박세익 정치와 경제의 변화가 이처럼 극심한 상황에서 앞으로의 투자는 어떻게 해야 할까요? K-방산처럼 새로운 시장도 떠오르고 있지만, 금리 인상의 공포와 인플레이션의 우려로 전 세계적으로 경기가 좋지 않은 것은 사실이니까요.

이선엽 맞아요. 우크라이나 전쟁을 비롯한 여러 변수로 세계 경제는 어느 때보다도 어려운 상황이에요. 그런데 악재에도 이점은 있기 마련이잖아요. 미국은 위기를 계기 삼아 새로운 전환을 시도하지 않을까 하는 생각이 들어요. 위기는 또 다른 기회기도 하니까요.

우리는 경험으로 알고 있잖아요. 미국이라는 나라, 글로벌 시장이 경기 침체에 들어가면 기존에 있던 시장 사이클이 끝나고 반드시 새로운 사이클이 도래한다는 것을요. 1999년 닷컴 버블 이후에도 중국의 산업화라는 새로운 동력이 시장을 이끌었죠.

박세익 인프라 사이클이 태동했었죠.

이선엽 중국의 인프라 사이클이 끝난 2008년 이후에는 중국의 소비 사이클이 또 시장을 이끌었던 기억이 있고요. 그다음에는

LTE가 발달하면서 디지털 경제, 흔히 이야기하는 속도의 혁명으로 플랫폼 시대가 본격 도래했죠. 이전까지는 컴퓨터 중심의 인터넷이었기 때문에 플랫폼이라는 개념이 없었어요. 하지만 스마트폰이 개발되면서 휴대전화로 모든 것을 할 수 있는 시대가 됐죠. 유튜브가 성장한 것도 그 때문이고요.

이처럼 위기 국면마다 시장을 움직이는 성장 동력은 바뀌게 돼 있어요. 그래서 저는 투자자들이 이것 하나는 기억했으면 좋겠어요. 기존의 성장을 이끌었던 산업은 다시 올라오지 않는다는 거예요.

많은 투자자들이 주가가 많이 빠져서 두려워하죠. 소위 물타기를 한다고 해요. 그러면 저는 말립니다. 기존에 있던 성장 동력이 다시 성장 동력으로 자리 잡는 경우는 본 적이 없거든요. 물론 있을 수도 있죠. 하지만 미국이 나아갈 방향을 신산업 정책으로 정하고, 이를 제조업이라고 발표한 상황에서 지는 해에 투자하는 게 맞는지는 잘 모르겠어요.

지금 경기가 어렵고 침체 가능성도 있다는 것은 누구나 알고 있어요. 하지만 언제가 될지 모르지만 하락장이 끝나고 다시 시장이 올라올 때는 옵니다. 분명한 것은 이때는 또 다른 엔진이 이끌 거라는 거예요.

지금 주식시장 상황이 좋지 않으니까 어디에 투자하라는 이야기까지는 못 하지만요. 미국 정부가 발표했던 정책이 얼마나 현실적으로 속도감 있게 진행되는지, 어떤 기업들이 수혜를 보는

지는 계속 공부해야 해요. 이런 고민을 미리 하지 않으면 나중에 다 오른 다음에 또 고점에서 매수하게 됩니다.

시장은 항상 변합니다. 그 변화의 중심에 있을 때, 새로 변할 때, 밑바닥부터 고민해야 새로 뜨는 주도주를 잡을 수 있습니다. 그래야 손실도 만회할 수 있고 추가 수익도 얻을 수 있죠. 쫓아가는 어려운 게임하지 말고, 항상 긍정적으로 시장을 보면서 또 어떤 변화가 있을까를 고민했으면 합니다.

박세익 이야기를 하다 보니 지난 23년간의 기억들이 머릿속을 지나갑니다. 1999년 말 닷컴 버블 당시에 ㈜LG정보통신이라는 기업의 시가총액이 포스코보다 더 많았거든요. 그때가 닷컴 버블 깨지기 약 3~4개월 전이었어요. 온라인 사업을 영위하는 기업뿐만 아니라, 무늬만 비슷한 기업도 말도 안 되는 가격에 거래됐죠.

당시 주식시장은 그런 기업들로 넘쳐났어요. 이와 같은 비상식적인 주가 흐름이 있은 후 버블이 터지면서 수많은 기업들과 투자자들이 망했고요. 하지만 결국 닷컴 세상이 오긴 왔죠.

저는 닷컴 버블 사례를 통해 이것 하나는 반드시 기억해야 한다고 봅니다. 10~30년 정도 소요되는 거대한 패러다임 변화 Paradigm Shift 과정에서 주도 기업이 바뀔 수 있다는 것입니다. 1990년대 말 당시 닷컴의 대명사는 야후

Yahoo Founders Jerry Yang & David Filo

출처: successstory.com

Yahoo!와 그 설립자 제리 양Jerry Yang이었거든요. 지금의 일론 머스크Elon Musk처럼 세계인들은 모두 제리 양의 성공 신화에 열광했고, 그의 언론 인터뷰에 늘 주목했죠. 당시 야후는 새로운 패러다임 변화의 가장 선봉에 위치한 기업이었어요.

만약 야후 주식이 빠질 때마다 계속해서 물타기했다면 결과는 비참했겠죠. 야후는 제리 양의 스탠퍼드대학교 후배인 레리 페이지Larry Page와 세르게이 브린Sergey Brin이 만든 구글에 의해 그 아성이 무너지고, 결국 2017년에 미국의 통신 회사 버라이즌에 겨우 44억 8000만 달러에 팔립니다. 1999년 말에 기록했던 최고 시가총액 1200억 달러에 비하면 약 96% 하락한 가격인 거죠. 그래서 저는 아무리 혁신 기업이라고 해도 10년 동안 묻어두겠다는 식의 투자는 아주 위험하다고 생각합니다. 1년 단위로, 아니 매 분기마다 내가 투자하고 있는 기업의 경쟁 우위가 지켜지고 있는지를 계속 관찰해야 한다고 봅니다.

그리고 이사님 말씀대로 거품이 꺼지고 나면 항상 새로운 주도 섹터가 탄생한다는 점도 동의합니다. 닷컴 버블이 꺼진 다음에는 중국이 이끄는 인프라 사이클이 왔으니까요. 생각해 보니 그때 워런 버핏은 포스코를 매수했죠. 중국 인프라 사이클의 최대 수혜주는 뭐니 뭐니 해도 우리나라 중후장대 산업의 기업이었으니까요. 철강뿐만 아니라 건설, 화학, 조선 등에는 정말 다시 올 수 없는 황금기였다고 봅니다. 조선 기자재 회사 중에는 5년 만에 130배 오른 경우도 있었으니까요.

반면 닷컴 버블 끝물에 미국 나스닥에 투자한 사람들은 정말 고난의 시간이었을 것입니다. 나스닥이 2000년 초 기록했던 고점을 회복하는 데 15년 정도 걸렸으니까요.

큰 조정장 다음에는 항상 새로운 주도주가 나타날 수 있다는 조금 전의 이야기를 기억하고, 지금은 주식시장에서 나타나는 새로운 변화를 관찰하고 공부하는 시간을 가져야 할 것 같습니다. 단순히 이전의 주도주가 또 주도주가 되겠지 생각하는 것은 특히 조심해야 할 것 같고요.

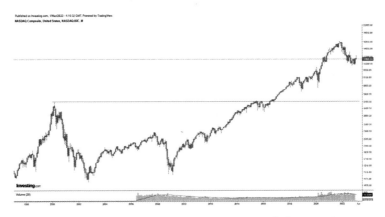

출처: Investing.com

이선엽 맞습니다. 제가 고민하는 것은 딱 하나예요. 분명 새로운 제조업이 뜨는 것은 알겠는데 그 양상이 이전과는 딱 하나 다르거든요. 이전에는 기존 산업이 다 꺼진 다음에, 초토화된 상황에서 새로운 성장 동력이 태어났어요. 그런데 지금은 우크라이나 전쟁 때문에 동시에 진행되고 있다는 생각이 들어요. 지는 산업과 뜨는 산업이 함께 있는데 과연 보고만 있는 게 맞나 고민입니다.

경제를 이끌던 플랫폼 기업들이 성장 동력을 잃었을 때 서비스업 위주의 미국 경제가 이를 감당할 수 있을까요? 결국 미국이 신성장 정책을 내세운 것도 경기 침체 이후에 미국을 다시 재건하기 위한 성장 불씨를 지금부터 뿌려놓으려는 거죠. 이미 다

꺼진 다음에 갑자기 미국이 제조업을 한다고 하면 어느 나라가 들어오겠어요.

그래서 우크라이나를 통해서 안보 이슈를 부각시키고, 동시에 기업들이 더 빨리 들어올 수 있는 환경을 조성하고 있는 거죠. 결국 에너지 기업이라든가 방산 사업도 미국에서 새로운 제조업이잖아요. 록히드마틴이라는 미국의 방산 회사는 재고가 없었다고 해요. 방산 기업에 재고가 없는 경우는 처음 봤거든요. 정말 놀라울 정도의 일들이 벌어지고 있어요. 이를 통해 꺼진 엔진을 다시 일으킬 만큼은 아니어도 산업의 새로운 동력을 만들 수는 있죠.

그러면 미국 주식은 왜 빠지는지 의문이 들 거예요. 미국은 제조업 비중이 11% 정도밖에 안 돼요. 서비스업 비중이 너무 높죠. 아무리 방산 산업이 좋아진다고 해도 내리꽂는 힘이 강하다 보니까 지수는 밀릴 수밖에 없어요. 중요한 것은 지금 일어나는 변화가 새로운 동력이 될 수 있다는 사실이에요.

제가 2006~2007년 열심히 투자하면서도 수익을 못 냈던 이유가 중국 산업화 시기에 중국이라는 큰 그림을 못 그렸기 때문이에요. 그 후 매달 중국에 갔어요. 여의도에서 저보다 중국을 많이 간 사람은 없을 정도로요. 그러면서 중국의 소비가 답이라고 여러 기관 세미나에서 이야기했는데, 그때는 반응이 냉담했어요. 말도 안 되는 소리 하지 말라고 쫓겨난 적도 있어요.

전부는 아니지만 기관 투자자들의 경우 인식의 전환이 느린

경향이 있거든요. 기존에 있던 게 가속도가 붙어서 계속될 거라고 생각하고 새로운 변화에 대해서는 부정적이죠. 더구나 현재 활동하는 펀드매니저들의 경우 대부분 연령층이 낮아요. 방산을 경험해 본 적이 없죠. 30년 만에 처음 오는 시장이고, 그전까지는 자주국방이 아니었기 때문에 K-방산이 오른 경험을 한 번도 한 적이 없어요.

그러면 역으로 생각해야 합니다. 우리나라 음식료 주가가 오른 것도 이번이 처음이에요. 마찬가지로 다른 영역에서 어떤 새로운 것들이 나올지 고민해야죠. 글로벌 시장에서 K-방산 기업들이 어떤 위치를 점하고 있으며 수출 가능성은 얼마나 높은지부터 따져보는 게 우선이에요.

그리고 이 모든 것을 위해서는 마음의 문부터 여는 게 선행돼야 하고요. 시장을 부정적으로 보는 것은 어쩔 수 없지만 그 가운데서도 피어날 수 있는 새싹이 있는지는 찾아봐야죠. 지금부터 인식의 전환을 위해 고민해야 한다고 생각합니다. 그렇지 않으면 또 늦습니다.

박세익 조금만 더 덧붙이면요. 제가 연기금이나 보험사의 아웃소싱Outsourcing 담당자들에게 저희 회사의 운용 철학이나 스타일을 설명할 때 꼭 하는 이야기가 있어요. 국내 1등 기업의 제품이 글로벌 시장에서 세컨티어Second-tier, 즉 이류 상품으로 인식되다가 어떤 모멘텀을 계기로 톱티어

Top-tier 그룹으로 올라타 수출이 터지면, 그 주식은 항상 열 배 수익을 거뒀다고요. 반도체와 조선, 바이오시밀러 등과 같은 B2B 기업뿐만 아니라, 우리나라 엔터테인먼트 기업, 화장품 회사도 모두 글로벌 톱티어로 올라서면서 주가가 열 배 넘게 올랐잖아요.

제가 20년 전에는 해외여행을 가게 되면 어머니 선물로 면세점에서 '랑콤' 같은 해외 브랜드 화장품만 샀는데, 7~8년 전부터는 아모레퍼시픽의 '설화수'나 LG생활건강의 '후'를 사드렸어요. 기내 면세품 안내 책자에 두 회사 제품이 많이 올라와 있어서 산 거였는데, 어머니도 아주 좋아하시더라고요.

제가 화장품은 잘 몰라서 브랜드 인식을 높인 요인까지는 잘 알지 못하지만요. 아마 디자인도 고급스러워지고 기능성도 좋아져서 그런 게 아닌가 싶어요. 그런 펀더멘털의 변화 속에 중국이라는 거대 소비 시장이 열린 거죠. 자연스럽게 중국 소비자들에게 좋은 반응을 얻으니까 매출이 폭발하면서 주가도 열 배 이상 올랐던 거고요.

가까운 예로는 코로나가 발발했을 당시 한국의 진단 키트가 세계 톱티어였던 거고요. 당시 우리나라 진단 키트 분야 1등이었던 씨젠 같은 기업은 글로벌 수요 모멘텀이 터지며 주가도 단기간에 열 배 이상 올랐죠.

저는 방위 산업도 똑같이 적용하면 된다고 생각했어요.

그래서 먼저 K-방산의 기술력이 글로벌 톱티어인가부터 알아보기로 했죠. 우크라이나 전쟁 관련 유튜브도 많이 찾아보고, 일산에서 열린 방위 산업 박람회에도 직접 가 봤어요. 거기에서 회사 관계자들에게 이런저런 궁금한 점을 물어보니 우리나라 방산 제품의 경쟁력이 어느 정도 파악되더라고요. 성능도 뛰어난데 가격도 저렴하니까요.

하지만 해결되지 않는 의문이 있었어요. 방위 산업의 특성상 국가 간 합의도 필요하고, 또 수많은 정치적 역학 관계가 얽혀 있잖아요. 과연 우리나라 기업도 수혜를 받을 수 있을까 확신이 안 가더군요.

그런데 시간이 지날수록 전쟁 양상이 심각해지자 폴란드, 독일, 체코를 비롯한 유럽 국가들뿐만 아니라 일본, 대만과 같은 나라조차 국방비 예산을 두 배로 늘리겠다는 뉴스가 봇물 터지듯이 나오더라고요. 이를 보니 남북한이 70년을 휴전 상태로 대치하며 키워온 방위 산업을 통해, 우리나라가 최대 수혜 국가로서 K-방산 모멘텀이 터지는구나 싶었죠. 중국과 대만의 상황도 계속 악화되고 있어서 앞으로 3~5년은 방위 산업이 반도체, 조선, 자동차와 함께 우리나라 수출의 한 축을 이루지 않을까 싶습니다.

이선엽 이미 K-방산 품질에 대한 검증은 끝났으니, 이제부터는 이를 본 다른 국가들의 관심이 쏠릴 가능성이 높습니다. 더욱이 방산 산업은 전 세계적으로 전부 독점 구조거든요. 만드는 데서만 만들어요. 우리나라도 총알은 풍산에서만 독점적으로 만들고요. 방산이라는 산업의 특수성이죠. 그러다 보니까 진입 장벽이 높고 기본적으로 다른 기업들은 만들 수조차 없어요.

국가적으로 봐도 중소형 국가들에서 전차 200여 대 만들자고 전차 공장을 세울 수는 없거든요. 그런데 우리나라는 현대로템이라는 훌륭한 기업을 갖고 있기 때문에 수천 대를 이미 보유하고 있죠. 이처럼 전차를 만들 국가가 몇 안 되는데, 그마저도 유럽은 이미 오랫동안 안 만들다 보니까 공장이 제대로 돌아갈 수 없고 A/S 문제도 있을 테고요. 반면 우리나라는 실전 배치와 훈련을 통해 계속 개량해 왔어요. 원래 무기는 처음에는 불완전했다가 개량을 더하며 좋아지거든요.

전투기도 마찬가지예요. 보통 전투기를 함재기라고 하는데 미국의 경우 처음에는 F14 톰캣이었다가 지금은 F18 슈퍼 호넷이죠. 그다음에 스텔스기로 넘어갈 테고요. 이처럼 무기 생산이 가능한 국가, 그중에서도 계속 무기를 업그레이드했던 나라만 효과를 누릴 수 있는 거예요. 전 세계에서 몇 곳 없죠.

결국 K-방산의 주 무대는 유럽이나 중남미, 동남아가 될 거예요. 여기에 우리나라의 FA-50 전투기는 미국에서 공군 훈련기로 도입하려는 움직임이 일고 있고요. 미국은 전통적으로 해군이 더 강하거든요. 그래서 사관학교도 해군이 먼저 생겼고 공군은 훨씬 나중에 생겼어요. 공군은 예전보다 강하지 못해서 본토

방어 중심이고 주력은 해군이에요. 그래서 미국에서는 조종사라고 하면 다 해군인 줄 알아요.

그렇게 해군을 중심으로 계속 발전해 온 무기들이 지금 세계에서 팔리는 거고요. 우리나라도 마찬가지로 그 무기들을 들여오는 것입니다. 동시에 자체 기술을 통해 한 단계씩 나아가면서 글로벌 시장에서 한국도 선택받고 있는 거죠. 특히 우리나라 무기에서 독보적인 부분이 디지털이라는 점이에요. 예전에는 세계 1위 보일러 하면 독일이었지만, 보일러도 디지털화되면서 우리나라의 경동나비엔이 미국에서 순간 온수기 1위로 올라섰잖아요.

똑같습니다. 무기도 단순 재래식이나 아날로그일 때는 모르겠지만 이제 레이더를 장착하는 등 초정밀화되고 있잖아요. 이런 면에서 사실 한국보다 잘할 나라가 없어요. 디지털 기술 관련해서는 전 세계에서 1위니까요. 무기 만드는 몇 안 되는 국가 중 하나면서 디지털까지 접목할 수 있다 보니, 앞으로는 우리나라 무기가 더 각광받을 수밖에 없다고 생각합니다.

오늘을 버티고 미래를 고민하는 힘, 긍정

박세익　함께 이야기 나누면서 이런 생각이 들었습니다. 2003년부터 중국 인프라 사이클이 도래했을 때는 중국에서 아직 자급자족이 이뤄지지 않았던 철강, 화학, 정유 분야의 제품을 공급해 주면서 우리나라 기업들이 크게 성장했고요.

2010년 이후 위안화 강세와 함께 찾아온 중국 소비 사이클 때는 농심, 오리온과 같은 음식료부터 시작해서 카지노, 화장품, 게임, 엔터테인먼트까지, 같은 한자 문화권으로서 중국 소비 정서에 맞는 최고의 제품을 만들었죠. 그리고 2012년 LTE 도입 이후 모바일 플랫폼이 대세로 자리 잡던 시대에는 빅테크 기업들의 데이터센터나 클라우드 시스템에 삼성전자와 SK하이닉스가 DDR4와 같은 고성능 메모리 반도체를 적시에 공급해 줬어요.

이런 이야기를 하면 한국은 하드웨어에는 강하지만 소프트웨어나 문화 콘텐츠에는 약하다는 지적을 많이 하잖아요. 그런데 2012년 하반기 '싸이'의 〈강남스타일〉을 필두로 전 세계 사람들의 눈과 귀와 마음을 잡아버린 K-팝은 '빅뱅', '블랙핑크', 'BTS'와 같은 세계적인 스타 뮤지션들을 탄생시켰어요. 여기에 K-영화나 드라마에서도 〈기생충〉, 〈오징어게임〉과 같은 대박 작품들이 줄줄이 만들어졌고요. 스포츠까지 이야기하면 조금 과할지 모르지만, 손흥민, 김민재 선수 같은 월드 클래스 선수들도 세계 무대에서 크게 활약하고 있죠.

그런데 우크라이나 전쟁이 터지니까 이제는 K-방산까

지 각광을 받네요. 제가 대한민국 국민이 아니었으면 완전히 엄친아 이야기하는 느낌이에요. 도대체 대한민국은 못하는 게 뭐지 싶을 정도예요. 그러니까 비록 지금 우리나라 주식시장이 반등의 힘도 없고 앞으로 희망도 없어 보이지만, 다시 한번 투자자들이 긍정의 프레임으로 바라봤으면 해요. 우리나라 기업의 경쟁력을 믿고 이번 위기를 기회로 삼아 도약하는 기업을 찾는 노력이 필요하다고 생각합니다.

이선엽 그렇습니다. 많은 투자자들이 경기가 안 좋아지면서 미국의 소비 하락을 우려합니다. 하지만 소비의 주체가 바뀌고 있습니다. 지금은 정부가 소비해야 하는 입장이에요. 기업도 투자해야 하니까 소비해야 하죠. 눈을 돌려 민간의 소비가 아니라 정부와 기업의 소비에 주목해야 합니다. 또 다른 레벨의 시장이 조금 더 선명하게 보일 것입니다.

그다음에는 정부와 기업의 소비 이후의 모습도 고민해 보세요. 당장 물가가 낮아지지는 않겠지만 시간이 지나면 물가는 잡힐 거예요. 그때 임금은 이미 올라 있겠죠. 높아진 임금에 낮아진 물가예요.

사실 지금의 설비 투자는 경제학적으로 초과 수요죠. 향후 설비 투자가 돼 있는 곳은 공장이 돼 있을 거고, 공장은 사람을 고용하고, 고용이 가처분소득을 만들 거예요. 이게 초과 수요라는 거죠. 초과 수요에서 높아진 임금과 낮아진 물가라고 생각하면, 침체 이후 경기를 너무 부정적으로만 볼 필요는 없다는 생각이 듭니다.

박세익 굉장한 소비 사이클이 앞으로 기다리고 있군요. 이런 공부를 누구보다 발 빠르게 하려면 기본적으로 체력이 뒷받침돼야 하겠어요. 평소 건강 관리는 어떻게 하세요?

이선엽 출근은 오전 5시 반에 하고 밤 9시 반에서 10시 정도에 퇴근하면 러닝머신을 한 시간씩 뜁니다. 사실 체력은 옛날부터 좋았고요. 중간에 10~15분 정도 낮잠을 꼭 자는 게 건강 유지 비결이 아닌가 싶습니다.

박세익 쪽잠을 유용하게 활용하시는군요. 펀드매니저를 비롯해 웬만한 주식 투자자들, 소위 투자의 고수나 슈퍼 개미가 되겠다는 사람들은 대부분 『어느 투자자의 회상』이라는 책을 읽어봤을 텐데요. 그 책에 나오는 주인공 제시 리버모어Jesse Livermore도 투자를 잘하려면 잠을 푹 자야 한다고 이야기했어요.

투자를 하다 보면 중요한 의사결정을 내려야 하는 순간이 있잖아요. 특히 파생상품에 투자하거나 레버리지를 많이 일으키는 매매를 할 경우 절체절명의 순간에 처하게 되잖아요. 이때 정확한 판단을 내리는 게 정말 중요하죠. 그러려면 수면 관리를 통해 늘 좋은 컨디션을 유지하려는 노력이 정말 필요한 것 같아요.

이선엽 미국 시장을 비롯해 모든 시장이 흔들리고 있잖아요. 그런 변동성을 계속 지켜보다가는 잠자기 힘들어요. 그런데 안 자고 지켜본들 달라지는 것은 별로 없거든요. 오히려 끝난 뒤에 좋은 결과나 데이터가 많이 나오니까 그런 자료들을 남들보다 조금 더 빨리 보는 게 낫죠. 굳이 밤잠까지 안 자면서 보는 것은 잘한 선택은 아니라고 봐요.

박세익 저도 항상 일의 효율성을 따지는 편이라서요. 밤에 시초가 시작하는 것은 잠시 보지만 새벽에 잠이 깼다고 다시 보지는 않아요. 본들 어떻게 하겠어요? 아침에 일어나 최종 결과를 보고 적절한 대응법을 고민하는 편이 더 낫죠.

이선엽 예전에 모 프로그램에 출연했을 때 미국 주식을 어떻게 보냐 해서 그냥 "자야죠" 했던 기억이 나네요. 현명한 투자를 하려면 일단 푹 자는 게 제일 중요해요. 그리고 제 경우 하루에 못해도 1만 5000~2만 보 이상 반드시 걸어요. 사실 좋은 아이디어는 운동할 때보다 걸을 때 많이 떠오르거든요. 그래서 걷기 전에 다양한 데이터나 기사를 많이 봐요. 그다음에 천천히 산책을 하면 조각이 하나씩 맞춰지거든요. 운동이라기보다는 아이디어를 얻는 용으로 걷기를 많이 활용합니다.

> **박세익** 이 업계 종사자들은 운동량이 많은 편은 아니어서 저만큼 운동하는 사람도 잘 못 봤거든요. 그런데 저보다 거의 1.5배 이상 운동하시는 것 같네요.

이선엽 술을 안 마시다 보니까 대신 그 시간에 운동을 많이 하는 편이에요. 유일한 스트레스 해소 방법이죠. 뭔가 많이 쌓였을 때 운동이나 걷기를 하면 많이 완화되잖아요. 그러면서 생각도 정리되고 좋더라고요.

그래서 코로나 때 힘들었던 것 중 하나가 지하철을 못 타고 차를 끌고 다녔던 거예요. 새벽 첫차로 출근하며 지하철 안에서 자료 보는 시간이 너무 소중했거든요. 그때 많은 자료들이 나오니까요. 그리고 의외로 그 시간에 아이디어가 잘 떠올라요. 머리가 가장 반짝반짝 돌아가는 시간이었는데, 코로나 때문에 할 수가 없었어요. 지하철에서는 마스크를 껴야 하니까 도저히 귀가 아파서 집중도 안 되고요. 그래도 이제는 차를 끌고 다니다 보니까 더 일찍 나오게 되고 결국 그만큼의 시간을 걷는 데 사용할 수 있어서 여기에 또 적응했습니다.

박세익 잠 잘 자고 산책하듯 걸으며 아이디어 정리하기. 건강뿐만 아니라 수익에도 큰 역할을 하는 투자의 비법이네요. 시장이 많이 안 좋아서 잠 못 이루는 투자자들이 많을 텐데요. 지금의 어려움을 잘 이겨내고 다시 일어서기 위해서라도, 투자의 기간을 인생 전체로 설정하고 건강부터 보살펴야 한다는 생각이 듭니다.

3.

먼 미래가 아닌
주위를 둘러보라

김태홍
그로쓰힐자산운용 대표

금리 인상과 물가 상승에 따라 주식시장에도 연일 비관적인 전망이 쏟아집니다. 하지만 거리에 나가보면 지난(至難)한 코로나 침체를 벗어나기라도 한 듯 소비하는 사람들이 넘쳐나죠. 지난 역사가 그랬듯 인류는 결국 위기를 극복하고, 보다 발전된 방향으로 나아갈 것입니다. 희망이 될 대안을 찾아내서 그 변화에 동승하는 게 현재 해야 할 일입니다.

두려움을 극복하면 위기는 반전된다

박세익 요즘 저녁 약속 때문에 여의도 식당을 가면 본격적으로 리오프닝이 시작된 것인가 싶은 생각이 듭니다. 연준의 금리 인상과 이로 인한 물가 상승을 염려하면서도 소비는 계속해서 이뤄지고 있으니까요.

김태홍 주식시장은 여러 가지 사안에 무엇보다 민감하게 흘러가지만, 그 밖에서 실제 돌아가고 있는 세상은 그리 크게 변하지 않은 것 같습니다.

박세익 촬영 때문에 인사동이나 광화문에도 자주 가게 되는데, 과거 한창때만큼은 아니지만 요즘 다시 관광객들이 눈에 띄게 많아진 것도 실감되더군요. 연준이 뿌려놓은 돈도 많고 리오프닝 관련 부분도 미국에서 가장 빨리 시행되다 보니 여러 나라 중에서도 특히 미국 관광객이 가장 많은 것 같았어요. 달러 강세 영향도 있는 것 같고요. 또 한편으로는 답답했던 코로나 방역에서 벗어나 해외여행을 갈 때 가장 먼저 BTS의 나라를 찾아오는 게 아닐까 싶더라고요.

김태홍 2022년 5월에는 바이든 대통령도 한국을 왔다 갔죠.

박세익   과거에는 우리가 찾아갔었는데 이번에는 미국 대통령이 먼저 찾아왔어요.

김태홍   그만큼 한국이 지정학적으로 굉장히 중요한 나라라는 의미죠. 지오이코노믹스Geoeconomics라는 단어가 등장한 것도 같은 맥락이고요. 그만큼 경제가 정치, 외교보다 중요해졌다는 것을 반증합니다. 바이든 대통령 방한도 결국 반도체 체인, 공급망 체인을 공고하게 확보하려는 움직임이니까요. 미국 대통령이 방한 후 삼성전자 반도체 공장을 방문한 것은 아마 이번이 처음일 것입니다.

박세익   그런 것을 보면 우리나라의 위상이 정말 많이 달라졌다는 생각이 듭니다. 사실 주가지수만 봐도 국가별 경쟁력이나 그 나라의 위상이 나타나는데요.

지난 30여 년 동안 나라별 대표 주가지수를 살펴보면, 홍콩 항셍 지수는 2003년 이후 20년 동안 1만 4000에서 3만 4000 사이에서 오르락내리락을 반복하고 있고요. 일본 니케이225는 1989년 4만을 목전에 둘 정도였지만 2000년대 들어와서 한때 8000선도 깨졌다가 현재는 2만 8000 언저리를 왔다 갔다 하는 정도고요. 하지만 미국 S&P500이나 한국 코스피는 계속 우상향하는 모습이에요.

출처: Investing.com

그만큼 우리나라의 경쟁력이 강해지고 있다는 의미겠
죠. 물론 저와 대표님이 몸담고 있는 우리나라 금융은 조
금 더 강해져야 한다는 생각이 들고요.

김태홍 몇 개월 후의 근시안적인 시각에서가 아니라 2~3년 또
는 5~10년의 미래를 내다본다면 정말 큰 기회가 오고 있다고 생
각해요. 미국과 중국의 패권 다툼으로 신냉전 시대에 접어들면
서 이제는 핵심 품목들이 무기화될 상황이고요.

이에 따라 핵심 공급망을 유지하기 위해 리쇼어링에서 프렌
드쇼어링이라는 개념까지 등장했죠. 미국이 동맹국들을 품 안에
껴안자는 기조로 들어간 거예요. 신냉전 시대에는 중국의 CATL

일본 니케이 225 월봉 차트

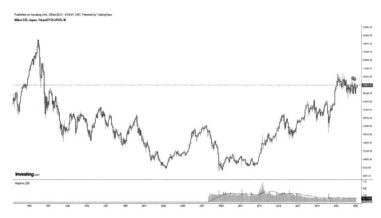

출처: Investing.com

2차 전지 소재가 훨씬 좋더라도 LG화학과 SK이노베이션의 제품을 쓸 수밖에 없어요. 그러니까 우리나라 기업들에 리쇼어링, 프렌드쇼어링을 제안하는 거죠.

결국 미국에 국내 기업들의 공장이 많이 지어지면 우리나라가 공급을 독점할 가능성이 굉장히 높아요. 그런 산업들이 비단 2차 전지뿐만 아니라 많은 분야에서 나타나고 있고요.

메모리 반도체, 시스템 반도체, 플립칩 BGAFlip Chip Ball Grid Array라고 하는 PCBPrinted Circuit Board 또는 자율 주행차에 필요한 카메라 시스템 등 모두 한국의 주력 산업이잖아요. 우리나라가 이런 핵심 기술 기반의 체인들을 갖고 있는 상황에서, 미국과 중국의 갈등이 이어지면 그만큼 국내 기업들의 미래는 밝은 거죠.

박세익 우크라이나 전쟁 이후 러시아와 중국이 하나의 블록을 만들어 신냉전 체제가 올 거라는 우려가 많습니다. 그동안은 자본주의하에 비교 우위에 의한 생산으로 각자의 부가 증가하는 글로벌 분업 체계가 유지됐었잖아요. 행여 이 부분이 깨지는 게 아닌가 하는 위기감이 일었죠.

하지만 이야기를 하면서 생각해 보니 과거 냉전 시대에도 일본이나 한국은 굉장히 발전했어요. 신냉전 체제가 도래한다고 해도 프렌드쇼어링이라는 블록 안에서는 서로 협조하는 국가끼리 더욱 큰 기회로 삼을 수 있을 것 같은데요.

김태홍 맞습니다. 그렇다고 중국과 미국이 교역을 전면 중단하지는 않을 거예요. 핵심 경쟁력이 필요하지 않은 안보나 지적재산권과 같은 분야에서는 계속해서 교류를 이어갈 것입니다. 미국의 테슬라나 애플만 해도 전 세계에서 가장 큰 시장이 중국이니까요. 애플을 중국에서 못 팔게 한다거나 테슬라를 중국에서 못 다니게 하지는 않을 거예요.

따라서 결국 기업 간의 룰처럼 국가 간에도 룰이 정해질 것 같아요. 권투를 하더라도 벨트 아래는 치지 말자는 것처럼요. 중국이 필요로 하는 제품은 계속 교역이 이뤄지겠지만 적어도 하이테크 기술 기반의 지적 네트워크가 강한 분야는 중국과 이어갈 가능성이 상당히 낮다고 봅니다.

박세익 사실 저도 신냉전 시대를 크게 우려하지 않아요. 중국이 러시아와 동맹을 맺고 전 세계 자본주의 사회에서 고립되는 정책을 쓸 것 같지 않거든요. 역사적으로 고려, 조선 시대에도 중국 상인들을 조심해야 한다고 했을 만큼 중국은 굉장히 이재(利財)에 밝으니까요. 그래서 신냉전 체제 도래로 주식시장이 여기에서 한 차례 더 붕괴될 거라는 극단적 비관주의는 조심해야 할 것 같아요.

지금과는 완전 반대로 2021년 1월 코스피가 3150을 돌파했을 때는 많은 투자자들이 저희 회사를 찾아왔어요. 3개월 동안 400명이 넘었죠. 제가 "이 가격대에서는 자금을 받지 않습니다" 하고 대기자 명단에 이름과 연락처만 적게 하고 다 돌려보냈었는데요. 2021년 말이 되니, 대기자 명단 번호가 1200명을 넘어가더라고요.

이렇게 상투권에서는 주가가 비싸다는 생각은 하지 않고 다들 막연하게 강세장이 지속될 거라고 생각해요. 그리고 지금처럼 주식이 싸졌을 때는 또 이런저런 악재를 이야기하면서 지수가 더 빠질 수 있다고 두려워하고요.

물론 이런 현상은 우리나라뿐만 아니라 다른 나라도 마찬가지죠. 과거 피터 린치Peter Lynch가 운용했던 마젤란 펀드의 투자자들도 다르지 않았어요. 1987년 10월 블랙먼데이[1] 때 57년 만의 대공황이 도래할 거라는 두려움이 일었고, 결국 바닥에서 펀드를 상당수 환매하는 바람에 실제 돈 번 사람은 많지 않다고 하잖아요. 가만 내버려 뒀으면 연 29%가 넘는 수익률을 얻었을 텐데 말이죠.

비틀즈의 명곡 〈렛 잇 비Let It Be〉 가사에서도 "마더 메리가 준 지혜의 말씀, 그냥 내버려 둬Mother Mary comes to me speaking words of wisdom, let it be"라고 했잖아요. 지금 삼성전자나 미국 애플, 엔비디아, 테슬라 등 우량 주식에 물려 있는 투자자들에게도 딱 필요한 이야기라고 봅니다.

2021년 코스피 3100 이상에서 자금을 받지 않았던 것도 투자자들이 시장 분위기에 휩쓸려서 쌀 때는 팔고 비쌀 때 다시 사는 악순환의 연결고리를 끊어보고자 솔선수범하는 마음이었고요. 그 후 1년이 지나 우크라이나 전쟁과 연준의 빅 스텝, 자이언트 스텝으로 글로벌 주식시장이 곤두박질쳤잖아요. 대기자 명단에 있던 1200명 모두에게 코스피 2400이면 PBR 0.9 수준이라 다시 공격적으로 투자할 시점이라고 안내했죠.

그런데 많은 사람들이 주저하더군요. 워런 버핏의 말처럼 모두가 두려워할 때 욕심내야 하고, 모두가 욕심낼 때 두려워할 줄 알아야 하는데 그게 실천하기 정말 쉽지 않은 것 같아요.

김태홍 아마 우리나라뿐만 아니라 전 세계가 다 그럴 거예요. 제 책『투자를 위한 투자』또한 그런 의미에서 쓴 책인데요. 투자를 위해서는 무엇을 투자해야 하냐는 거죠. 투자를 위한 공부부터 마인드 셋업 등 어떤 방식으로 투자를 해야 하는지에 대해 쭉 다뤘어요. 처음에는 직원들을 위한 책이라는 생각으로 시작했지만 개인 투자자들에게도 도움이 되는 내용이 많을 것 같아 대중서로 나왔죠.

30여 년 동안 금융업에 몸담으면서 미래에셋자산운용, 템플턴자산운용, 브레인자산운용 등을 거치며 많은 투자를 했고, 그 과정에서 실수도 하고 또 좋은 성과도 이뤄봤어요. 나름의 투자 방법과 노하우도 쌓였죠. 저 또한 상당수 투자자들이 시장이 올라가는 거의 막바지 부분에서 가장 많이 몰린다는 사실이 항상 아쉬웠어요.

이후 2012년 피그스Portugal·Italy·Greece·Spain, PIGS 위기를 보면서 안타까움에서 그칠 게 아니라 제 철학으로 해보고 싶다는 욕심이 생겼죠. 그렇게 그로쓰힐자산운용을 설립했고요. 창업 후에는 ETF에서 인버스 ETF도 생기고, 레버리지도 생기고 2016년에는 헤지펀드도 생겼죠. 고객 자산을 보호하도록 설계된 다양한 투자 툴로 장이 꺾이는 것 같고 어려울 때는 최대한 막아보려고 했어요. 장이 폭락해도 개별 종목으로 50% 터지는 것만 아니면 10~20% 빠지는 것은 충분히 회복 가능하니까요.

책에서 이야기한 내용 중에 '두려움에 역행하라'는 부분이 있어요. 사람들은 본능적으로 겁나고 두려운 상황에서 숨기 마련이죠. 주가가 하락하고 경제 상황도 악재가 연속이면 누가 버티고 싶겠어요. 하지만 결국 두려움에 역행한 사람들이 성공 확률도 굉장히 높았어요. 워런 버핏도 주가가 떨어질 때 들고 있던 현금 180조 원 중에 50조 원을 옥시덴털 페트롤리움 등에 투자했잖아요.

박세익 애플도 사고, 셰브론도 사고요.

김태홍 결국 확신이 있는 분야를 투자 기회로 삼은 거죠. 전쟁이나 록다운 상관없이 역행해서 투자한다는 점이 역시 대가다운 모습인 거예요. 그런데 이런 판단은 충분히 훈련할 수 있어요. 저와 같은 전문가의 투자 전망을 듣고 투자했는데 떨어지면 욕할 수 있어요. 이런 상황에서는 전문가 또한 죄송한 마음이 들죠. 하지만 이는 개인의 객관적인 의지를 꺾느냐의 문제는 아니에요. 그럴 때 오히려 분할 매수를 더 해야 한다는 것도 열심히 공부한 내용을 바탕으로 한 진심이에요. 저 또한 제 돈, 부모님 돈도 투자돼 있으니까요.

　현재 세계 경제에 드리워진 악재들 중에 몇 가지는 해소될 가능성도 있고요. 특히 코로나 록다운은 많이 풀렸고, 앞으로도 시간 문제잖아요. 전쟁도 끝은 알 수 없지만 확산되기보다 봉합되는 쪽으로 나아갈 거라고 예상할 수 있고요. 이런 두려운 요소들이 없어지는 순간 주가는 지금보다 올라갈 테니, 전문가들이 같은 목소리를 내고 있다고 생각합니다.

박세익　워런 버핏을 비롯한 투자 고수들이 오히려 주식을 늘렸다면 굉장히 자신 있다는 거잖아요. 실전 고수들의 목소리는 다 똑같아요. 이럴 때 주식을 사라고 하죠.

현상만 분석하지 말고 흐름을 보라

박세익　고객의 자산을 관리하는 펀드매니저들은 시장을 이길 수 있는 포트폴리오를 위해 누구보다 다방면으로 촉각을 곤두세우죠. 특히 주도주나 유망 종목 발굴에는 각자 나름의 방법도 있고요. 관련 이야기를 했으면 합니다.

김태홍　저희의 경우 기업 분석 및 미팅 내용, 실적 발표 결과를 바탕으로 계속 토론하고, 저희가 가정한 어닝Earning 모델과 시장이 보는 어닝 사이에 어느 정도 차이가 있는지를 분석합니다. 그 차이가 바로 수익을 낼 수 있는 에지Edge가 되는 것입니다. 모든 운용사들이 이런 루틴을 갖고 있을 거예요. 따라서 큰 시세를 내려면 이런 기본적인 방식뿐만 아니라 산업을 포착하는 게 중요합니다. 산업의 변화만 놓치지 않으면 아주 초기는 아니어도 중간 타이밍에 들어가서 큰 시세를 낼 수 있습니다.

따라서 저는 기업 증설 뉴스에 특히 주목합니다. 효성티앤씨를 예로 들어볼게요. 스판덱스를 2년간 100% 증설한다는 뉴스

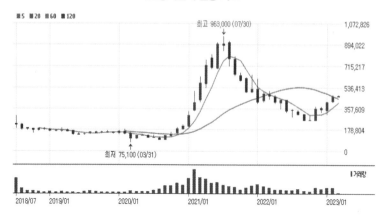

효성티앤씨 월봉 차트

최고 963,000 (07/30)

최저 75,100 (03/31)

출처: 네이버 증권

가 2020년 12월부터 나왔고, 2021년 8월 즈음 증설 작업이 마무리됐죠. 그사이 주가는 약 7~8배 올랐습니다. 룰루레몬을 비롯해 레깅스도 이제 하나의 패션이 됐고, 이런 레깅스를 입고 운동하는 사람이 늘면서 산업 전방에 큰 변화가 있었기 때문입니다.

박세익　효성티앤씨가 새로운 소비 트렌드의 원재료를 공급하는 회사였던 거네요.

김태홍　레깅스와 같은 제품을 생산하기 위해서는 스판덱스가 필수니까요. 이런 변화를 보면서 투자하는 거죠. 여기에 증설하는 기업의 기존 생산 능력이 굉장히 크다면 반은 합격인 거예요. 그런 의미에서 가격을 올리는 기업들도 반드시 체크해야 해요. 만약 소비자 입장에서 가격이 올라가더라도 사야 하는 제품이라면 기업 입장에서는 추가 원재료 투입 비용 없이 가격이 올라간 만큼 이익도 늘어나는 거니까요.

여기에 또 중요한 점이 이를 공급하는 회사들이 몇 곳인지 보는 거죠. 경쟁적 증설인지 따지는 것입니다. 따라서 저희는 철강이나 화학 회사의 증설 소식은 그냥 무시합니다. 매출 증가가 담보되지 않기 때문에 증설이 끝나면 가격이 폭락하거든요.

그런 의미에서 독과점인 회사들의 증설 소식은 더욱 주목해요. 그간의 경험으로 봤을 때 경쟁사가 세 곳 미만인 회사는 성공 확률이 굉장히 높습니다. 효성티앤씨의 경우도 중국 업체들이 증설을 덩달아 하면서 스판덱스 가격이 떨어지기 시작했고 주가도 못 버텼죠. 그만큼 경쟁이 치열한 산업이었던 거예요.

그러면 텐배거는 왜 그만큼 올라가느냐를 생각해 봐야 하는데요. HMM 같은 경우는 오히려 증설하지 않아서 가격 폭등으로 수혜를 얻었잖아요. 이를 바탕으로 보면 경쟁 또는 증설 때문에 공급 과잉이 유발되고 많은 회사가 도산했을 때, 산업의 구조조정이 된 회사들은 큰 기회를 갖는 거죠. 한진해운이 채권단 자금을 회수하지 못하고 망한 뒤에 HMM의 2021년 영업이익은 7조 3000억 원을 넘게 기록했어요.

박세익 10년 치 적자를 한 번에 다 벌었죠.

김태홍 거의 20년 치라고 할 정도죠. 2022년에도 컨센서스가 10조 원에 가까울 것으로 예상됐는데, 실제로 1~3분기까지 8.7조 원 정도 영업이익을 기록했어요. 산업에서 대체할 수 있는 기업이 없으니까 끊임없이 올라간 거죠. 결국 산업 구조의 변화를 봐야 해요. 이런 것은 기업 탐방 없이도 검색 잘하고 뉴스만 열심히 봐도 잡을 수 있어요.

박세익 윌리엄 오닐William O'Neil의 성장주 투자법 '캔슬림 CANSLIM[2]'에서도 최소 2분기 연속 EPSEarning Per Share[3]가 20% 이상 증가하는 기업을 주목하라고 하죠. 뉴스를 보고 이익 모멘텀이 생기는 것을 확인하고 들어가도 늦지 않은 거네요.

김태홍 그렇게까지 확인하고 들어가면 사실 더 안전하죠. 꼭 텐배거가 아니라 50~100%만 수익을 내도 훨씬 더 안전하게 투자할 수 있으니까요.

박세익 HMM 주가가 2500원 아래로 떨어졌다가 5만 1000원까지 25배나 올랐던 이유도 사실 오랜 기간 해운 산업이 침체를 보이면서 한진해운이 2017년 파산할 정도의 혹독한 구조조정이 있었기 때문이죠. HMM도 산업은행으로부터 공적 자금 투입이 없었다면 망했을 거고요.

220

그러다가 코로나 이후 글로벌 물동량이 폭발적으로 증가하면서 HMM이 떼돈을 벌게 됐고, 흑자 전환한 2020년 하반기부터 2년도 안 돼서 주가는 20배 이상 올랐죠.

그래서 저는 개별 기업의 증설 이슈보다는 심각한 구조조정이 일어나서 오히려 공급이 많이 축소된 산업을 유심히 관찰합니다. 증설이 많이 이뤄진 산업은 언제든지 가격 폭락의 위험이 있는데, 오히려 혹독한 구조조정으로 산업 전체의 공급 케파가 축소된 산업이라면 그런 리스크는 적거든요. 거기다 최근 해운 산업처럼 수요 모멘텀이 생기면 수요 증가의 강도와 가격 탄력성에 따라 매출이 폭발적으로 늘어날 수 있으니까요.

특히 조선, 해운, 철강, 정유, 화학, 반도체와 같은 장치산업에서 이런 현상이 반복됩니다. 심각한 구조조정을 겪은 산업에서 수요 모멘텀이 다시 살아나며 가격이 오르기 시작해도요. 장치산업의 특성상 초과 수요 상태를 바로 해소할 정도의 빠른 공급망 구축이 쉽지 않기 때문이에요.

그래서 저는 최근 경기소비재 중에서도 코로나 때문에 특히 심각한 위기를 겪었던 서비스업종군을 주목하고 있습니다. 그리고 모두가 우려하는 물가 상승으로 서비스업의 수요가 꺾이는지 아닌지를 계속 모니터링해요. 투자하는 기업의 매출은 꺾이지 않는데 여러 외생 요인으로 투자 심리만 위축되면서 주가가 빠져 있는 시점, 그때가 바로 주식으로 돈 벌 수 있는 기회라고 보거든요.

투자 심리에 비해 실물 경기가 좋지 않을 때는 투자를 조심해야 하지만, 투자 심리에 비해 소비 심리가 견고할 때는 오히려 투자하기 좋거든요. 주가가 싸게 거래되니까요. 대표님은 리오프닝주를 어떻게 보세요?

김태홍 리오프닝주도 범위가 꽤 넓어요. 항공, 여행, 카지노에서 끝나는 게 아니고요. 미디어 엔터테인먼트도 공연하면 리오프닝이죠. 그리고 이제 밤새 술도 마실 수 있으니 주류 회사들도 리오프닝이거든요. 그런데 그중 이익이 정확한 분야는 엔터테인먼트 회사나 기획사, 주류 회사라고 할 수 있죠. 주류 회사의 경우 앞에서 이야기한 가격을 올리는 기업이잖아요. 증설하는 기업만큼 강력하거든요.

편의점의 경우도 동일 점포 매출이 10% 이상씩 오르는 이유가 밀가루 가격이 오르니 과자 가격도 다 오른 거잖아요. 그러니까 실적이 잘 나오는 기업인지가 중요하죠. 소비자 입장에서는 월급은 그대로인데 물가가 오르면 소득은 점점 줄어드니까요. 이럴 때 가격을 올릴 수 있는 기업들을 주식으로 갖고 있으면 헤지가 되죠.

지금 투자 심리도 그렇고 전 세계적으로 경기가 좋지 않잖아요. 미국 미시간대 소비자심리지수Consumer Sentiment Index, CSI도 2022년

6월에 50.0을 기록하면서 사상 최저치였어요. 그런데 물가가 오른다는 것은 기업이 제품들의 가격을 올리는 것을 의미해요. 가격을 올리면 영업 마진의 상당 부분이 그대로 올라가요. 판매되는 양이 똑같다면 원재료가 안 들어가니까요. 원재료를 추가 투입하지 않고 가격은 올랐으니까 이익률로 잡히죠. 그래서 인플레이션 환경에서는 기업 실적이 오히려 더 좋아요.

게다가 국내 기업들은 수출 비중이 높은 기업들이 많죠. 환율 때문에 수출 기업들은 기업 이익이 상향 조정됐어요. 경기가 나쁘고 투자 심리가 안 좋으면 기업 이익도 나쁠 거라고 생각할 수 있지만 실제는 꼭 그렇지 않거든요. 물론 인플레이션을 감안해서 봐야겠지만요. 환율까지 따져보면 결국 미국 주식보다는 국내 주식에 주목하는 게 낫죠.

박세익 저도 국내 주식에 투자할 때 확인해야 하는 가장 중요한 지표가 환율이라고 보거든요. 원달러 환율이 1250원 이상 올라가면 일단 뭔가 글로벌 위기 상황인 거잖아요. 그러면 사람들은 달러를 사야 하는지, 금을 사야 하는지, 주식을 팔아서 현금을 마련해야 하는지 안절부절 못해요.

그런데 사실 투자는 거꾸로 해야 돈을 벌죠. 지난 20여 년 동안 환율이 1250원 이상 올랐을 때 코스피에 1년 이상 투자하면 항상 수익이 났거든요. 그런데 대부분 투자자들은 환율이 오른 원인만 분석해요. 코로나 바이러스가 어떤 바이러스인지, 우크라이나 전쟁은 언제까지 지속될 것인지, 고물가 상황이 초래할 수 있는 경제 위기 상황은 무엇인지 등을 말이죠.

김태홍 다 알고 있으면 그때가 거의 마지막이죠.

박세익 2011년 미국 신용 등급이 강등됐을 때도, 2012년 스페인 위기 때도, 2015~2016년 중국 그림자 금융 이야기가 나왔을 때도 환율이 급등하고 주가가 많이 빠졌는데, 모두 그 이슈만 지나치게 분석해요. 그런데 우리나라 수출 대형주일수록 환율이 오르면 좋을 수밖에 없잖아요.
　저는 1997년 IMF 구제금융을 받을 때처럼 우리나라 자체만의 문제로 초래된 환율 급등이 아니라면, 1250원 이상의 환율은 우리나라 수출 기업들에게는 가만히 앉아서 영업이익률이 높아지는 특별 보너스 같은 거라고 생각해요. 오죽하면 미국이 우리나라를 환율 조작 관찰 대상국에 매번 넣어놨겠어요? 환율이 올라가면 미국 기업은 불리하고 한국 기업은 유리해지기 때문이잖아요. 그렇기 때문에 저는 우리나라 투자자들에게 매수와 매도의 타이밍을 가장 잘 알려주는 지표가 바로 원달러 환율이라고 생각해요.

김태홍 지금은 에너지 가격 상승으로 무역수지가 적자여서 외국인들도 원화에 대한 신뢰가 없는 거잖아요. 그래서 외국인들이 계속 팔면 환율은 더 약세로 가는 거고요. 이를 반대로 생각하면 나간 돈이 영영 돌아오지 않는 것도 아니에요. 원화가 싸면 기업들이 수출로 이익을 그만큼 많이 낼 수 있으니까요. 여기에 전쟁이 끝나서 에너지 가격도 정상화되고 무역수지도 흑자로 돌아서면 외국인들의 자금이 다시 들어올 거예요.

박세익 그러면 원화 강세로 가겠죠.

김태홍 무역수지가 다시 흑자로 돌아서고 기업들 이익이 생각보다 좋으면, 외국인들은 중국보다 우리나라 주식을 선호할 거예요. 그 시점이 언제일지는 정확하게 알 수 없지만 원유 등 에너지 가격이 90달러 이하로만 떨어져도 한국 등 에너지 수입국에 대규모로 자금이 몰릴 거라고 생각합니다.

박세익 저는 많은 스마트머니들이 물가 문제만 해결되길 기다리며 대기하고 있다고 봐요. 유가 때문에 에너지 가격이 많이 올랐고, 연쇄 작용으로 미국의 소비자물가가 오르자 연준이 금리를 인상해야 하는 상황이었잖아요. 그러니까 유가가 의미 있게 떨어지는 게 모든 악순환의 연결고리를 끊고 정상화하는 필요충분조건이라고 봅니다.

위태로운 장에서는 가능성에 주목할 것

박세익 그런데 솔직히 말해서 이번 고물가, 고금리 위기를 촉발한 주범은 바로 미국 정부와 연준이죠. 2020년 하반기만 하더라도 평균물가목표제Average Inflation Targeting, AIT 운운하면서 미국 정부의 과도한 재정 지원책으로 촉발된 물가 상승을 용인했잖아요. 3년 평균으로 2%가 되면 지금의 물가 상승은 용인하겠다면서 초저금리 상황을 2025년까지는 끌고 갈 것처럼 이야기했죠. 그런데 연준과 미국 정부가 과연 이런 고물가 상황을 예측하지 못했을까요? 저 같은 사람도 연준이 2020년처럼 돈을 찍어내면 '인플레이션 쓰나미'가 올 거라고 예상했는데 말이죠.

지금부터는 물가에 관한 '불편한 진실'을 한번 이야기해 보려고 해요. 현재 미국 정부의 부채가 31조 달러가 넘으니까 한화로 약 4경 원 정도 되거든요. 그런데 2008년 금융 위기 때만 해도 10조 달러가 안 됐어요. 15년 만에 부채가 세 배 이상 늘어난 거죠. 평균 이자율을 3.3%만 잡더라도 미국 정부가 매년 갚아야 할 이자만 약 1조 달러, 한화로 약 1300조 원이에요. 거기다 만기가 돌아오는 채권은 원금 상환도 해야 하고요. 우리나라 1년 예산이 650조 원 정도니까 미국 정부가 갚아야 할 이자만 우리나라 예산의 두 배가 되는 셈이죠.

미국 정부 부채와 GDP 추이

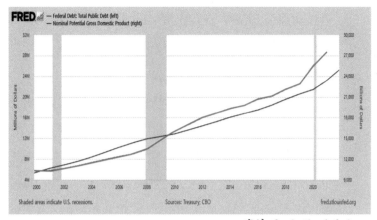

출처: fred.stlouisfed.org

저는 예전부터 미국 정부가 이 엄청난 부채를 어떻게 갚으려나 늘 궁금했어요. 그런데 2007년 말 서브프라임 모기지 사태가 터졌어요. 이 상황을 보고 만년 무역수지 적자에다 과도한 정부 부채를 짊어지고 있던 미국이 드디어 몰락을 시작했다고 생각했죠. 실제로도 미국발 금융 위기가 왔었고요. 그때까지만 하더라도 저는 달러가 폭락할 줄 알았어요.

그런데 제 예상은 완전히 빗나갔죠. 미국의 금융 기관들이 하나둘씩 무너지는데도 오히려 달러 가치는 계속 올라가는 거예요. 2009년 초에는 한 때 1560원을 기록했어요. 거기다 정말 더 충격적인 것은 우리나라 외환 위기 상황에서는 IMF가 국내 정책 금리를 대폭 올려서 외화 유출을 최대한 막도록 권고했거든요. 그런데 미국은 오히려 5%대의 연준 금리를 빠르게 내려서 1%까지 단숨에 낮춰 버렸죠.

그럼에도 불구하고 기축통화인 미국 달러는 안전 자산에 대한 수요가 몰리면서 그 가치가 오히려 상승하고, 반대로 우리나라 원화를 비롯한 비달러 통화가치는 폭락했어요. 달러를 무진장 찍어냈는데 기축통화의 지위와 화폐 신뢰도에 따라, 달러보다 비달러 통화가 폭락하는 불편한 진실을 눈으로 확인한 순간이었죠.

그리고 연준이 찍어낸 달러로 2~3년 뒤에는 인플레이션 쓰나미가 발생했어요. 결국 강달러 현상에 따라 미국보다는 화폐가치가 불안정한 약소국이나 개발도상국에 더 큰 피해가 돌아간다는 것도 알게 됐죠.

김태홍 달러를 많이 발행할수록 종국에는 달러 가치도 떨어지고 미국에도 인플레이션이 유발되죠. 그리고 실질 화폐가치가 떨어지니까 미국 정부의 부채 탕감도 자연스럽게 되고요.

박세익 그 부분을 투자자들에게 쉽게 설명하기 위해서 친구들 사이에 돈을 빌려주는 상황을 예로 들어 이야기하는데요. 만약 친구가 30년 전에 30만 원을 빌려가 놓고 이제 와서 30만 원을 갚는다면 제대로 채무 상환을 하는 게 아니잖아요. 가계 부채 우려가 높은 우리나라를 비롯해 미국, 일본과 같이 GDP 대비 정부 부채 비율이 높은 나라들을 두고, 많은 사람들이 자산 가격 폭락의 가능성이 높다고 주장합니다.

저는 솔직히 부채 위기로 생기는 자산 가격의 폭락보다 기축통화국들이 끊임없이 찍어대는 화폐로 '인플레이션 리스크', 즉 저축하고 있는 돈의 가치가 하락하는 위험이 더욱 크다고 봅니다. 미국은 폭동이 일어나지 않을 만큼의 인플레이션을 끊임없이 유발하고 있다고 생각해요. 그렇게 천천히 물가 상승을 일으켜야 채무자들이 눈치채지 못하고 불만이 없을 테니까요. 물가 상승이 가팔라지면 누가 저금리에 돈을 빌려주겠어요? 미국 채권도 다 팔아서 금이나 우량 부동산을 사야죠.

실제 2008년 금융 위기 당시에도 연준의 벤 버냉키Ben Bernanke 의장이 꺼낸 카드가 물가를 3% 수준으로 올릴 때까지는 달러를 계속 찍어내겠다는 거였잖아요. 당시 미국 국채를 잔뜩 들고 있던 중국 정부는 발끈했죠. 물가 상승으로 미래에 받을 원금과 이자의 실질 가치가 떨어지게 되니까요. 반대로 미국은 미래에 갚아야 할 채무와 이자의 실질 가치가 줄어드니까 저절로 부채가 탕감되는 효과가 생기고요.

지금도 그때와 다를 게 하나도 없어요. 코로나로 피폐해진 가계와 기업을 살리겠다고 5조 달러가 넘는 돈을 찍어서 뿌렸는데, 물가 상승이 안 오면 이상한 거죠. 그러고는 물가 상승으로 2년물, 10년물 국채 금리가 지나치게 오르자 이제는 물가를 잡기 위해 경기 침체의 고통도 불사하겠다고 하고 있죠.

물가 상승으로 실질 채무는 줄었지만, 31조 달러나 되는 정부 부채를 갚으려면 신규 국채를 발행해 상환 자금을 조달해야 해요. 그런데 금리 상승으로 조달 금리가 너무 비싸지자 이제는 물가를 낮추기 위한 경기 침체도 불사하겠다는 거예요.

그런 점에서 보면 연준 위원들의 행보가 가소롭기까지 합니다. 비둘기파[4]들은 안 보이고, 모두 물가와 싸우는 매파[5]가 됐잖아요. 불을 지른 방화범들이 다 소방수로 변신했어요.

김태홍 미국은 세계 기축통화 국가로서 달러 발행 윤전기를 마음대로 껐다 켰다 할 수 있으니까요. 책을 집필할 때 자료 조사를 하면서 보니, 달러의 가치는 100년 전에 비해 3% 정도로 떨어졌다고 해요. 100달러를 갖고 있어도 100년 뒤에는 3달러만 남는 거죠. 2000년 대비해서도 달러의 가치는 약 20% 정도 떨어졌어요. 2008년 리먼브라더스 사태를 거치면서 상당한 발권이 이뤄지고 최근에도 그렇고요. 결국 달러 가치는 떨어지고 있어요. 그런데 다른 국가들의 통화가치가 더 빨리 떨어지니까 계속 찍어내도 유지되는 거죠.

박세익 억울하지만 어쩔 수 없죠. 그래도 이런 메커니즘을 우리나라 투자자들이 알고 있어야 한다고 생각해요. 그래서 저는 인플레이션 시대에 부동산이나 주식 투자를 하지 않고 저축만 하는 것은 일하러 나가면서 집 대문을 활짝 열어놓고 가는 것과 똑같은 거라고 비유해요. 인플레이션, 이를 유발하는 연준의 정책은 소위 날강도 시스템과 다를 바 없거든요.

최근 방글라데시와 칠레, 페루, 이집트 등에서 폭동이 일어났잖아요. 2011년 아랍의 봄 같은 상황이 또 반복되는 거죠. 2008년 금융 위기 직후 연준의 양적완화 조치로 유가가 110달러를 넘어가고 물가가 폭등했던 그때도 MENA Middle East & North Africa, 즉 중동과 북아프리카 지역에서 폭동이 일어났고요.

결국 현재와 같은 고물가 위기는 우리가 살아 있는 동안 끊임없이 반복되는 이슈예요. 그러니까 투자자라면 물가 상승의 원인과 파장 효과를 정확히 알고 대응했으면 좋겠어요. 가장 좋은 대응 전략은 모두가 물가 공포에 벌벌 떨 때 우량 자산을 팔아서 현금을 마련하는 게 아니에요. 자본주의의 혁신을 이끌어 나가는 좋은 기업들을 싸게 사는 기회로 이용하는 거죠.

김태홍 저도 매일 주가를 보지만, 시장이 안 좋을수록 그 속에 매몰되지 말고 기업의 이익을 보는 게 중요하다고 생각합니다. 그리고 기업을 선택할 때는 애널리스트나 누군가 방송에서 추천했다는 것을 이유로 삼지 말고, 왜 이 기업에 투자해야 하는지 그 이유를 스스로 세 가지 정도 설명할 수 있어야 합니다. 만약 설명하다 말이 막히면 투자해서는 안 된다는 의미예요. 그만큼 자신이 잘 아는 기업이어야 합니다.

투자 전에 점검할 요소는 수없이 많아요. 특히 미래 예측이 가능한 기업인지는 반드시 파악해야 하죠. 그런 시선으로 기업을 바라보고 동반자의 입장으로 투자하면 주가가 어느 정도 빠져도 흔들리지 않고 길게 갈 수 있어요. 제가 투자자 마인드 셋업에서 강조하는 것도 같은 맥락이에요.

어떤 기업의 주식을 샀는데 주가가 빠질 때마다 너무 불안하면 잘못 산 거예요. 그 기업은 그냥 손절하는 게 낫습니다. 그런데 주가가 떨어져도 기업 이익은 그대로라면요? 직접 선택한 기업이라면 어느 정도 버틸 수 있어요. 6개월 정도 버티면 결국 기업 이익에 다 수렴하니까요. 밸류에이션도 열두 배까지 오르다 여덟 배로 떨어졌다가 결국 적정한 열 배에 수렴하겠죠.

주인과 개가 산책하는 모습을 떠올려 보면요. 개가 뒤에서 끌려올 때도 있고 앞으로 막 치고 나갈 때도 있잖아요. 그런데 결국은 주인의 바운더리 안에 있죠. 그게 기업의 실적이고 펀더멘털이라고 생각합니다.

박세익 세 가지로 간결하게 설명할 수 있어야 한다니까 피터 린치의 이야기가 생각나네요. 투자할 기업에 대해 2분 동안 설명할 수 없다면 사지 말라고 했죠. 혹시 존경하는 투자자가 피터 린치인가요?

김태홍 맞습니다. 피터 린치를 대단하다고 생각하는 이유는 수익률은 차치하더라도 여러 가지예요. 직접 비행기를 타고 여러 국가로 탐방을 다닌다는 점도 그중 하나고요. 텐배거라는 용어도 피터 린치가 처음 이야기한 거죠. 피터 린치도 결국 잘 아는 기업에 투자하라는 거잖아요. 스타벅스 매장은 더 이상 생길 곳이 없어 보이는데도 자고 일어나면 또 늘어 있잖아요. 내가 즐겨 먹는 커피의 매장이 늘어나는데 왜 주식을 안 사냐는 거죠. 내가 잘 아는 기업, 즉 주변에 있는 기업에 주목하라는 거예요.

박세익 제가 제일 좋아하는 투자자도 피터 린치입니다. 포트폴리오는 피터 린치처럼 해야 한다고 생각하거든요. 워낙 주말 없이 항상 일만 하는 사람이다 보니까 피터 린치는 아내와 자녀들에게 요새 잘 팔리는 게 뭐냐고 물어

본다고 하잖아요.

그리고 애스워드 다모다란 교수 또한 제게 큰 영감을 준 사람이에요. 넘버에 내러티브가 붙을 때 투자자들의 확신이 강화되면서 주가가 올라가고, 또 내러티브에 넘버가 확인될 때는 신뢰가 강화되면서 주가가 올라가니까요. 보통 실패한 투자자들은 이 둘 중 한 가지에만 치중한 경우가 많더라고요.

김태홍 미래를 이야기하는 거죠. 스토리텔링이 돼야 하니까요.

박세익 스토리로 시작된 성장주는 아무리 늦어도 3~5년 안에 넘버, 즉 실적이 반드시 동반돼야 해요. 스토리만 있고 성과가 숫자로 증명되지 않는 기업들은 모두 박살 나잖아요. 최근에도 반등하는 성장주들을 보면 실적이 잘 나오는 기업들이 중심에 있더라고요. 조금 전에 투자를 할 때는 기업의 실적을 반드시 체크해야 한다고 하셨는데, 투자자들에게 상당히 중요한 메시지를 주신 거예요.

그리고 저는 요즘같이 비관론이 팽배한 시장에서는 존 템플턴John Templeton 경의 역발상 투자 전략도 많이 생각해요. 주식은 싸게 사는 게 중요한데, 그 시점이란 바로 시장이 비관적일 때라고 했죠. 그래서 존 템플턴 경은 생전에 "나는 전 세계에서 가장 비관적인 시장을 찾아 다닌다"

라고 했어요. 그리고 약세장에서 주식을 살 때면 "결국 인류는 이번 위기도 극복하고 더 나은 삶을 향해서 발전할 거야"라는 믿음을 갖고 투자했고요.

우크라이나 전쟁, 신냉전, 유가 급등을 비롯해 여러 가지 비관적인 소식이 들려왔고 또 계속 이어지고 있잖아요. 하지만 우려 속에서도 태양광이나 풍력 등 대체에너지에 대한 이야기도 나와요. 유가가 걷잡을 수 없이 급등하면 인류는 또 대체재나 보완재를 만들어낼 거예요. 그래서 저는 여러 상황이 비관적일 때는 존 템플턴 경을, 포트폴리오를 설계할 때는 피터 린치를 떠올립니다.

두드려 본 돌다리는 무너지지 않는다

박세익 개인 투자자들과 상담할 때 하는 이야기가 있습니다. 내가 보유한 주식의 기업이 핵심 우량 기업인지 판단하라는 것인데요. 핵심 우량 기업은 조정이 있어도 2~3년 후에 전고점을 돌파한다는 특징을 갖고 있잖아요. 그러니까 5년 이상 긴 호흡으로 이어가면 항상 오르죠.

그런데 이렇게 이야기하면 장기투자를 마냥 놔두면 되는 것으로 생각하는 투자자들도 있어요. 장기투자에서는 무엇을 가장 경계해야 할까요?

김태홍   템플턴자산운용의 이머징마켓그룹 회장 마크 모비우스 Mark Mobius에게 재미있는 일화를 들은 적이 있어요. 추수감사절에 고모가 주식을 언제 사야 하냐고 물으셨대요. 그래서 지금 사시라고 한 거죠. 그런데 지금처럼 악재들이 많아서 주식이 많이 떨어진 거예요. 다음에 갔더니 고모가 문을 안 열어주시더래요. 그러면서 또 언제 사야 하냐고 물으시길래 똑같이 지금 사시라고 대답했다고 해요.

무슨 이야기겠어요. 결국 주식은 돈 있을 때 사라는 거죠. 그 아래에는 항상 주가는 올라간다는 가정이 들어가 있고요. 지금까지 그 가정이 언제나 맞았으니까요. 그런데 여기에는 더 중요한 메시지가 있어요. 대부분의 투자자들이 종목에 많이 투자하죠. 그래서 기업 선정을 더 잘해야 하고요. 그런데 지금과 같은 위기 상황에서는 장기적인 호흡이 무조건 유리하다고 단정 짓기 어려워요. 물론 여윳돈으로 투자하고, 그 여윳돈의 호흡이 5년 이상으로 길 경우 무조건 평균 이상 성공해요.

하지만 돈의 용처가 빠르고 손절해야 하는 경우에는 기업이 수익을 낼 때까지 기다릴 시간이 없죠. 워런 버핏을 비롯한 투자의 대가들이 장기투자를 강조하지만, 몰라서 안 하는 것도 아니잖아요. 장기투자가 성공 확률을 높여주는 중요한 투자 덕목은 맞아요. 하지만 여기에는 몇 가지 전제 조건이 성립돼야 해요. 직접 회사에도 방문하고 자료 조사도 하면서 투자하는 근거를 세 가지 이상 직접 말할 수 있어야 하고요. 그 기업이 우량주인지도 정확히 판단할 줄 알아야 해요. 그렇지 않고 무작정 기다리면 주식이 휴지가 될 수도 있습니다.

박세익 제가 우량 기업이 아닌 핵심 우량 기업이라는 단어를 쓰는 이유도 같습니다. 핵심 우량 기업은 희소해야 하고 강력한 진입 장벽을 갖고 있어야 해요. 코로나 이후 우리나라 개인 투자자들이 가장 많이 매수한 기업이 아마 삼성전자일 텐데요. 삼성전자는 메모리 반도체와 디스플레이 분야에서 강력한 기술적 진입 장벽을 갖고 있으니 핵심 우량 기업이 맞다고 봐요. 그리고 우리나라 핵심 우량 기업은 평균 3년 정도 주기로 전고점을 뚫고요.

김태홍 삼성전자는 핵심 우량 기업이 확실합니다. 바이든 대통령이 방한 후 직접 방문한 기업이니까요. 전 세계에서 가장 강력한 미국의 수장이 한 아시아 국가의 기업체 공장까지 갔다면 핵심 우량 기업이 확실하죠.

박세익 그렇네요. 시진핑이 우리나라 기업 중 가장 투자하고 싶은 기업도 삼성전자일 거예요. 중국에는 메모리 반도체가 없으니까요. 핵심 우량 기업 3년 주기 돌파설로 봐도 삼성전자의 차트는 30년 동안 계속 전고점을 돌파해 왔어요.

삼성전자 주식이 1995년 15만 원까지 올랐다가 IMF 이후 3만 원대로 떨어졌지만, 결국은 300만 원을 돌파했죠. 2018년에 50대 1 액면분할을 했으니, 지금 6만 원이면 과거 주가로 300만 원인 거죠. 삼성전자는 20년 넘게 배당도 꾸준히 줬고 3년마다 계속 고점을 돌파해 왔으니, 저는 삼성전자에 물려 있는 투자자들은 걱정하지 않아도 된다고 봐요. 3년을 인내하느냐 못 하느냐, 그게 문제죠.

김태홍 이런 방법도 좋겠네요. 월급에서 매달 10%를 삼성전자에 투자하는 거예요. 반도체는 산업 사이클이 굉장히 크잖아요. 그러면 결국 저점에서도 계속 사고 고점에서도 계속 사는 거니까 기울기 자체는 우상향할 수밖에 없거든요. 돈은 계속 풀리니까 인플레이션만 따라가도 우상향하게 되고요.

중국이 원유보다 많이 수입하는 게 반도체거든요. 모든 가전제품에 다 들어가니까요. 그런데 글로벌 반도체 생산 기업으로 꼽히는 회사는 전 세계에 세 곳뿐이에요. 그중 하나가 삼성전자고요. 산업 사이클이 커서 고점에 들어간 경우 버티기 힘들겠지만, 분할 매수가 가능하다면 우상향의 곡선을 타고 올라갈 수 있을 거예요.

구글이 망할까요? 절대 안 망하잖아요. 유튜브는요? 유튜브를 사용하지 않는 사람이 얼마나 될까요? 이처럼 공고한 브랜드, 규모의 경제, 독과점 기술, 세 가지 요건을 갖고 있는 기업에는 소위 물타기 전략으로 매달 투자하는 것도 좋죠. 그러면 오히려 손실 보기가 더 어려울 거예요.

박세익 여기에 삼성전자 투자법으로 더 좋은 방법을 덧붙이자면요. 매달 사는 게 아니라 예를 들어 환율이 1200원 이상일 때 두 달 치를 사고요. 우리나라 환율 10년 평균치인 1144원 밑으로 내려갔을 때는 안 사는 거예요. 2021년 1월 삼성전자가 9만 6000원을 넘었잖아요. 그때도 환율이 1140원 밑이었어요. 수출 기업이기 때문에 환율을 따지는 거죠. 그러면 삼성전자에 대한 장기투자수익률이 조금 더 좋지 않을까 생각합니다.

김태홍 바로미터가 되겠네요. 그런 게 바로 스마트머니거든요. 약간의 마켓 타이밍을 하는 거죠. 좋은 전략이라고 생각합니다.

박세익 그래서 저는 환율과 비교하며 우리나라 수출 대형 기업들을 눈여겨보거든요. 2007년에 시장은 상당히 좋았지만 환율이 910원까지 떨어졌어요. 그 당시 삼성전자나 현대차 투자수익률은 상대적으로 아주 부진했죠. 그러다가 2008년 금융 위기가 터지고 환율도 급등하면서 '7공주 장세', '차화정 장세', '전차부대 장세'로 명명된 수출 대형주 랠리가 전개되며 2009~2013년까지 큰 수익이 났어요. 결국 환율의 힘이에요. 그렇게 보면 지금의 상황이 환율로서는 좋은 기회인 거죠.

김태홍 우리나라의 독특한 메커니즘 같아요. 수출 기업이 많은 만큼 세계 경기가 나빠지면 오히려 기업 주가는 좋아지는 특이한 구조죠. 마치 그린스펀풋$^{Greenspan\ Put\ 6}$처럼 위기가 심해질수록 밑에서 받쳐주는 기업들이 있는 거죠. 환율을 살피면서 그런 기업들을 발굴하면 좋은 기회로 삼을 수 있을 거라고 봅니다.

박세익 앨런 그린스펀$^{Alan\ Greenspan}$이 1987년부터 2006년까지 19년 동안 연준 의장을 지내면서 노련한 정책을 폈다면, 제롬 파월 의장은 사실상 금리를 올려야 할 때 못 올린 거예요. 2021년 주가가 좋았을 때부터 금리를 올렸으면 빅 스텝, 자이언트 스텝 이야기는 안 나왔을 거예요. 연준의 실기에 따른 후유증이 너무 컸어요. 2022년에는 나스닥이 고점 대비 35%나 빠졌잖아요. 2020년 코로나 이후 가장 가파른 조정이었던 것 같아요. 원인을 연준 때문이라고 평가하는데, 어찌 됐든 경제는 알아서 돌아가고 있기는 해요.

김태홍 그렇죠. 여러 가지로 경기가 안 좋기는 하지만 아주 부정적으로 보고 싶지는 않아요. 미국의 경우 완전 고용으로 접어들었고, 기업들도 열심히 일하고 있고요. 다시 실업률이 높아지고 구직난을 겪는 상황이면 경제 위기가 오겠지만 지금은 오히려 기업들이 구인난을 겪잖아요. 그러면 임금도 올라가고, 소득도 올라가니까요. 올라간 소득으로 소비하면 또 선순환될 테고요.

인생은 계속 모르는 일들이 생기잖아요. 그때마다 판단을 더 하는 것은 맞지만 너무 비관적으로 생각하지는 않아도 된다고 봐요. 길에 다니는 사람들이 많아진 것만 봐도 알잖아요. 경기 침체만 말하기보다는 피터 린치처럼 우리 삶에서 체험을 했으면 좋겠습니다.

박세익 조금 전에 주식에 투자하기 전 근거를 명확히 세 가지로 간추릴 수 있어야 한다고 이야기하셨잖아요. 저는 그만큼 확신이 있는 주식이 떨어지면 우스갯소리로 집 팔아서 사고 싶다고 해요. 확신이 가는 주식은 싸게 살수록 수익이 커지니까요.

최근과 같은 약세장에서는 기업의 내재가치를 따져봤을 때 앞으로 2~3년 동안 50% 이상 수익 날 주식이 너무 많아요. 그리고 집값은 당분간 2~3년 안에 크게 오르지는 않을 테니까 집이라도 팔아서 사고 싶은 거죠. 결국에는 투자하는 기업에 대해 그만큼 확신이 있어야 어떤 시장이 와도 불안하지 않은 거예요. 그런 의미에서 반도체 분야를 좋아하고 잘 아신다고 들었는데 전망이 어떨까요?

김태홍 제가 공부한 내용을 바탕으로 말씀드리면요. 반도체 주가는 6개월 선행해요. 다른 분야는 약 3개월 선행한다면 IT 중에서도 반도체는 6개월 앞서거든요. 예를 들어 기업 이익이 바닥이면 6개월 전에 이미 주가가 바닥이에요. 반대로 기업 이익이 고점이면 6개월 전에 이미 고점을 찍고요.

실제 이익이 계속 늘고 있는데 주가는 계속 하락하는 것을 볼 수 있었어요. 당시 외국인들이 삼성전자의 실적이 좋았는데도 사지 않았던 이유는 경기를 잘 모르겠다는 거죠. 반대로 이익 바닥이 조금만 눈에 보여도 언제 그랬냐는 듯이 자금이 몰릴 거예요. 아마 유가가 안정되고 달러 대비 원화가 싸 보이기 시작할 때, 그때가 기점이 될 거예요.

박세익 2022년 5월에 마이크론 테크놀로지에서 개최한 인베스터 데이Investor Day 자료를 보다가 굉장히 놀라운 사실을 하나 발견했어요. 자동차 시장에 들어가는 D램의 규모가 2021년 기준 50억 달러로 적혀 있더라고요. 그리고 전기차가 되면 그 안에 들어가는 반도체 개수가 어마어마하게 늘어난다고 하잖아요.

이 회사에서는 앞으로 5년 동안 자동차용 D램 연평균 성장률Compound Annual Growth Rate, CAGR을 49%로 전망했어요. 사실 전기차 관련해 시스템 반도체나 파운드리 이야기는 2021년 초부터 나왔죠. 그런데 지금은 40% 이상 하락한 주가만 보고 성장성에 대한 평가가 굉장히 비관적으로 바뀌어 있는 상태고요. 그런 상황에서 마이크론 테크놀로지에서 굉장히 중요한 데이터를 가르쳐준 거죠.

1년에 50%씩 성장하면 5년 뒤에는 열 배가 되더라고요. 지금 모바일용 메모리 시장 규모를 약 60조 원으로 보는데, 여기에 차량용 반도체도 5~6년 뒤면 그 정도의 규모로 성장한다는 이야기예요. 물론 데이터센터, 서버에 들어가는 반도체도 계속 늘어날 테죠. 우리나라 삼성전자 주주만 600만 명이 넘는다고 하는데요. 저는 이분들에게 감히 "괜찮습니다"라고 말하고 싶습니다.

4.

모두가 아는 투자에
수익은 없다

이다솔

메리츠증권 강남금융센터 이사

일희일비하던 초보 투자자 시절을 지나면, 누구나 자신만의 투자 철학을 정립하게 됩니다. 세계 경제가 돌아가는 상황도 보고 기업의 실적도 체크하며 나름의 근거로 투자를 이어가죠. 하지만 이 또한 습관으로 굳어지면 분석의 범위를 한정하고 판단을 흐리게 만들 수 있습니다. 시류에 휩쓸리지 않으면서도 뒤처지지 않는 투자를 위해 무엇을 해야 할지 살펴봅시다.

누구나 실점할 수 있다

박세익 수많은 개인 투자자들을 상담하면서 우리나라 사람들의 장점이자 단점인 '빨리빨리'가 주식 투자에서도 여실히 드러난다는 사실을 느낍니다. 워낙 성격이 급하니까 정보도 빠르게 흡수하고 투자도 순식간에 하죠. 그런데 주식이 단기간에 열심히 한다고 잘할 수 있는 분야는 아니잖아요. 물론 저도 시작은 비슷했고요. 기초적인 재무제표나 차트 분석에 관해 조금 공부하고, 연준의 통화정책이나 경제지표에 대해 어느 정도 이해한다고 주식 투자를 잘할 수는 없어요. 인문학적 배경지식도 필요하고 투자에 관한 여러 경험이 쌓여야 올바른 투자 의사결정을 지속적으로 할 수 있죠. 몸 안에 내재된 인간의 본능을 이겨낼 만큼의 자기 성찰도 필요해요.

그런 의미에서 카이스트에서 산업공학을 전공하신 만큼, 전공이 아닌 분야에 처음 발을 내딛었을 때는 나름의 시행착오도 있었을 것 같습니다. 산업공학도로서 증권사를 지원하게 된 계기와 첫 투자에 대한 이야기를 한번 들려주셨으면 합니다.

이다솔 여러 가지 우연과 계기가 있었습니다. 기본적으로는 학교 다닐 때부터 금융 쪽에 관심을 갖고 있었습니다. 이제 와서 생각해 보면 이공계를 졸업했는데도 인문학에 흥미가 많았죠. 전공 수업도 열심히 들었지만, 그 외에 사회가 전반적으로 돌아가는 동향에도 관심이 많았습니다. 그래서 한국사 같은 교양 과목들도 재미있다고 느꼈어요. 하지만 아무래도 이공계 전문 학교다 보니 인문학 분야를 접할 기회가 그리 많지는 않았거든요. 그래서 그때까지만 해도 막연하게 인문학에 대해 관심이 있는 정도였어요.

그러다 군대에 가게 됐는데, 보통 입대 전에 친척이나 주변분들께 인사를 하러 가잖아요. 그러면 용돈을 주시는데 모아보니까 100만 원 정도 되더라고요. 학생 때 만져보기 힘든 큰돈이라 술을 마시기에는 아깝고, 어디에 쓰는 게 좋을까 생각하다가 우연히 신문에서 주식시장이 호황이라는 기사를 본 거죠. 문득 그런 생각이 드는 거예요. 술 마시면 없어질 돈인데 뭐라도 사놓으면 2년 뒤에 더 커져 있지 않을까?

그때가 2005년이었는데 시간이 지나고 보니까 주식시장이 좋았더라고요. 소위 미래에셋 열풍으로 적립식 펀드 열풍이 불던 때였죠. 그래서 살 만한 주식이 있나 나름 신문이나 여러 정보들을 찾아봤어요. 현대차가 앨라배마에 공장을 건설하고, 조선 분야에 수주가 밀려 들어온다고 할 때거든요. 그래서 삼성중공업을 1만 원 정도에 40주 사고, 현대차를 6만 원에 정도에 10주 샀어요. 현대차 60만 원, 삼성중공업 40만 원 사놓고 군대에 들어간 거예요.

박세익 2005년에 코스피가 53% 정도 올랐거든요. 너무 잘 들어간 거네요.

이다솔 지나고 보니 그렇더라고요. 그때는 전혀 몰랐어요. 군대 가기 전에 100만 원이 생겨서 딱 두 종목에 넣은 거죠. 그게 주식을 처음 접한 계기였고, 이를 시작으로 계속 공부했어요. 그러다 보니까 금융업이 상당히 매력적이고 직업으로 삼아도 좋겠다는 생각을 했고요. 이후 100일 휴가 나왔을 때는 삼성중공업이 1만 원에서 1만 4000원, 현대차가 6만 원에서 거의 9만 원 가까이로 올랐어요. 100일 만에 거의 50% 가까이 난 거죠.

그런데 100일 휴가 나와서 모두 판 거예요. 휴가 때마다 종목을 바꾸자는 생각이었죠. 그래서 현대차를 기아차로 바꿨고요. 삼성중공업은 현재 LTE 관련 테마주 같은 솔리테크라는 통신장비주로 바꿨죠. 한참 차세대 통신망 이야기가 나오면서 테마주처럼 움직일 때거든요.

그렇게 휴가 나오거나 계기가 있을 때마다 계속 종목 교체를 하면서, 결국 제대할 때 정확하게 4% 벌었어요. 처음 100만 원에서 140~150만 원까지 올랐었는데 계속 종목을 교체하다 보니 제대할 때 잔고는 104만 원이더라고요. 현대차와 삼성중공업을 계속 갖고 있었으면 250만 원가량 됐을 텐데요.

어쨌든 결과적으로 호기심의 계기가 된 거예요. 군대에 있으면 생각할 시간이 많잖아요. 그러면서 왜 4% 수익밖에 못 냈는지 계속 복기했죠. 왜 처음에 샀던 종목들을 팔았는지, 중간에 갈아탔던 종목들은 왜 빠져서 큰 차액을 냈는지 곰곰이 생각했어요. 그렇게 꼬리에 꼬리를 물면서 생각하다 보니까 금융시장에 점점 더 재미를 느꼈고요.

군대에서도 연차가 쌓이면 더 자유로워지잖아요. 그래서 간부들 옆에서 경제 신문도 보고 주식이나 경제 경영서들도 많이 읽었어요. 주말에는 자격증 수험서도 사서 풀어보고요. 당시에 같은 부대 행정병들 중에 주식에 관심 있는 후임들과 투자도 같이 했어요.

병장 월급이 6만 원가량이었거든요. PX 가봤자 과자 사 먹으면 없어지는 돈인데 각자 적립식 펀드를 가입해 보자고 설득했죠. 한 달에 5만 원짜리 적립식 펀드에 가입하면 2년 후에는 120만 원 원금에 플러스 알파 해서 최소 제대할 때 최신형 휴대전화 한 대는 살 수 있다고요. 그렇게 스터디 아닌 스터디도 만들었어요.

그러다 보니 어느 순간 업으로서 매력이 있다는 생각을 했고, 자연스럽게 취업 준비할 때 대부분 금융 계통, 그중에서도 증권 계통으로 원서를 많이 썼죠. 아무도 증권사에 취업하라고 한 적도 없는데요. 마침 당시가 증권사에 ELS나 ELW Equity Linked Warrant[1] 장외 파생 증권이라는 분야가 생기면서 증권사가 공대생 채용에도 어느 정도 우호적일 때였거든요. 이런 여러 가지 우연과 계기가 겹치면서 증권업에 들어오게 됐습니다. 운때가 맞는다는 말처럼 많은 수익을 낸 것은 아니지만 첫 주식으로 손해는 안 봤으니 증권사에 갈 생각을 했겠죠.

박세익 이사님은 증권업에 들어와서 애널리스트로 일을 시작해 유명 자산 운용사의 펀드매니저까지, 소위 말하는 정석 코스를 밟으며 지금의 실력자로 성장하셨는데요. 애널리스트 업무 특성상 펀드매니저들에게 브리핑이나 프레젠테이션을 할 기회가 많았던 점이 지금의 발판이 됐을까요?

이다솔 첫 직장을 리서치센터로 시작한 게 많은 도움이 됐다고 생각합니다. 처음 한화투자증권에 입사한 2007년에는 코스피가 2000을 돌파하는 등 주식시장이 좋았습니다. 비록 1년 만에 금융 위기를 겪었지만요. 그곳에서 애널리스트로 RA Research Assistant 기간까지 7년 동안 일하며 다양한 업종을 담당했습니다.

RA 때는 주로 소재 산업재 쪽에서 자동차, 철강 업종의 데이터를 업데이트했고, 애널리스트로의 데뷔는 제지, 교육 섹터로 했어요. 그때 애널리스트 순위를 매기는 소위 애널리스트 폴에서도 좋은 결과를 내면서 정유, 화학, 신재생 에너지, 전기차까지 더 큰 섹터를 다양하게 경험했습니다.

또 소위 바이사이드 Buy-side 라고 불리는 자산 운용사, 셀사이드 Sell-side 라고 불리는 증권사 모두에서 일해본 경험도 도움이 됐다고 봅니다. 아무래도 증권사 리서치는 다른 사람에게 설명을 해야 해서 운용사보다 데이터 오류에 더 예민하거든요. 데이터를 비롯한 팩트의 정확성을 RA 교육 때부터 반복적으로 훈련받았어요. 그러다 보니까 이제 몸에 밴 느낌이죠.

아무래도 애널리스트가 설명하는 직업이다 보니까 프레젠테이션 기회가 많거든요. 특히 펀드매니저 대상의 세미나에서 잘못된 데이터는 곧 신뢰 하락으로 이어지기 때문에 더욱 신경을 씁니다.

개인적으로 대학 때 연극 동아리에서 실제 배우로 서기도 했고 연출도 했었는데요. 공연 준비하면서 같은 대사를 어떻게 더 정확하게 더 멀리 감정을 실어서 전달할 수 있을까에 대한 고민을 했거든요. 그때 체득한 발성이나 표현력이 지금 사람들 앞에서 설명할 때 영향을 주지 않나 싶습니다.

애널리스트로 시작해서 지금 펀드매니저를 하면서도 계속 새로운 경험과 조언을 배우고 있고요. 특히 현재 메리츠증권 강남금융센터에서 일하며 확실히 잘하는 사람들이 모여 있는 곳의 노하우는 다르다는 생각도 합니다.

> **박세익** 확실히 전달력이 좋은 사람에게 점수가 더 많이 가니까 그런 점에서 애널리스트로서도 성공할 수 있었던 게 아닌가 싶습니다. 그리고 메리츠증권은 국내 증권사 중에서 수익 창출력이 가장 뛰어난 증권사로 이름이 나

있고 특히, 그중에서도 강남금융센터가 소위 선수들이 모여 있는 곳이라고 하잖아요. 실력자들이 많이 모여 있어서 확실히 시너지가 나는 것 같습니다. 혹시 증권업에 종사하면서 지겹다거나 후회한 적은 없을까요?

이다솔 아직까지는 없습니다. 지난 10여 년간 시장에 대한 고민을 치열하게 해왔어요. 그래서 다른 사람들에 비해 근무량도 적지 않았거든요. 매크로 요인이 생기거나 기업들 상황이 어려우면 해결할 대안을 짜야 하니까요. 그럴 때는 물론 힘들죠. 그런데 일 자체를 후회하거나 지겹다고 느꼈던 적은 한 번도 없습니다. 결과적으로는 지금 굉장히 만족해요.

어떤 일을 업으로 삼을 때는 단순히 밥벌이가 아니라 재미나 보람을 느낄 수 있느냐가 중요하다고 생각하거든요. 그런 의미에서 주식시장은 세상의 삼라만상을 다 반영하잖아요.

저는 이 일을 하면서 몰랐던 분야에 대해 많이 배웠거든요. 산업공학과 출신이 석유화학 강의를 할 수 있는 것도 이 일을 하면서 배웠기 때문이고요. 이외에도 자동차 산업, 메타버스, 바이오 등 다양한 분야도 공부할 계기가 마련되죠. 일반 기업체나 다른 전공의 직업을 했으면 불가능했을 거예요.

이 업계에서는 모르는 분야에 관해 공부하는 것을 상당히 격려하고 인정하잖아요. 주식시장에서는 그런 호기심이 상당한 부가가치로 이어질 수 있으니까요. 개인적으로는 이 마켓이 직업인으로서 밥벌이를 하는 하나의 수단도 되지만, 개인적인 호기심과 산업에 대한 궁금증을 해소할 수 있는 좋은 공부의 장이기도 해요. 그런 면에서는 군대 갈 때 주식을 샀던 것은 굉장히 잘한 선택이죠. 안 팔았으면 더 좋았겠지만요.

박세익 우리 업계에서 손에 꼽는 스타 펀드매니저들도 주식 초창기에는 한 번씩 투자에서 쓴맛을 봤기 마련이에요. 하지만 2020년 이후 주식을 시작한 투자자들의 경우는 아마 매년 주식으로 돈 벌 수 있겠다고 생각했을 거예요.

그런 의미에서 손실을 입고 자괴감과 허망함으로 힘들어하는 개인 투자자들에게 누구나 처음은 어렵다고 이야기해주고 싶어요. 또 투자는 장기적으로 봐야 한다는 점도요. 강세장이 왔다가 어느 날 갑자기 조정장이 불쑥 찾아오고, 영원히 다시 안 올 것 같은 강세장이 모두의 비관 속에서 시작되고, 그렇게 주식시장은 계속 반복되잖아요.

주식 투자가 어찌 보면 단순하거든요. 강세장에서 많이 벌고, 약세장에서 덜 터지는 거죠. 이번 하락장은 주식시장의 변동성 위험에 관한 비싼 수업료를 냈다고 생각하면 좋을 것 같아요. 수비의 중요성에 대한 큰 교훈을 얻은 거죠. 이제 강세장, 약세장을 모두 겪었으니, 다음 강세장에서는 이번 손실금을 다 만회하겠다는 의지만 유지했으면 합니다.

시대를 이끄는 주도주를 발굴하라

박세익 2019년 주식시장도 결코 쉽지 않은 장이었는데, 상반기 한경스타워즈 실전투자대회에서 1위를 차지하셨죠. 그때 방송 인터뷰에서 5G 투자 사이클 도래를 강조하고 통신장비주 매매를 훌륭히 하셨던 것으로 기억합니다. 통신장비 시장은 전형적인 B2B 산업이라서 수혜 기업을 찾기도 어렵고 또 매매 타이밍도 여간 잡기 어려운 게 아닌데요. 당시 주도주를 5G로 발굴할 수 있었던 계기가 있을까요?

이다솔 사실 계기는 심플한데요. 이야기하신 대로 2019년은 그리 좋은 장이 아니었어요. 미중 무역 분쟁 등으로 대회 기간 동안 지수도 떨어졌고요. 그런데 그즈음 저희 팀이 전체적으로 주도주에 대한 고민을 많이 했어요. 한 시기를 대변하는 대표주를 보통 주도주라고 부르잖아요.

개인적으로 애널리스트 일할 때부터 도대체 주도주란 어떻게 탄생해서 어떻게 사라지는지, 주도주의 흥망성쇠가 늘 궁금했어요. 그래서 지금도 그동안 여러 가지 경로로 경험했던 노하우나 공부의 결과를 조합하면서 최대한 시장의 주도주와 가까운 포트를 찾아가기 위해 노력하고 있고요.

저에게 어떤 투자자를 제일 닮고 싶냐고 물어보면 윌리엄 오닐이라는 미국의 투자자를 꼽아요. 직접 만난 적은 없지만 윌리엄 오닐의 투자를 제 것으로 만들고 싶을 정도로 동경하죠. 2019년이 바로 윌리엄 오닐의 투자 아이디어를 생각하면서 고민하던 시기였어요. 그런 의미에서 한경스타워즈는 주도주가 어느 정도의 성과를 보여주는지에 대한 큰 힌트를 제공해 줬다고 생각해요.

박세익 윌리엄 오닐의 투자 아이디어를 '캔슬림'이라고 하잖아요.

이다솔 맞습니다. 한마디로 실적과 펀더멘털이 동반되는 시대에 주도주 혹은 1등주를 찾아야 한다는 것인데요. 제가 이해하기에 윌리엄 오닐의 핵심 철학은 좋은 주식을 가장 좋은 타이밍에 사자는 것이거든요.

가치 투자자들은 좋은 타이밍이 언제인지 모르니까 내재가치보다 싼 주식을 우직하게 사서 오를 때까지 기다리는 거고, 차트 매매는 기업의 모든 펀더멘털 요인은 이미 다 시세에 반영돼 있으니 차트 모양을 보고 추세 매매나 변동성 매매를 하면서 돈을 버는 거잖아요.

반면 윌리엄 오닐은 기본적으로 근거가 명확한 주식, 좋은 방향으로 가고 있는 주식은 애매한 타이밍에 사서 기다리지 말고 시장이 가장 좋아하는 최적의 타이밍에 사서 가져간다는 거죠.

그러면 시장보다 더 좋은 성과를 내지 않겠냐는 거예요. 결국 좋은 주식, 최고의 주식을 최고의 타이밍에 사자는 게 핵심 아이디어라고 생각해요.

> **박세익** 우리나라에 『윌리엄 오닐의 성장주 투자기술』로 번역본이 나온 것으로 아는데요. 캔슬림에서 C가 분기 주당순이익이 최소 20% 이상 증가하는 것, A가 최근 3년간 연간 실적이 평균 25% 이상 증가하는 거죠. 결국은 펀더멘털이 개선되는 좋은 주식을 오르는 타이밍에 사자는 거잖아요. 실제로 책에는 컵 위드 핸들 패턴Cup with Handle Pattern[2]이라고 해서 급등주의 전형적인 초기 차트 모습과 함께 어느 시점에 사야 하는지에 관한 타이밍까지 설명돼 있죠. 저도 이 책을 투자자들에게 도움이 되는 최고의 주식 책으로 꼽아요.

이다솔 개인적으로 윌리엄 오닐의 철학을 공부하고 책을 보면서 증권업에 입문한 후 품었던 많은 의문점들을 해소했어요. 이론을 쓴 게 아니라 직접 투자한 내용이 정리돼 있으니까요. 실제 사례들을 보다 보면 제가 했던 투자에 대한 이야기도 포함돼 있어서 더 와닿기도 했죠. 사실 5G라는 산업은 기본적으로 늘 관심이 있었어요.

그런데 왜 하필 2019년 상반기였을까 생각해 보면, 당시가

급등주 차트에서의 컵 위드 핸들 패턴

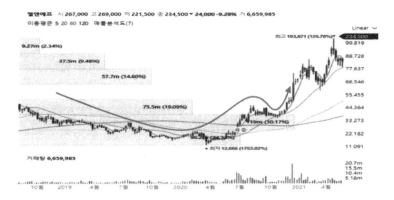

출처: 네이버증권

KMW 수주가 대량으로 나왔고 실적도 받쳐주기는 했어요. 하지만 상대적으로 업황 자체에 대한 확신이 강했던 시기는 아니었거든요. 저희도 처음부터 5G를 투자할 생각으로 찾은 것은 아니었어요.

윌리엄 오닐의 접근법에 따라 주도주를 추적한 거죠. 지금 시장에서 시장 대비 시세가 강한 주식 중 합리적인 이유가 있고, 또 향후 실적에 성장 가능성이 보이는 것들의 교집합을 계속 찾아다녔어요.

결국 5G 섹터가 주도주라는 판단하에 포트폴리오에 편입하면서 승부를 가른 거죠. 윌리엄 오닐의 성장주 투자 기법에 근거해서 주도주를 찾으려 했던 노력과 이전에 공부했던 산업 관련 데이터가 서로 맞물리면서 의미 있는 성과로 나왔던 거라고 생각합니다.

물론 윌리엄 오닐의 투자법이 늘 돈을 버는 것은 아니에요. 구간별로 불리할 때도 있고 유리할 때도 분명 있어요. 하지만 개인적인 투자 철학과 부합하는 면이 있어서 기준으로 삼고 지금도 계속 조율해 가고 있습니다. 이렇게 되기까지 2019년이 가장 큰 변곡점이 됐고요.

박세익 2019년에는 통신장비 기업의 실적이 아주 좋았죠. 그런데 개인 투자자들로서는 이렇게 실적이 좋아지는 기업을 윌리엄 오닐의 투자 기법대로 매수한다는 게 사실 말처럼 쉽지는 않아요. 왜냐하면 분기 실적이 25% 이상 성장하는 게 감사 보고서를 통해 확인될 때면 주가는 이미 바닥에서 최소 40~100% 이상 오른 상태거든요. 그러면 신규 매수는 고사하고 있는 주식도 팔고 싶어져요. 아마추어 투자자들이 매매에서 가장 크게 실수하는 게 바로 이거예요.

캔슬림 투자 기법을 적용하면 이때부터 본격적으로 주식을 사야 할 구간인데, 아마추어 투자자들은 '바닥에서 너무 많이 올랐잖아' 하면서 못 사는 거죠. 그뿐 아니라 해당 주식을 너무 일찍 사서 오랫동안 물려 있던 경우도 거래가 터지며 주가가 반등하기 시작하면 본전은 찾았다고 대부분 팔게 되거든요.

통상 주도주는 바닥에서 40~100% 이상 상승하고 나면 짧게는 2주에서 길면 12주 정도의 횡보 조정을 받게되는데, 이때 컵 위드 핸들 모양이 완성되죠. 이 구간에서 공부가 안 된 마음 약한 투자자들은 주식을 팔게 되고, 반대로 이 주식을 충분히 공부하고 들어온 선수들은 이 매물을 다 받아내고 공격적으로 주식을 사면서 본격적인 3파 상승 랠리가 나오잖아요.

이때부터 주가는 연일 52주 신고가를 기록하고, 애널리스트들이나 기자들은 기업 분석 리포트나 기사를 통해 이런 주식들의 성장 스토리를 열심히 대중들에게 또 알려주죠. 이렇게 대중의 공감대를 얻으면서 주도주로 자리 잡은 주식은 매 분기 호실적이 계속 터져 나오면서 통상 바닥 대비 400~1000%까지 상승하고요.

2019년에는 전기차 테슬라도 처음으로 영업이익이 흑자 전환됐는데, 그때도 4분기에만 주가가 80%나 올랐거든요. 당시 시장에서는 단기간에 너무 많이 오른 게 아니냐고 했지만, 그 후 2020년 한 해에만 주가가 무려 740%나 올라갔죠. 2021년에도 추가로 또 50%나 더 상승했고요. 윌리엄 오닐의 캔슬림 전략은 시대와 국가, 산업을 막론하고 언제든지 써먹을 수 있는 최고의 성장주 투자법인 것 같아요.

뉴스는 이미 가격에 녹아 있다

박세익 전쟁을 비롯한 전 세계의 사회경제적 상황을 봤을 때 앞으로 시장은 어떻게 흘러갈까요? 주도주를 담고 본격적으로 플레이할 수 있는 시기는 언제쯤 찾아올 거라고 보시나요?

이다솔 개인적으로 지수를 예측하는 편은 아니라서요. 기본적인 시나리오는 갖고 있지만, 이를 바탕으로 전망해도 한 번도 맞은 적이 없는 것 같아요. 잠깐은 맞는 것 같다가도 지나고 보면 아니더라고요. 시장은 늘 지금 반영하지 않은 변수를 새롭게 가격에 산정하면서 바뀌어 올라가잖아요. 기본적으로 윌리엄 오닐도 시장을 전망하라고 이야기하지는 않거든요. 시장을 예측하고 전망하기보다 시장을 관찰하고 대응하라고 해요.

박세익 시장을 예측하지 않는다는 말이 인상적입니다. 결국 경제를 예측하지 않는 거죠. 저도 경제 예측은 잘 안 하는데요. 보통 패닉이 일어난 후에 주가가 복원되는 패턴은 반복적이어서 이런 점은 이야기하지만, 경제 예측은 사실 무모하다고 생각해요. 그런데 보통은 시장을 예측하기 위해 경제 전망을 하죠. 장단기 금리차가 역전될 때는 리세션 이야기도 상당히 많이 나오고요.

260

이다솔 월리엄 오닐의 투자법을 공부하면서 제일 크게 깨달은 것 중 하나가 모든 데이터와 뉴스, 사건은 이미 가격에 다 녹아 있다는 거예요. 2022년 1월 초만 해도 대부분의 투자자들이 금리 인상 폭이 이처럼 가파를 거라고 예측하지 못했어요. 유동성 이슈나 전쟁 상황도 그렇고요. 전쟁이라는 변수가 장기간 시장에 영향을 미칠 거라고 예상하지 못했죠.

마찬가지로 2020년 코로나가 처음 발생했을 때도 감기로 무슨 리세션이 오냐는 반응이 대부분이었어요. 하지만 결과적으로 2020년 2월부터 2021년 말까지 코로나 팬데믹이라는 한 단어가 전 세계 자본시장을 움직인 핵심 키워드였죠.

이처럼 가격에 새롭게 반영되는 이슈들은 지금 우리가 알고 있는 변수에서 나오지는 않더라고요. 그래서 새로운 변수를 찾기 위해 끊임없이 리서치를 하고 또 자료들을 읽고 데이터를 찾는 거고요. 지금 알고 있는 변수들은 이미 가격에 반영돼 있어요. 그러면 결국 새로운 변수들을 누가 더 빨리 해석하느냐가 이후의 장에서 성패를 가르는 거죠.

2022년 2~3월까지만 해도 지수는 1월 말이 저점이었고, 2~3월은 계속 저점을 테스트하는 구간이었어요. 당시만 해도 1월 저점을 깨지 않은 상태에서 시장은 좁은 박스권을 그리면서 일정 부분 반등했죠. 기본적으로 이런 좁은 박스권을 확인한 이후에 박스권 상단을 돌파하는 주도주들이 나오거든요.

코로나 때도 처음에는 다 같이 회복하는 듯했지만, 소위 언택

트라고 불리는 트렌드가 빠르게 자리 잡으면서 네이버, 카카오 등이 다른 섹터들보다 훨씬 탁월한 복원력을 갖고 올라오기 시작했죠. 그래서 주도주를 찾을 때는 단순히 시세만 올라가는 게 아니라 반드시 작년 대비 올해, 올해 대비 내년 기업의 이익이 좋아지는지를 봐야 하고요. 이익이 시장보다 빠질 때 덜 빠지고 오를 때 더 치고 나가는지 증가 속도를 확인해야 해요.

박세익 2020년 코로나 때 탁월한 실적 모멘텀을 갖고 무섭게 올랐던 주식이 'BBIG7'이었잖아요. 바이오Bio, 배터리Battery, 인터넷Internet, 게임Game 섹터 내의 대장주 7종목. 삼성바이오로직스, 셀트리온, LG화학, 삼성SDI, 네이버, 카카오, 엔씨소프트죠.

이다솔 맞아요. 그렇게 봤을 때 2022년 초가 또 하나의 분기점이었다고 생각해요. 연준의 통화 긴축정책, 우크라이나 전쟁, 원자재 가격 급등과 40년 만에 최고치를 기록한 소비자물가지수 등 여러 가지 악재들로 주식시장은 추세 하락으로 갈 거냐, 아니면 어느 정도 이런 상황이 시장 가격에 반영된 상태에서 새로운 주도주를 마련해 갈 거냐가 결정되는 시기였죠.

박세익 주도주는 성장 모멘텀에 따라 얼마든지 바뀔 수 있기 때문에, 제 경우 중요한 분기점에서는 기업 매출에 영향을 주는 매크로 변수를 꼼꼼하게 체크합니다. 2020년만 해도 코로나 때문에 미국 실업률이 14%까지 치솟았지만 정부의 코로나 구제금융으로 온라인 전자상거래가 폭발적으로 늘어났었죠. 그 덕분에 팬데믹 기간 내내 플랫폼 기업들이 주도주로 자리 잡을 수 있었던 거고요.

하지만 2022년 들어서는 실업률이 3%대로 떨어질 정도로 고용이 빠르게 회복됐고, 리오프닝이 본격화되면서 개인들의 생활양식과 소비 패턴이 크게 변했어요. 거기다 금리까지 치솟으면서 그동안 주도주 역할을 했던 성장주의 몰락이 시작됐고요.

반면 그동안 재미없고 따분했던 굴뚝 경제 주식과 필수소비재의 반격이 일어났죠. 2022년은 엑슨모빌, 셰브론, 코카콜라, 맥도날드, 유나이티드헬스그룹, 월마트, 록히드마틴과 같은 방어적 성격의 주식들이 강세를 보였어요. 어찌 보면, 최근 3년간 주도주 변화의 모멘텀은 모두 미국 정부와 연준이 만든 게 아닌가 싶어요.

이다솔 앞으로 각국 정부들의 방향은 상당히 명확해요. 지난 2년간 코로나 상황에서는 정부가 보조금 등의 방법으로 지출을 통해 수요를 방어해 왔잖아요. 수요 주체인 기업과 민간에 돈이 없으니까 정부가 주도로 나서서 수요를 만든 거죠. 하지만 이제는 연준을 비롯해 각국의 모든 정부들이 인플레이션을 계기로 정부의 시간을 끝내고 소비의 주도권을 민간 가계에 넘겨주고 있어요. 또 다른 국면이 시작된 거죠.

따라서 이제 기업은 돈을 벌어야 해요. 수요가 창출되는 시장을 찾아 그에 맞게 제품을 공급해서 이익을 내야죠. 그런 기업이 시장을 이끌어갈 거예요. 전 세계 가계 중 돈이 제일 많은 곳은 미국이겠죠. 고용 면에서도, 가처분소득 면에서도 미국이 가장 튼튼하니까요. 결국 미국 소비자들의 지갑을 연다면 주도 섹터군으로 자리 잡을 확률도 높아요.

수출 데이터 같은 경우는 관세청에서도 발표하니까 그 자료를 봐도 좋고요. 애널리스트 보고서에도 기업별, 제품별 월별 수출 데이터가 포함돼 있어요. 수출 데이터가 잘 나오면 주식 차트가 올라가면서, 그때부터 다음 분기 추정치도 거의 올라가거든요. 주도주를 찾기 위해서는 월별 수출 데이터를 추적하는 것도 효율적인 방법이라고 봅니다.

박세익 특히 요즘은 수출 데이터가 상당히 잘 나와서 참고하기가 아주 좋죠. 월가의 펀드매니저들도 우리나라의 수출 데이터를 본다고 해요. 유럽이든 중국이든 미국이든, 소비자들이 원하는 상품을 빠르게 만들어서 수출하니까요. 외신에서도 한국이 세계 경기가 어디로 흘러가는지를 가장 잘 보여주는 나라라고 하면서, 벨웨더Bellwether라는 표현을 쓰고요. 양 떼 중에서도 목에 종을 달고 있는 대장 양이라는 거죠.

물론 상품 교역을 나타내는 수출입 데이터에 잡히지 않는 것도 있어요. 서비스 수지에 해당하는 여행이나 스포츠, 엔터테인먼트 산업이 대표적인데요. 전 세계적으로 리오프닝이 본격화되면서 우리나라 주식시장에서도 엔터테인먼트 주식이 강세를 보이고 있잖아요. 하이브나 JYP, SM을 보면요.

이다솔 실제 앨범 판매량을 보면 놀라워요. K-팝 앨범이 많이 팔리는 국가들은 통상 정해져 있잖아요. 그런데 의외의 지역에서 수출 데이터들이 올라와요. 데이터는 이미 벌어지고 있는 현상을 대변하니까 있는 그대로를 먼저 받아들이고요. 이후 이유를 찾는 작업도 반드시 해나가야죠.

박세익 제가 투자를 고려할 때 가장 중요하게 생각하는 요소가 첫째, 희소성, 둘째, 높은 진입 장벽, 셋째, 수익성 이거든요. 이를 한마디로 요약하면, '이 회사는 대체 불가능한 고부가가치 제품을 만들고 있는가?'겠죠. 이 질문에 대한 답을 중국 일등 기업과 비교하면서 내려보면 의외로 쉽게 투자 의사결정을 할 수 있어요.

우리나라 K-팝은 독특하면서 퀄리티가 아주 높아요.

중국 아이돌 그룹이 감히 넘볼 수 없는 수준이고요. 미국이나 유럽에서도 콘서트 티켓 가격이 비싸죠. 그런데도 10분도 지나지 않아 다 매진돼요. 그래서 JYP 영업이익률은 30%에 육박하고요. 이렇게 간단한 팩트 체크만으로도 한국의 엔터테인먼트 기업은 대체 불가능한 제품을 만드는 명품 기업이라는 결론이 나오죠. 시장만 좋아지면 언제든지 주도주로 부각될 수 있는 섹터라고 생각합니다.

좁은 시선에 갇혀 판단하지 말라

박세익 애널리스트로 일을 시작하고 이후 펀드매니저로 전환하면서 서로 다른 업무 특성상 새롭게 배운 바도 많을 것 같습니다. 자신만의 투자 철학을 정립하는 데 지금까지도 영향을 미치고 있는 일화가 있다면 들려주세요.

이다솔 애널리스트, 펀드매니저를 거쳐 현재 리테일에서 실전 투자자로서 일하면서 분석 틀도 계속 변해왔는데요. 여기에는 특별한 계기가 있습니다. 브레인자산운용 재직 당시 화학, 제약, 바이오 쪽을 주로 담당했거든요. 어느 날 제가 맡고 있던 섹터의 한 기업 주식이 20% 정도 오른 거죠. 그때 대표님께서 이유를 알아보라고 하셨고, 찾을 수 있는 자료나 데이터를 모두 봤어요.

그런데도 특별한 이유를 모르겠는 거예요.

저는 있는 그대로 상승 이유를 잘 모르겠다고 보고드렸어요. 그랬더니 화를 버럭 내시죠. 시세라는 것은 누군가 사고 있기 때문에 만들어지는데, 저렇게 공격적으로 주식을 사는 사람이 과연 내용도 모르고 사겠냐는 거죠. 그러면서 주식을 사고 있는 사람과 저 중에서 누가 더 잘 알 것 같냐고 물으시더군요. 사는 사람이 더 많이 알 것 같다고 대답했어요. 그러니까 네가 알고 있는 것을 보고하지 말고, 저 사람이 아는 것을 찾아오라고 하셨죠.

선문답 같아도 제 기준에서는 머리를 한 대 맞은 느낌이었어요. 저렇게까지 해야 하나 생각할 수도 있지만, 이전까지 한 번도 그런 생각을 안 해봤거든요. 리서치는 내가 아는 범위 내에서 하는 거고, 그 안에서 이슈를 해소하지 못했을 때는 모르는 일이라고 생각했어요. 그런데 나 말고 더 많이 아는 사람이 있다고 가정한 뒤, 그 사람의 생각을 따라가 보라는 접근이 상당히 신선했어요.

그렇게 주위 펀드매니저들을 비롯해 해당 종목을 알 만한 여의도의 모든 인맥을 동원했어요. 그렇게 수소문 끝에 모 운용사 담당과 연결이 됐죠. 마침 친한 친구가 다니는 회사였거든요. 친구를 통해 그 회사에서 리서치한 결과들을 들으니까 시세가 이해됐죠. 그날로 대표님께 보고드리니 그제야 잘했다고 오케이 하시더라고요.

이후 해당 종목을 포트폴리오에 편입했어요. 시세가 오른 다음에 사기는 했지만 결과적으로는 성공한 투자였죠. 제가 찾을 수 있는 범위로만 한정하고, 이유를 찾을 수 없다고 끝냈으면 투자의 기회는 영영 없었을 거예요.

결국 관점을 바꿈으로써 보는 폭이 넓어진 거죠. 저보다 더 시장을 잘 이해하고 있는 누군가의 존재를 깨닫는 게 전환의 시작이었어요. 그 누군가의 생각을 이해하기 위해 리서치를 하니까 볼 수 있는 범위가 훨씬 넓어졌고요. 그러면서 기존 리서치 툴보다 더 다양한 범위의 작업들을 하게 됐고, 여기에 노하우가 쌓이니까 애널리스트 시절 안 보였던 부분들도 펀드매니저를 하면서 새롭게 자각하게 됐어요.

윌리엄 오닐 또한 책에서 비슷한 이야기를 해요. 주도주 투자자들은 모든 시세에는 이유가 있다고 하잖아요. 저는 지금도 그 생각을 늘 마음에 가지려고 해요. 기본적으로 시장은 빅데이터라고 생각하거든요.

시장에는 수많은 참가자들이 있고, 이들은 각자 알고 있는 인사이트와 정보, 분석 결과를 통해 매수와 매도 행위를 하죠. 결국은 그런 수백만 개의 행위들이 모여서 종합주가지수와 개별 기업들의 주가가 만들어지고요. 단순히 내가 이해하지 못한다고 해서 시세를 부정하는 것은 오만한 투자라고 생각해요.

기본적으로 자신보다 이 시장, 기업을 더 잘 이해하고 있는 누군가가 있다고 가정을 해야 주가의 하락과 상승을 받아들일 수 있고, 그곳에서 출발해야 리서치 또한 더욱 폭넓게 할 수 있는 거죠. 당시 미션을 수행하느라 고생도 하고 여러 우여곡절이 많았지만, 결과적으로는 그때의 경험으로 제 리서치 방향과 목표를 점검하는 긍정적 변화를 맞이할 수 있었습니다.

박세익 주식 투자에서 가장 중요한 것을 배운 거네요. 보통 사람들은 모두가 아는 정보나 사실로 수익을 내려고 해요. 하지만 모두가 알고 있는 정보는 이미 늦죠. 제 책 『투자의 본질』에도 주식 투자는 대중들이 인지하지 못한 기업 가치 변화에 투자하는 거라고 강조해 놨어요.

대부분의 사람들은 시세가 강한 주식인데도 뉴스 한번 찾아보고 별 내용이 없으면 '왜 오르지? 아무 이유도 없이 오르네' 하고 첫 상승에 팔아버려요. 반대의 경우도 마찬가지고요. 별 뉴스도 없이 강하게 떨어지는 주식은 첫 하락에 겁 없이 매수하죠. 그냥 떨어지니까 사고 올라가니까 팔아요. 누가 왜 저렇게 공격적으로 주식을 사는지, 또는 파는지에 대해 의심을 해봐야 하는데 말이죠.

제 경우는 시세가 강한 주식은 매수하기 전 반드시 최근 뉴스를 꼭 체크해요. 만약 대규모 계약 건이나 호재가 뉴스에 보도되면서 그날 주가가 오른 거라면 이 부분은 이미 주가에 다 반영된 상태니까 매수를 보류해요. 반대로 뉴스나 토론방에서 도무지 오르는 이유를 찾기 힘든데도 주식이 강하게 오를 때는 일단 먼저 발을 담그고 공부를 하는 경우도 많아요.

과거 카카오와 다음Daum의 합병 뉴스가 발표되기 직전, 다음 주식의 거래가 폭증하며 7% 이상 상승한 적이 있었는데요. 그때도 '분명히 뭔가 호재가 있다. 다음처럼 무거운 주식이 아무 이유도 없이 이렇게 강하게 올라갈 수는 없다'고 생각하며 주식을 샀어요. 장 끝나고 바로 합병 공시가 났죠. 그때 아마 일주일도 안 돼서 35% 이상 수익을 벌고 나왔던 기억이 납니다.

투자수익률은 내가 수많은 투자자들 중에서 몇 번째로 주식을 샀는지에 따라 갈린다고 생각해요. 100명의 투자자들 중에서 내가 두세 번째로 샀는지, 아니면 97번째로 샀는지에 따라 성과는 천차만별인 거죠. 같은 주식이라도 전부 다른 가격에 샀을 테니까요. 팔 때도 마찬가지고요.

새로운 풀을 찾아 아프리카 대초원을 이동하는 누우 떼를 상상하면 쉬워요. 늘 꽁무니에 쫓아가는 누우 떼는 절대 신선한 풀을 마음껏 못 먹죠. 투자도 똑같아요. 아무리 위대한 기업에 투자해도 대중이 인지하지 못한 기업 가치를 발굴했을 때 비로소 수익이 나는 거죠.

이다솔 맞아요. 또 한 가지 기억나는 에피소드가 있는데요. 대표님께서 이익이 성장하는 기업을 좋아하시거든요. 성장주 투자자들은 주가는 이익의 함수고, 이익이 성장하는 기업은 결국 주가가 그 이익을 반영한다고 생각해요.

한번은 포트폴리오를 짜다가 대표님께 잘나가는 어떤 기업의 비중을 줄여야 할 것 같다고 이야기했어요. 제가 보기에 이익은 늘어나도 밸류에이션을 따져봤을 때는 조절하는 게 좋을 것 같았거든요. 그런데 돌아온 것은 이익이 얼마냐는 질문 딱 하나였어요. 성장하는 산업의 이익 상단을 왜 펀드매니저가 정하냐는 거예요.

사실 펀드매니저는 직접 기업을 운영하는 사람은 아니잖아요. 어떻게 보면 산업의 현상들을 관찰하고 해석하는 것 모두 제3자 시각에서 바라보는 거죠. 그리고 사실 산업의 성장과 쇠퇴는 항상 시장의 예측보다 더 빠른 속도로 올라가거나 꺼지는 게 대부분이고요. 그러니까 소위 주가 사이클이 생기는 거고요.

결과적으로 해당 주식은 이후 몇 분기 동안에도 제 추정치보다 훨씬 더 큰 이익을 냈어요. 밸류에이션이 다 찼다고 생각했는데, 2~3분기 지나서 보니 그때도 쌌던 거예요. 산업이 성장하고 이익이 늘어나니까 주가도 오르는 것인데, 저는 이미 산업의 성장이 주가에 다 반영됐다고 본 거죠.

결국 이익이 성장하는 구간에서는 산업의 성장 자체를 봐야지, 단순히 주가가 어느 지점까지 올랐다고 해서 산업의 성장도 꺾였다고 보면 안 되는 거예요. 대표님 판단처럼 산업의 성장 속도가 유지 혹은 확산될 수 있는지에 초점을 맞춰야 하죠.

박세익 어떤 산업의 성장과 하락을 예측한다는 것은 참 힘들죠. 피터 린치도 책에서 텐배거 주식을 놓친 이야기를 하면서, 산업의 성장세가 지속되고 있는 상태에서는 팔면 안 된다고 했고요. 물론 산업의 성장세가 절대적인 기준은 아니에요. 조금 전에 이야기했듯이 대중이 모두 인지하고 있다면 수익 면에서는 그리 좋지 않을 수 있죠. 이미 펀드매니저들이 모두 알고 방송에도 나올 정도면 다시 생각해야 해요.

예를 들어 2019년 5G 같은 경우에 전 국민이 앞으로 5G 투자가 계속 일어날 거라는 컨빅션Conviction, 즉 확신을 가졌잖아요. 그런데 5G 투자는 해가 거듭될수록 오히려 줄었더라고요. 그래서 저는 성장성이 아무리 지속돼도 모두가 과신(過信)하는 상황에서는 다소 조심할 필요가 있다고 판단해요.

이다솔 제 경우 이와 같은 투자자의 시각을 갖추게 된 게 애널리스트에서 펀드매니저로 전환하면서부터라고 생각해요. 커리어를 재정비하면서 투자라는 세계에 푹 빠질 수 있는 환경을 원했거든요. 대표님부터 시장에 관심이 많고 직접 많은 양의 리서치를 하는데 어떻게 직원이 딴짓을 하겠어요. 제 면접 자리에서도 시장과 섹터에 대한 이야기를 사장님의 눈빛이 아닌 현업 선배의 눈빛으로 하셨거든요.

272

박세익 불광불급(不狂不及)이라는 말이 있죠. 미치지 않으면 도달할 수 없다. 재야의 고수, 제도권의 고수는 모두 다 주식에 엄청나게 열정적이에요. 하루 종일 주식만 생각하고 주식에 미쳐 있는 사람 같죠.

이다솔 운용사를 차려 일가를 이루거나 주식으로 시작해서 전업 투자로만 큰 부를 일구신 분들을 만난 적이 있는데요. 각자의 철학과 방향은 다르지만 그만큼 몰입해야 돈을 벌 수 있겠다는 것은 공통적으로 느꼈어요. 생각했던 것보다 훨씬 더 깊이 있게 혼신의 힘을 쏟아서 투자 활동을 하시더군요. 가끔 지치고 힘들 때 그런 분들을 뵈면 반면교사가 돼요. 저렇게 일가를 이루고 부를 일군 사람들도 열심히 투자하는데 지쳐 있어서는 안 된다는 생각을 합니다.

박세익 저는 주식시장이 IQ 2만이라고 이야기해요. 수많은 전문가들과 투자 고수들이 국가별, 산업별, 기업별로 포진돼 있으면서 매일매일 해당 주식을 사고팔며 합리적인 주가를 만들어간다고 봐요. 이런 사람들의 IQ를 전부 다 더해보면 엄청나겠죠. 그래서 내가 이해하지 못한다고 부정하지 말고 항상 겸손한 마음으로 시세가 주는 메시지를 잘 포착해야 해요. 이게 바로 성공 투자를 위한 첫걸음이라는 생각이 듭니다.

3장

공부하지
않으면
오래버틸 수 없다

1.

현재를 분석하고
미래를 고민하라

이한영

DS자산운용 주식운용본부장

역사가 높은 확률로 반복돼 왔고 앞으로도 크게 다르지 않다면, 투자의 미래도 예측할 수 있을까요? 앞으로의 투자에서 성공하려면 무엇을 해야 할까요? 전 세계가 지나온 경제사는 오늘날 수많은 데이터로 남아 있습니다. 이는 지난한 위기에 대응해 온 인류의 처절한 흔적이죠. 이를 공부해서 내 것으로 만드는 것은 곧 가장 강력한 미래 투자법입니다.

투자하기 전에 먼저 가로세로를 정하라

박세익　저서 『시대의 1등주를 찾아라』에서 상당히 인상적인 이야기를 하셨는데요. 자산의 1%를 투자해서 100% 수익을 내는 것보다 자산의 30%를 투자할 만큼 확실한 종목을 찾아 '30%로 30% 벌면 9% 아웃퍼폼Outperform하게 된다'는 부분입니다.

사실 이런 방식은 판단이 틀렸을 경우 시장 대비 크게 언더퍼폼할 위험도 있잖아요. 그래서 대부분의 펀드매니저들이 포트폴리오를 무난하게 설계하는 거고요. 주식이 미래의 불확실성에 확률 높은 베팅을 하는 거라면 이 정도의 확신에는 분명 근거가 있을 듯한데요. 이 부분에 대해 자세히 설명해 주시겠습니까?

이한영　주식은 가로세로를 잘 맞춰야 한다고 생각합니다. 가로는 투자하는 기간이에요. 시간이 한참 지나서 오르는 게 아니라 어느 정도 기간에 올라야 하죠. 제일 좋은 경우는 매집하는 기간부터 슬슬 오르기 시작해서 팔고 싶은 시점까지 계속 오르는 것인데요. 그 시점을 파악하려면 해당 기업이 어떤 업을 하고 그 업의 사이클이 어떤지, 현재 기업에 어떤 이벤트가 닥쳤는지 정확하게 알아야 해요.

2022년 초에 리오프닝주에 대한 이야기들이 많이 나올 때, 제가 1월에 리오프닝주 중에 특히 엔터주에 투자하면 좋을 거라고 이야기했거든요. 당시 리오프닝되겠다는 막연한 전망이 일던 때였어요. 사실 시간의 문제였거든요. 오미크론이 발생했어도 코로나가 정점을 찍고 감소하는 것을 봤으니까, 시나리오는 이미 나온 거예요.

시간이 지나면서 결국 바이러스는 약화되고 중증 환자 수만 떨어지기 시작하면 베팅을 할 만한 구간이 올 것 같다고 판단했죠. 당시가 1월이니까 3월까지는 힘들겠지만, 그사이 매입해서 3~4월에 모멘텀이 극한으로 갈 때 팔면 큰 수익을 낼 수 있다고 본 것입니다. 이렇게 투자 기간을 정하는 거예요.

박세익 예금을 맡기면 이자를 받듯이 주식이나 부동산 같은 투자에서도 기회비용을 생각할 수밖에 없으니까요. 그럴 때 투자 기간이 참 중요한 것 같습니다.

이한영 맞습니다. 그리고 주식이란 가장 밑에서 사서 위에서 파는 게 제일 좋으니까요. 세로에 해당하는 목표가도 중요하죠. 코로나로 2년 동안 손발이 묶이면서 엔터주를 비롯해서 리오프닝주들이 다 하락했었잖아요. 그런데 주식이라는 게 더 이상 팔 사람이 없으면 하락하지 않죠. 모든 악재가 반영돼서 더 이상 팔 사람이 없으면 아무리 추가 악재가 나와도 주식이 안 빠지는 거예요. 그럴 때는 펀드매니저들도 이 주식은 더 이상 팔 사람이 없다고 생각해요. 빈집이 형성되는 거죠.

이런 주식들은 처음에는 다들 관심은 있는데 선뜻 움직이지 못합니다. 하지만 그때부터는 조그마한 호재에도 주식이 가볍게 움직이기 시작하거든요. 리오프닝주들을 보면 여행이 열린다더라, 공연이 시작된다더라는 식의 변화가 모멘텀으로 작용하고, 이후 실적이 나오면 수익으로 이어지는 거예요.

하지만 실적은 나중에 나오죠. 괜한 기대감에 샀다가 이후에 실적이 안 나와서 떨어지지 않을까에 대한 막연한 공포가 생기거든요. 따라서 리오프닝 전에 정상 영업할 때의 기업 상황과 현재를 비교해서 무엇이 바뀌었는지, 그리고 정상 영업하면 무엇이 바뀔지를 공부해서 목표가를 잡아야 합니다.

이때 밸류에이션도 복잡하게 계산할 필요 없습니다. EPS, BPS_{Book-value Per Share}[1] 보고, EPS에 PER 몇 배를 곱해주는 거예요. 그렇게 현재 대비 넉넉한 목표가가 나오면 이를 바탕으로 투자하는 거죠. 그러면 일반 개인 투자자들도 비교적 쉽게 접근할 수 있습니다.

가로의 투자 구간을 미리 정하고요. 만약 1분기 동안 향유한다고 했는데 생각보다 세로의 목표가가 더 이상 안 빠진다면 더 연장하는 거예요. 여기에도 다 이유가 있거든요. 자산 가격이 막아준다거나 수급적으로 이슈가 없는 등의 여러 가지 이유로 주가 하단이 형성되는 거죠.

이런 시세나 목표가는 공감대로 형성되잖아요. 시장에서 투자자들이 서로 인정한 가격이니까요. 소위 시장을 긍정적으로 전망하는 사람과 부정적으로 전망하는 사람이 싸워서 누가 이기느냐에 따라 시세가 정해지죠. 그런데 그 방향성을 공부한 사람이라면 나름의 논리가 생기거든요. 그 논리가 상식선에서 다른 사람의 논리보다 맞다고 생각하면 자기 논리대로 가면 되고요. 아니면 다른 사람의 이야기도 들으면서 목표가를 조정하는 거죠.

이처럼 두 가지만 명확히 해도 투자하는 종목에서 확률 높은 승리를 계속 거둘 수 있습니다. 계좌 수익률은 계속 쌓일 테니까요. 이렇게 공부하다 보면 단기 시세를 주도하는 주도주도 찾을 수 있고요. 그런 종목만 잘 잡아내 열 개 정도 갖고 있는 거예요. 동시에 다 오르지는 않겠지만 계속 순환매를 하면 길게 두고 봤을 때 각각의 주식이 서로 다른 시기에 1등이 되는 거죠.

굳이 펀드매니저들처럼 시세 추종해서 시장을 이기고 지는 게임을 할 필요가 없는 거예요. 밑단에서 좋은 종목 잘 사놓고, 1~3개월 뒤에 수익 한 번 챙기는 방식으로 투자할 수 있으니까요. 시대의 1등주로 편안한 투자를 할 수 있는 과정인 거죠.

시장을 뒤따르지 않고 주도하는 법

박세익 이야기를 들고 보니 투자 스타일이 여느 펀드매니저들과 다르다고 느꼈던 이유를 알 것 같습니다. 고유자금을 운용하셨다고 들었는데 그 이야기도 간단히 들려주셨으면 합니다.

이한영 첫 직장에서 맡은 업무가 고유자금 운용이었습니다. 그 당시가 저축은행이 막 부흥할 때였거든요. 다들 고유자금 운용팀을 만들기 시작하던 시기죠. 그다음 직장에서도 마찬가지로 고유자금을 운용했고 자문사로 넘어가면서 기관자금을 운용하다 현재는 헤지펀드를 맡아서 운용하고 있습니다.

박세익 저도 저축은행에서 고유자금 운용 업무를 했어요. 이전부터 고유자금을 운용해 봐야 진짜 주식의 고수가 된다는 생각을 했었는데요. 2008년 9월 리먼브라더스 파산 직후 코스피 900선이 깨지는 것을 보고 자산 운용사 주식팀장 자리를 그만두고 저축은행으로 회사를 옮겼죠. 이 지수대에서 수익 내는 것은 땅 짚고 헤엄치는 거나 마찬가지라고 생각했거든요.

이한영 그때 성과가 좋으셨던 것으로 기억합니다. 제 경우 고유자금 운용으로 일을 시작했기 때문에 벤치마크Benchmark, BM^2 운용을 하더라도 액티브 베트Active Bet를 강하게 하면서, 절대 수익 추구형의 매매를 하는데요. 그래서 흔히 증권사나 은행 창구에서 가입하는 주식형 공모 펀드 운용 스타일과는 다를 수밖에 없습니다. 그게 지금 헤지펀드를 운용하는 데는 훨씬 편하고요.

사실 기관자금을 운용했던 초반에는 왜 절대 수익형처럼 하냐는 이야기가 많았습니다. 일반적으로 3% 종목이면 0.2~0.3% 더 사고 덜 사는 수준의 운용을 하지만 저는 보통 2~3%에, 안 사는 것은 아예 제로였으니까요. 운용 보고를 보통 불려간다고 표현하는데, 실제로 초반에는 상당히 많이 불려갔어요.

그런데 지나고 보면 계속 수익은 1등이었죠. BM펀드는 시장 대비 아웃퍼폼해도 절대 수익을 항상 고객들에게 주는 게 아니니까요. 고유자금을 운용해 봤던 경험 때문인지 시장보다 이기면서 돈도 무조건 벌어야 한다고 생각했어요. 이후 ARS^{Absolute Return Swap} 롱쇼트 펀드도 운용했는데 당시가 조선주 롱, 건설주 쇼트, 이런 식으로 섹터별로 수익이 상당히 좋았던 시기거든요.

지금 생각해 보면 국면마다 다른 시장이었고 다른 자산으로 다른 전략을 구사해야 하는 상품을 운용했던 거예요. 그렇다고 엄청 유명하고 큰 대형 하우스에서 일했던 것도 아니거든요. 우연히 많은 우여곡절을 겪었는데, 지나고 보니 그 모든 경험이 지금의 헤지펀드 운용에 큰 도움이 된 거죠.

박세익 제가 우리 업계에서 이름을 날렸던 주식의 고수들은 무엇이 다를까를 고민하다가 한 가지 발견한 공통점이 있는데요. 바로 모두가 고유자금 운용 경험을 갖고 있다는 거였어요. 기관들은 자산 운용사에 자금을 위탁하면서 벤치마크 지수인 코스피를 이기는 포트폴리오를 짜달라고 요구하죠.

그러다 보니 기관자금을 운용하는 펀드매니저들은 벤치마크만 이기면 자신의 성과가 좋다고 자만해요. 저도 자산 운용사에서 1조 원 이상의 벤치마크 펀드를 운용할 때는, 코스피가 15% 하락했을 때 제 펀드가 12% 하락하면 벤치마크 대비 3%p나 시장을 이겼다고 좋아했거든요.

하지만 회사의 고유자금은 절대 터지면 안 되니까 운용하는 마음가짐부터 다를 수밖에 없잖아요. 시장 상황과 무관하게 무조건 수익을 내야 하니까요. 미래에셋 박현주 회장님이나 주식 농부 박용옥 회장님도 모두 증권사 지점장 출신이신데, 지점에서 관리하는 고객들의 자금 대부분도 반드시 수익을 내야 하거든요.

그래서 저는 고유자금을 5년 이상 운용하면서 살아남은 사람들을 진짜 고수라고 생각해요. 그런 의미에서 3년 연속 베스트 펀드매니저 1등으로 선정될 수 있었던 비결도 그간의 경험이 바탕이 됐기 때문일까요?

이한영 제가 속한 본부가 드림팀이라고 생각합니다. 처음 다섯 명으로 시작했던 멤버가 지금 여덟 명이 됐어요. 구성원마다 역할이 있고 모두 특기도 다르죠. 저는 본부장이니까 운용하는 상품 전략이나 매 시기의 자산 배분, 리서치 방식, 그리고 회사로부터의 보상 조건 등을 구상해서 이끄는 조직적인 것을 맡고요.

팀장도 밑의 직원들을 이끌어주고 중간급들은 주니어 매니저들이 열심히 공부한 내용이 맞는지 계속 검증해 주고요. 스타일이 모두 다른 펀드매니저들이 잘 섞여서 서로 도움을 주며 왔던게 큰 자산이 됐다고 생각합니다. 그래서 시장이 좋지 않을 때도 수익률을 괜찮게 거두면서, 성격이 다른 시장들을 이겨냈다는데 다시 자신감이 붙었고요.

박세익 역시 운용을 잘하려면 좋은 운용 팀이 있어야 한다고 생각하는데, 한 팀에 팀워크가 좋은 여덟 명의 장수들이 있다는 거네요.

이한영 보통 펀드매니저들 근속 연수가 2년이 채 안 되는데 저희는 배 이상이에요. 그러니까 고객들도 그만큼 장기화돼 있고요. 보상이 충분하고 합리적이지 않았으면 힘들었을 거예요. MZ 세대들의 보상 문제로 대기업에서도 시끌시끌했잖아요.

저희 회사 회장님께서도 펀드매니저 출신이고 지금도 필드에서 직접 운용을 하시는 만큼, 저희의 운용 전략을 믿고 허가해 주셨죠. 요구한 보상 체계가 다 지켜지면서 그만큼 굳건하고 단단해졌어요. 회사와 회장님에 대한 로열티가 같이 오르다 보니까 자신감도 함께 붙고 이겨낼 수 있다는 동기부여가 계속된 거죠.

박세익 이야기가 나왔으니 DS자산운용의 장덕수 회장님 이야기를 해볼까 합니다. 제가 방송에서 우리나라에도 워런 버핏 같은 분이 있다고 몇 차례 이야기했었는데 실제 인물이시거든요. 제가 "IQ가 80이 되라", "주식시장은 교만한 자의 무덤이다"라는 이야기를 할 때 항상 떠오르는 표본 같은 분이기도 합니다.

주식으로 따지면 대한민국 최고의 초절정 고수인데, 저뿐만 아니라 길에서 저희 회사 대리를 만나도 항상 어떤 주식이 좋냐고 물어보시고, 또 건성으로 듣지 않고 늘 진지하게 경청하시더라고요. 당신께서 대한민국 최고의 자리에 계시면서도 여전히 겸손한 마음을 간직하시는 모습이 우리 같은 시니어 펀드매니저들이 반드시 본받아야 할 점이라 생각합니다.

이한영 회장님은 투자에서 정말 재미를 느끼시는 것 같습니다. 하루에 기업 미팅만 네다섯 건을 하세요. 사람들과 만나 사업 방향을 나누는 게 낙이신 것 같다고 할까요. 즐거워서 하는 사람은 못 이긴다고 하잖아요. 그게 성공의 비결이라고 생각합니다.

제가 가장 크게 배운 점은 선입관 없이 일하는 자세인데요. 2021년 게임주가 잘될 때는 연배가 무색하게 코인백서를 이미 다 읽고 알고 계셨고, 게임주에 다 베팅하셨어요. 다음 시장을 아니까 준비를 하고, 선입견 없이 빠르게 대응할 수 있는 거죠.

286

"11개월 동안 내려가도 1개월 동안 다 만회하고 살릴 수 있는 게 주식이다", "딴짓하지 말고 정신 차리고 기업 공부하면서 계속 탐방 다녀라", "시세 보지 마라. 본다고 오르냐?" 이런 이야기를 많이 하세요. 말만 하는 오너가 아니라 직접 그렇게 행동하시고요. 회장실도 사용하지 않으시거든요, 모닝 미팅도 항상 참석해서 가만히 듣다 마지막에 한마디 하시는데, 그게 큰 도움이 돼요. 그렇게 같이 부대끼며 생활하니까 분위기도 좋아지고 수익률도 길게 가는 긍정적인 작용이 일어난다고 생각합니다.

그런 만큼 오해를 하고 찾아오는 고객들도 있고요. 회장님께서 워낙 유능한 투자자시니까 무조건 잘된다는 확신을 갖고 있는 거예요. 하지만 무조건 잘될 수만은 없잖아요. 엄청난 고난을 겪으면서 과실을 따내는 거니까요. 더군다나 회장님이 직접 운용하는 게 아니라 회사 펀드에 가입하는 거고요.

펀드매니저를 통해 간접 상품에 가입하는 것은 국면마다의 대응이니까 시장보다 더 좋게, 안 좋아도 조금이라도 덜 손해 보게 해서 절대 수익을 만들어낸다는 차원이잖아요. 분기, 반기, 1년 단위로 평가를 받으니까 회장님과 같은 장기투자자와는 다른 매매라는 점을 설명하죠. 투자하기 전에는 이런 개념부터 먼저 확실하게 잡아야 한다고 생각해요.

박세익 주식시장을 보면 음악 오디션 프로그램이 떠올라요. 〈슈퍼스타K〉, 〈K팝스타〉, 〈미스터트롯〉 등 다양하잖아요. 그중 〈히든싱어〉는 기존 가수와 똑같이 모창을 해야 우승하고요. 반대로 다른 오디션에서는 가수를 모창하면 혹평을 받잖아요. 주식 투자도 비슷하다고 생각해요. 시기별로 트렌드도 바뀌고 대중들의 평가 기준도 다르죠.

누가 저에게 가치주, 성장주, 모멘텀 중에 투자 스타일이 뭐냐고 물으면 저는 모멘텀 스타일이라고 대답해요. 제가 보기에 장 회장님도 최고의 모멘텀 매니저라고 생각하고요. 2003~2007년 인프라 사이클에서 조선주가 올라갈 때는 조선 기자재, 2013~2015년 제약주가 날아갈 때는 제약주를 보유하고 계셨어요.

각 섹터에 모멘텀이 생길 때마다 이를 놓치지 않고 1등, 2등 주를 항상 들고 계시다는 점이 정말 대단해요. 대기업부터 중소기업까지 1년 내내 탐방다니며 미리미리 공부하며 준비하시니까 섹터에 대한 이해도가 높을 수밖에 없고요. 산업 트렌드가 바뀌어도 어떤 기업이 1등, 2등인지 누구보다 먼저 알고 계시죠.

이한영 저희 자신감의 원천도 그 점에 있습니다. 대리 시절 초반 2~3년은 매일 인덱스 리포트 종목, 산업까지 다 쓰면서 정리했어요. 지나고 보니 굉장한 자산이더라고요. 어떤 섹터의 종목이 나와도 이미 다 알고 있는 거예요. 최근 뉴스만 업데이트하고 실전만 파악하면 바로 매매가 가능한 거죠. 그래서 저도 배운 방식을 똑같이 가르쳤어요. 그 덕분에 이제 다들 훈련이 돼 있어서 그 어떤 섹터도 놓치지 않아요.

섹터의 움직임을 미리 보고 사기 때문에 시간이 지나면 주도주가 되는 거예요. 그러면 시세 나오는 것 보고 팔고 나갈 준비를 하면서, 또 다른 투자처에 대한 대비를 하고요. 이게 소위 말하는 펀드의 운용이죠. 선순환매를 잘 타는 거예요.

이를 위해서는 여러 매체를 통해 전문가들의 이야기를 듣고 공부하려는 자세가 필요해요. 제가 시대의 1등주를 사라고 이야기하듯이, 회장님도 상장이든 비상장이든 되는 판에서 놀아야 한다고 이야기하시거든요.

무슨 의미일까요? 성장하는 산업에서 놀아야 실수로 꼴등하는 기업을 잘못 잡더라도 수익이 난다는 거예요. 그러다 제대로 맞으면 시대의 1등주에 투자하게 되고요. 투자자라면 은연중에라도 확률 높이는 게임을 계속 습관화해야 좋은 결과물로 이어질 수 있어요. 이를 위해서는 결국 공부해야 하죠.

공부한 사람만이 시대를 주도한다

박세익 많은 투자자들이 요즘 시장을 보며 여러 가지 갈등과 고민을 합니다. 처음에야 시장이 좋았으니까 10년 동안 길게 끌고 간다고 생각했을 거예요. 그런데 시장이 침체되면서 회의를 느끼는 거죠. 업계 종사자들은 이런 상황을 여러 번 겪다 보니 3개월, 6개월 뒤를 보면서 투자를 하잖아요.

저도 포트폴리오는 6개월마다 교체한다는 생각으로 설계하고요. 경우에 따라 1년 반에서 2년 정도를 가져가기도 하지만, 이때도 섹터의 흐름이 끊기거나 더 좋은 섹터가 나타나면 언제든지 바꿀 수 있다고 보죠. 하지만 개인 투자자들은 그런 마음가짐이나 실질적인 대처가 많이 부족해요. 이를 극복하기 위해서는 어떻게 해야 할까요?

이한영 결국 필요한 것은 기승전 공부라고 봅니다. 산업, 종목을 먼저 공부한 다음에 매크로를 보면서 움직임에 따라 맞는 산업을 추려내는 거예요. 시대가 바뀌면 새로운 산업이 성장하기 마련이잖아요. 그러니까 그 시점에는 모두 공부해야 해요.

산업을 공부하면 소위 밸류체인을 쭉 세워놓고 대장부터 꼴등까지 순서를 정할 수 있어요. 그렇게 대장주를 많이 사고 밑에 중소형주들을 조금 사면 본진의 수익률에 플러스 알파의 수익률까지 거둘 수 있죠. 본진에서 굵직하게 수익을 내다가 중소형주들이 급등하면 팔면서 다른 데 갈 준비를 하는 거고요.

결국 공부에서 매매까지가 전부 다 이어지는 내용이에요. 아침에 시장 열렸을 때 하는 고민은 펀드매니저나 개인 투자자나 다를 게 없어요. "왜 내가 샀는데 마이너스가 나지?", "어떤 게 수익이 더 빠르게 날까?", "일주일 기다려봤는데 너무 약한데?" 그러다 갑자기 원래 보고 있었던 게 강세면 "헐어서 넘어갈까?" 이런 고민들이에요.

그러면서 기업들과 미팅하고 애널리스트들과 세미나하고, 또 운용 보고를 가면서도 혹시 모르는 뉴스가 없나 끊임없이 생각하죠. 혹시 놓친 게 없나 계속해서 다시 확인해요. 매일 이런 과정의 반복이죠.

> **박세익** 그러면 소위 되는 산업에 들어가기 위한 메시지는 어디에서 받으시나요? 저 같은 경우에는 52주 신고가를 통해 시장에서의 주도주 흐름을 잡으려고 하거든요. 신성장 산업에 대해서는 나스닥이나 S&P500의 신고가를 많이 보고요.

이한영 톱다운에서 수출 비중이 바뀌고 잡히지 않던 데이터가 갑자기 잡히기 시작하면 주목을 하죠. 2차 전지가 그 예인데요. 이제 의미 있는 산업이 됐죠. 이렇게 앞으로 5~10년을 내다볼 수 있는 신성장 산업은 톱다운으로 파악해요.

그리고 이런 변화는 실감할 수도 있잖아요. 도로에 전기차가 돌아다니고, 직원 중에 테슬라 모는 사람들도 있고요. 연말에 내년 전망을 보고 포트폴리오를 조정하니까 새해 1년 동안 굵직하게 시장을 끌 만한 섹터는 톱다운에서 잡고요. 이를 끌고 가면서 실적이나 돌발 악재에 따라 튜닝하는 거죠.

저는 매일 장이 끝나고 나면 코스피 200개 종목과 코스닥 100개 종목 총 300개의 종목 차트를 항상 확인해요. 포트폴리오가 없다고 생각하고 오로지 차트와 뉴스만 보고 내일이라도 살 종목과 팔 종목을 쭉 정리합니다. 그러면 여러 가지 의문이 생기거든요. 그때부터 공부하는 거예요. 기업들에 전화하고 애널리스트들과 통화하다 보면 어떤 구조로 바닥이 형성되는지 알게 돼요.

그런데 투자할 때는 기간과 목표가를 고려해야 한다고 했잖아요. 언제 무슨 이벤트가 있는지 생각해 보는 거예요. 분기 실적 흐름을 계산했을 때 목표가가 충분히 나온다고 하면 매집을 시작하고요. 잘 올라가는데 외국인이나 기관이 계속 팔고 있으면 내가 모르는 게 있나 공부해야 해요. 목표가가 다 왔거나 아니면 몰랐던 악재들이 나오는 중일 수 있거든요. 이때는 팔 준비를 하는 거예요.

단기로 계속 체크하면서 리스트를 적다 보면 결론적으로 각 구간마다 주도하는 섹터가 눈에 확 보이거든요. 소위 밑에서 올라가려고 하는 경우는 단기 롱으로 매수해서 잡고, 반대로 힘이 약해지는 쪽은 잘 팔고 나와야겠다는 생각이 들면서 나름 정리가 돼요. 섹터의 움직임이 심플하게 보이는 거죠.

여기에 저희는 매크로를 체크하고 있으니까 유가, 환율, 각종 이슈 등 어떤 이유 때문인지 예측이 되거든요. 그게 맞으면 사실상 논리가 강해지는 거고요. 그렇게 내린 결론과 종목을 바탕으로 다음 날이나 앞으로 일주일 동안의 매매를 매일 정리해요.

박세익 제가 아는 후배도 300개의 종목을 매일 보더라고요. 저도 아침에 사고팔고의 줄다리기가 이뤄질 때 코스피 200개와 코스닥 100개 종목을 상승률 순서로 필터링해서 봐요. 제일 많이 오른 것부터 제일 많이 빠진 것까지 200개가 딱 추려지잖아요. 그러면 그날 제일 많이 올라가는 것과 내려가는 게 보이죠. 아마 일반 투자자들은 자신이 산 종목만 볼 테지만, 자산 운용업계 종사자들로서는 벤치마크 지수인 시장을 이겨야 하니까 전체 종목들의 흐름을 항상 보죠.

이한영 지난 2년여를 돌아보면 정말 많은 투자자들이 시장에 들어왔어요. 최근 1년 동안은 큰 어려움을 겪으며 자금이 투입됐고요. 과거 고객 예탁금 15조 원 시대에서 이제는 아무리 안 좋다고 해도 40조 원, 많게는 70조 원도 넘어가는 시장이 됐어요. 한번 시장에 들어온 돈은 잘 안 나가는 습성이 있으니까요.

개인적으로는 이런 변화가 10년 뒤 기관화 장세[3]의 시발점일 수 있겠다는 생각도 합니다. 미국의 기관화 장세도 소위 자금이 들어왔다가 박살 난 후에 '401K' 연금제도 덕분에 퇴직금을 우량 주식에 장기투자하면서 시작된 거니까요.

개인 투자자들 중에는 이런저런 우여곡절을 겪고 열심히 공부해서 투자 고수가 되는 경우도 있겠지만, 전문가에게 맡기는 편이 낫겠다고 판단하는 경우도 있을 테니까요. 이런 자금이 오히려 시장을 더 단단하게 만들어가는 거죠. 물론 하루아침에 바뀌지는 않겠지만 10년쯤 지나면 우리나라도 기관화 장세가 시작됐다고 이야기하게 될지 모르죠.

박세익 그러네요. 미국도 1970년대까지만 해도 개인 투자자의 비중이 높았죠. 그러다 피델리티 마젤란 펀드의 고성장이 있었던 1980년대를 지나면서 펀드를 통한 간접투자 비중이 높아졌고요. 2000년 이후로는 블랙록, 뱅가드, 스테이트스트리트와 같은 ETF 시장이 급성장하면서 2017년 기준 미국 상장사 주식의 80%는 기관 투자자들이 보유하고 있고, 주요 주주 명단의 상위 1, 2, 3위는 대부분 ETF 운용사 이름이 올라가 있죠.

우리나라도 미국처럼 기관 비중이 높아지려면 피터 린치의 마젤란 펀드 같은 대표적인 성공 펀드가 있어야 하는데, 그 부분이 참 많이 아쉬워요. 1999년 '바이코리아 펀드', 2007년 '미래에셋 펀드 시리즈', 2010년 자문사 랩 상품 등 그동안 펀드 열풍이 불었던 사례는 적지 않아요. 기관 투자자를 통해 간접투자 문화를 확대할 수 있었던 기회였죠. 하지만 모두 실패로 끝났어요. 무엇이 문제였을까 고민을 많이 해봤었는데, 경제구조가 미국과는 다르다는 점이 가장 큰 원인이라고 결론을 내렸어요.

우리나라 시가총액 상위 대기업은 대부분 경기 순환형 비즈니스예요. 반도체, 조선, 철강, 화학, 자동차, 핸드폰 등등. 이런 산업은 고성장세가 5~10년 이어지는 미국의 혁신 성장 기업과는 달리 경기 사이클이 심하게 나타나는 업종이죠.

그러다 보니 경기 상승 국면에서 이익 모멘텀이 가장 좋을 때, 꼭지에서 펀드 가입자가 가장 많이 몰려요. 반대로 경기 침체가 오면 펀드가 보유하고 있는 기업들의 순이익이 급감하고 주가가 곤두박질치면서 펀드 손실이 최악일 때 다들 환매하게 되고요. 이런 악순환으로 펀드 투자에 대한 불신이 깊어지다 보니 한국에는 마젤란 펀드처럼 성공한 펀드가 없었던 것 같아요. 저도 자산 운용업계에 종사하는 한 사람으로서 참 아쉬운 점이에요.

이런 경기 순환형 한국 경제구조 때문에 우리나라 주식 시장은 변동성이 심한 특성을 나타내요. 이 점을 이해하다 보니 저도 운용 스타일이 많이 바뀌더라고요. 한마디로 역발상 투자자Contrarian Investor가 된 것 같아요.

경기가 좋아서 투자수익이 많이 날 때 주식 비중을 줄이고, 또 반대로 경기가 나빠지거나 코로나와 같은 돌발 악재가 발생해서 주가가 많이 빠지면 사고요. 주식 격언처럼 밀짚모자는 겨울에 싸게 사서 한여름에 비싸게 파는 전략을 구사하는 거죠. 이렇게 했기 때문에, 저는 부침이 심한 한국 주식시장에서 살아남을 수 있었던 것 같아요.

그런 의미에서 요즘처럼 투자 심리가 불안하고 코스피 밸류에이션이 PBR 0.9 언저리를 기록하고 있는 지금이야말로 우리나라 우량 수출 대형주를 사기에 좋은 투자 기회라고 보는데요. 연준의 공격적 금리 인상으로 위축된 대중들의 투자 심리는 별로 살아날 기미가 보이지 않아요. 이런 상황에서는 어떤 변수들을 체크하면서 투자 전략을 짜야 할까요?

이한영 전쟁이나 무역 분쟁과 같은 정치적 이슈는 맞추려고 하기보다 대응하자는 입장이에요. 이를 위해서는 대응 공식이 필요하죠. 원자재 가격이 밴드를 넘어서는 현상이 과거 20~30년의 역사에서 한 번씩은 벌어졌거든요. 이제는 다소 안정됐지만 언제 정상화될지는 알 수 없어요. 인지하는 순간 이미 벌어진 후니까요. 그러니까 팔고 나가는 게 실익인지, 이슈들이 안정될 때까지 버티면서 추가로 매수하고 들어가는 게 나은지를 공식화해서 적어야 해요.

시장 상황이 안 좋을 때 고객들에게 가끔 레터를 보내거든요. 내용은 간단해요. 2022년 3월에 보낸 레터에는 '1. 한국 대선 2. FOMC 3월 결과 확인 3. 러시아 전쟁 4. 중국 팬데믹' 이렇게 적었고요. 이 요인들을 하나하나 분석한 뒤에 네 개의 악재 중 몇 개의 악재가 지나가면 시장 완화 쪽으로 바뀌지 않겠냐는 의견을 덧붙였어요.

매크로가 어려워 보여도 하나하나 현재 상황을 분석하다 보면 매수할지 말지 결론을 내릴 수 있잖아요. 이게 바로 대응법이에요. 복잡할수록 단순하게 접근하라는 말처럼 시장은 어렵게 보면 한도 끝도 없이 어렵고, 쉽게 보려고 하면 한 줄씩 요약해서 상식적인 선에서 판단할 수 있거든요.

확률적으로 기다려야 하는 악재가 있으면 시기가 올 때까지 준비하며 기다리든, 빠질 때 계속 매수를 하든 적절한 대응을 해야죠. 전쟁과 같은 예측이 어렵고 오로지 대응만 가능한 이벤트에 대해서는 이런 식의 대응법이 적절하다고 생각합니다.

박세익 저 같은 경우에도 개별 이슈에 따른 시장의 영향과 전망을 물어보면, 그런 방식으로 하나하나 매듭을 풀듯 분석해 봅니다. 이번 하락장도 마찬가지고요. 코로나 이후로 급반등했던 주식시장을 2021년 중순부터 하락시킨 가장 큰 주범은 공급망 이슈였다고 봐요.

코로나 직후 미국 정부와 연준의 공격적인 돈 풀기로 실업률도 떨어지고 경기도 살아나면서 빠르게 개인 수요가 회복됐지만요. 선박 부족, 노동자 부족, 차량용 반도체 부족 등으로 공급이 원활하게 이뤄지지 못하면서 모든 문제가 연쇄적으로 다 터져나왔다고 봅니다. 원자재 가격 급등, 애그플레이션Agflation[4], 연준의 공격적 금리 인상, 환율 급등, 무역수지 적자 지속 등등이죠.

그래서 문제의 가장 핵심인 공급망 차질이 개선되면 그로부터 6개월 정도 시간이 지난 시점부터는 이 모든 문제들이 하나씩 개선될 거라고 봅니다. 그러면 주식시장도 빠르게 회복할 거고요. 그동안 전 세계 주식시장, 채권시장, 가상화폐시장, 외환시장, 원자재시장을 엉망진창으로 만들어놨던 회색 코뿔소[5]가 드디어 물러나는 거죠. 물론 2023년에는 이런 코뿔소가 떼지어 올 거라는 경고의 목소리도 있지만요.

이한영 『경제학원론』 가장 첫 장에 '인간은 경제적 이윤을 추구하는 동물이다'라는 개념이 나오거든요. 그래서 주식시장은 위기가 생기면 하락하고 극복되면 상승하는 장이 형성되죠. 2022년 1월을 예로 들면, 연초부터 상당한 낙폭이 있었잖아요. 연중 보통 변동 폭이 약 10% 중후반대인데 1월에 다 보여줬죠. 그러고 나서 2월 발발한 우크라이나 전쟁과 같은 악재도 잘 견뎌내면서 코스피는 1월 저점이었던 2590을 깨지 않고 3월 FOMC에서 25bp 금리 인상 발표 후 오히려 2769까지 상승하는 모습을 보였어요. 그런데 5월 FOMC 회의에서 50bp 빅 스텝 인상이 단행되면서 코스피의 저점이 붕괴됐죠.

저는 모든 가격은 정해져 있고, 가격보다 정직한 것은 없다고 생각하거든요. 주가가 올랐든 내렸든 그 가격을 형성한 이유는 다 있는 거죠. 원래의 가격에서 얼마 움직였다고 하면 그에 맞는 대응 전략을 또 세우는 거예요. 주가가 많이 하락했기 때문에 가격 매력이 더 좋은 것을 찾게 만들 거고, 그러다 좋은 실적이 발표되면 당연히 호재가 되겠죠. 그래서 저는 코스피 2400에서는 다른 게 걱정돼서 팔기보다는 조금 위로 보고 움직여도 될 것 같아요.

박세익 주가는 실적의 함수라는 이야기가 있지만, 조금 더 정확히 이야기하면 실적과 금리의 함수잖아요. 금리가 모든 미래의 현금 흐름을 할인하는 핵심 요인이니까요.

최근 우리나라 상장사 2023년 예상 이익은 15% 이상 하향 조정됐고, 2400이라는 주가 수준도 이미 낮아진 기업 이익을 충분히 다 반영하고 있다고 봐요. PER이 열두 배니까 아직 비싸다고 이야기하는 사람도 있지만, 한국 시장은 시클리컬Cyclical 기업이 많아서 고PER에 사서 저PER에 파는 시장인 만큼 그 논리는 맞지 않아요.

그래서 저는 앞으로 우리나라 시장의 주가 상승 모멘텀은 연준의 금리정책 피벗에서 나오지 않을까 생각합니다. 지금 한국이나 미국 주식시장은 여전히 연준의 최종 금리를 5.25~5.75% 정도 반영하고 있거든요. 점도표에도 그렇게 돼 있고요.

이 부분에 대한 연준의 정책 변화가 감지되면 미국 10년물 국채 금리가 가장 먼저 반영할 거라 보고요. 10년 금리가 4% 이하에서 빠르게 떨어질 때마다 안도 랠리가 나올 거라고 봅니다. 물론 이 부분도 논쟁거리가 있어요. 어떤 사람들은 연준이 금리 인상을 멈추거나 금리 인하를 한다는 게 심각한 경기 침체를 의미하므로, 주식시장이 한 번 더 크게 무너질 수 있다고 경고하니까요.

이한영 시장의 많은 이벤트와 이에 관한 뉴스들이 우리를 또 자극하고 속이더라도 본질적인 포인트를 계속 끝까지 잡고 가면 결국은 투자의 기회로 삼을 수 있다고 생각합니다. 정신 바짝 차리고 잡으면 또 다른 시장으로서 재미를 느낄 수도 있고요. 물론 1년을 마무리했을 때 재미있었다는 생각이 들려면 결과가 좋아야 할 테지만요. 매매를 할 때는 항상 이런 희망을 가져야 한다고 생각해요.

그리고 이를 위해서는 열심히 공부해야 합니다. 결국 좋은 쪽이든 나쁜 쪽이든 공부의 양이 수익률로 이어져요. 공부의 양이 많으면 다른 사람들보다 먼저 멀리 가 있을 수 있어요. 액션을 할 수 있느냐 못 하냐, 액션의 강도를 세게 하냐 약하게 하냐는 결국 공부의 양으로 결정 나거든요. 공부한 사람만이 시대를 주도할 수 있습니다.

투자의 열정은 휴식에서 나온다

박세익 좋은 수익률을 거두기 위해서는 자기 관리가 필수일 텐데요. 그래야 엄청난 양의 공부도 다 소화할 수 있고요. 평소 일과가 어떻게 되세요?

이한영 처음 이 업계에 들어오기 전에는 펀드매니저에 대한 큰 환상을 갖고 있잖아요. 저희끼리는 3D 업종이라고 표현할 만큼, 실제 현실은 주식 포지션을 조금이라도 갖고 있으면 잠도 잘 못 자죠. 저도 평균 수면 시간이 세네 시간이고요. 새벽에 미국 장 보면 뇌가 움직여서 잠이 깨니까, 안 자려는 게 아니라 못 자는 거죠. 새벽 2~4시에 펀드매니저들 방에 기사를 올리면 누군가는 읽어요. 깨어 있다는 것이거든요. 그렇게 새벽에 일어나서 출근하는 거죠.

그래도 투자 전략이 맞았을 때 얻는 희열이 있으니까 열정과 엔도르핀으로 움직이고요. 그만큼 안 맞았을 때는 또 우울해지기도 하지만요. 끈기가 없으면 이겨내기 힘든 일이라고 생각해요. 업계에서 잘한다고 회자되는 사람들은 항상 자기만의 방식으로 부지런하게 준비하더라고요. 사실 특별한 것은 없어요. 눈 떠 있는 시간 내내 생각하고 고민하고 공부하는 거죠.

개인 투자자들도 다양한 사람들의 이야기를 통해 맞다 틀리다가 아니라 여러 가지 논리가 있다는 것을 듣고, 자기 나름의 공부를 하며 스스로 결론을 내려봤으면 해요. 이 과정을 매일 반복하는 거죠.

> **박세익** 저도 주식에 너무 빠져 있을 때는 주말도 없이 토요일 새벽에도 미국 시장까지 다 봤거든요. 그런데 그렇게 하니까 금방 에너지가 소진되는 것 같더라고요. 그래서 어느 순간부터 원칙을 정했어요. 토요일 하루만이라도 주식을 보지 말자. 토요일 아침에 일어나면 어제 미국 시장이 엄청 궁금해요. 그래도 확인 안 하고 그냥 공 차러 가거든요.
>
> 그런 점에서 골프는 안 좋은 점이 있어요. 가끔 업계 사람들과 토요일에 골프 치러 가면 만나자마자 어젯밤 나스닥 시장 이야기부터 하거든요. 그런 경우 어쩔 수 없이 또 주식의 세계로 빠져들지만, 웬만하면 토요일은 주식을 잠시 잊고 쉰다는 원칙을 지키려고 합니다.

이한영 저희 업은 각자 뭐든 풀 수 있는 게 있어야 하는 것 같아요. 그래서 저도 운동을 열심히 해요. 수익이 안 날 때 저는 딱 하나만 고민하거든요. 내가 가진 포트폴리오에 있는 이 종목들이 1~2주 뒤에 20%씩 오를 수 있을까? 종목이 전부 20% 오르면 펀드 수익률도 20% 올라가 있는 거니까요.

물론 다 같이 오르지는 않겠지만요. 반 이상만 올라도 수익률은 확실히 올라가죠. 매일 새벽 5시에 샤워할 때 그 생각을 해요. 그러면서 '될 거야, 될 거야' 혼자 생각하는 거죠. 어제 수익이 나빴어도 오늘은 희망이 있겠지 생각하는 거예요.

그래도 안 되면 장 끝나고 운동하고 다시 사무실에 들어가요. 업무 시간 오전 네 시간, 오후 네 시간 중 반 이상이 기업 미팅이면, 사실 기업 미팅만 네다섯 개씩 하는 거잖아요. 매매까지 하며 진행하니까 끝나면 진이 빠지죠. 그래서 한 시간이라도 운동하면서 잠깐 쉬는 시간이 필요해요. 이후에 또 준비하는 거죠. 이때 300개 종목 돌려보면서 눈여겨볼 것들 체크하고 공부해요. 맨날 똑같은 패턴이에요. 그렇게 20여 년 가까이 한 것 같아요.

그래서 저는 금요일 장 끝난 후 일요일 저녁 6시까지는 주식 관련된 것은 전혀 안 봅니다. 대신 일요일 저녁 6시에 밥 먹고 나서 8시부터는 일을 시작하죠. 밀린 것 전부 다 보고 리포트나 전략 자료 쓰면서 준비해요. 그러면 10시 정도에 끝나거든요. 주말에는 두 시간 바짝 공부하는 거예요. 그리고 또 하나, 평일에 점심 먹으러 나갔을 때도 절대 시세 안 봅니다.

이 두 가지 원칙은 무조건 지켜요. 처음에는 상당히 불안했는데 1~2년 안 보다 보니까 이제 안 하게 되더라고요. 다들 왜 안 보냐고 해도 본다고 바뀌냐는 생각으로 그냥 있죠.

박세익 저랑 굉장히 비슷한 점이 많으시네요. 예전에 클린턴 대통령이 프로골퍼 그렉 노먼Gregory Norman과 골프를

치다가 물어봤다고 해요. PGA 투어 4라운드 경기가 열리는 나흘 내내 어떻게 집중력을 유지하냐고요. 그랬더니 드라이브나 아이언 샷을 할 때는 굉장히 집중해서 치지만 걸어갈 때는 주변 경관도 보면서 짧은 리프레시Refresh 시간을 갖는 게 비결이라고 대답했다고 해요. 레오나르도 다빈치도 휴식할 줄 모르면 판단력을 잃는다고 말했다고 하죠.

최근 주식시장에 들어온 투자자들도 이 점을 꼭 기억했으면 해요. 코로나 발발 직후 2~3년 동안 제가 1500명 이상의 동학개미, 서학개미 투자자들을 만났어요. 우리나라 사람들이 워낙 학구열이 뛰어나고 열정적이다 보니까 주식 공부도 정말 열심히 하거든요.

그런데 그렇게 고시 공부하듯이 매진하다 보면 진이 빠질 수 있어요. 투자는 100m 달리기가 아니거든요. 워런 버핏이나 찰스 멍거Charles Munger처럼 90세, 100세까지 해야 하는 마라톤인데 말이죠.

천천히 일정 속도를 유지하며 오랫동안 꾸준히 뛰어야 해요. 고시원에서 하루 열다섯 시간 이상 시세 보며 주식 책 읽고 공부한다고 해서 1~2년 만에 바로 투자의 고수가 될 수는 없어요. 유소년 시절 손흥민 선수처럼 기초 체력과 기본기 연습만 몇 년 해야 하고, 수많은 실전 경험과 인문학적 지식을 바탕으로 자기 수양까지 가능해야 해요.

그래야 주식으로 경제적 자유를 얻을 수 있다는 점을 많은 투자자들이 꼭 기억했으면 좋겠어요. 그리고 쉬는 것도 투자라는 것을 명심하고, 경제적 자유라는 긴 여정을 가기 위해 나에게 맞는 휴식법도 고민해 봤으면 좋겠어요.

이한영 휴식을 잘하면 시세가 새로 보이는 경험을 하게 되죠. 그래야 오래 할 수 있어요.

박세익 지금까지 본부장님과 나눈 투자 방법부터 근본적인 마음가짐과 체력 관리, 생활 자세 등에 관한 소중한 노하우까지 우리나라의 개인 투자자들이 꼭 잊지 말고 실천했으면 하는 바람입니다.

2.

수축사회에도
확장 산업은 있다

김경록

미래에셋자산운용 고문

오늘날 세계는 고령화 추세에 따라 인구구조가 변화하는 한편, 이를 위한 기술도 동시에 개발되고 있습니다. 길어진 수명만큼 투자는 평생에 걸친 과제가 됐죠. 당장의 고수익도 중요하지만 더욱 길어진 노후를 뒷받침할 채권이나 연금 등에도 이제는 관심을 가져야 합니다. 지금은 소외된 시장이 앞으로는 성장의 주역이 될 테니까요.

하나의 기업에 인생을 걸지 말라

박세익　검도에서는 잔 칼이 아닌 큰 칼을 쓸 줄 알아야 한
다고 합니다. 32년 전 제 검도 사범님께서 하신 말씀인데
요. 잔 기술에 집중하다가는 상대를 한 번에 제압할 수 있
는 굵직굵직한 큰 기술을 휘두를 수가 없기 때문입니다.

　주식시장에서 개인 투자자들의 거의 90%가 수익을 거
두지 못하는 이유도 이와 같습니다. 짧게 잘라먹는 단타
매매만 하다가 성공 투자의 핵심 원칙인 '수익은 길게 손
실은 짧게'와는 정반대의 결과를 초래하는 거죠. 왜 우리
나라에서는 주식 투자 문화가 이처럼 단타 투자가 됐을
까요?

김경록　우리나라 사람들은 부동산 투자로는 그렇게 손해를 많이
안 봅니다. 그런데 주식은 손해를 많이 봐요. 마음가짐부터 다르
기 때문입니다. 부동산은 기본적으로 최소 5년에서 10년은 시장
상황을 견딘다는 생각으로 사거든요. 그런데 주식은 반년도 못
견뎌요.

　다 같은 자본인데 하나는 최소 5년에서 10년 정도의 마음가짐
으로 사고, 주식은 처음부터 6개월도 길다는 마음가짐이니까 성
공할 수 없죠. 1년을 놓고 주식 변동성을 따지면 수익을 거둘 수
가 없잖아요.

박세익 한 고객이 생각나는데요. 2022년에는 미국 시장의 빅테크 기업들 주가도 전부 떨어졌잖아요. 그런데 똑같이 손실이 나도 국내 주식은 스트레스받고 미국 주식은 마음이 편하다는 거죠. 그 이유가 미국 주식은 장기적인 관점으로 들어갔기 때문이라는 거예요. 결국 국내 주식은 단타로 먹고 나올 생각이었기 때문에 견디지 못하는 거죠.

이런 모습을 보면 신라시대 원효 대사님의 해골 물 이야기가 생각나요. 그 고객이 미국 주식도 단타로 먹고 나와야 한다고 생각했다면 미국 주식 투자 또한 스트레스가 똑같았을 거예요. 그냥 국내 주식도 장기투자로 생각하면 훨씬 마음이 편할 텐데 하는 아쉬운 마음이 들었죠. 어차피 국장이나 미장이나 세금을 감안한 장기 수익률 차이는 크게 나지 않는데 말이에요.

김경록 미국 주식은 우상향의 모습을 보이니까 더욱 믿음을 갖는 것 같고요. 국내 주식은 횡보하다가 한 번씩 올라가고 또 횡보하는 모양이니까 그만큼 믿음이 덜한 것 같습니다. 그런데 우리나라 주식시장의 특징인 것 같기도 하고요. 우리나라는 배당도 잘 안 해주니까요.

박세익 제 주변 채권매니저들의 경우 주식 투자수익률이 좋아요. 그 이유를 살펴보니 주식시장이 안 좋을 때 절대

망하지 않을 삼성전자와 같은 초대형 우량주를 싸게 사고요. 1~2년 기다렸다가 30% 이상 수익률을 내고 팔더군요. 잡주는 절대 안 사고요. 한마디로 큰 칼만으로 연평균 15% 이상의 수익률을 꾸준히 내는 거죠. 유튜브 〈삼프로 TV〉 김동환 프로님도 증권사에서 일하실 때 채권 필드에서 이름 꽤 날리셨다고 해요.

채권 투자의 핵심이 매크로 상황을 체크하면서 디폴트Default 리스크는 최소화하고 금리 방향에 대한 베팅으로 돈을 버는 거잖아요. 그래서인지 채권 전문가들이 삼성전자와 같은 시클리컬 기업 투자를 참 잘하는 것 같아요.

김경록 그래도 주식하던 사람들이 수익은 훨씬 좋죠. 주변에 꽤 많이 봅니다. 펀드매니저들은 종목 선정에 탁월하고 기본적으로 시장도 잘 읽으니까요. 시장 민감도인 베타Beta가 1이 훨씬 넘는 변동성 큰 주식을 시장 저점에서 사서 신용까지 들어가 돈을 벌더라고요. 기본적으로 주식은 베팅 성향이 강하니까요. 반면 채권쟁이들은 자산 배분 개념으로 많이 접근합니다. 기본적으로 매크로에 강하니까요.

저는 개인 자산 운용, 자산 배분에 관해 공부하면서 생애 자산 관리 쪽으로도 관심을 갖고 있는데요. 그러면서 앞서 이야기했던 의문도 들었던 거예요. 개인 투자자들이 부동산으로는 대부분 돈을 버는데 왜 주식으로는 돈을 못 벌까 싶은 거죠. 그 이유는 이야기했듯이 대하는 관점이 너무 다르기 때문이에요. 부동산은 10년을 갖고 있겠다고 생각하거든요.

더욱이 부동산에 투자할 때는 자식 대까지 고려합니다. 그때까지 안 오른다 하면 물려주면 된다고 생각해요. 아마 주식도 그런 마인드로 들어가면 돈 벌 수 있을 거예요. 재벌들도 자식 대까지 생각하면서 비즈니스를 하잖아요.

길게 자본에 투자하려면 우량한 자본을 가져야 해요. 금융 쪽에서 계속 성장하는 사람들은 공통적으로 우량한 주식을 가진다는 철칙을 갖고 있어요. 제가 이 업계에서 일하면서 그동안 배운 것도 다르지 않고요. 부동산도 마찬가지죠.

박세익 투자 대가들의 원칙은 결국 똑같네요. 대체투자 분야에서 2021년 9월 기준으로 6000억 달러 이상의 운용 자산Asset Under Management, AUM을 보유하고 있는 브룩필드자산운용의 CEO 브루스 플랫Bruce Flatt이 기억나는데요. 입사한 지 12년 만인 37세의 나이로 브룩필드의 CEO가 된 입지전적인 인물인데, 사람들은 그를 캐나다의 워런 버핏이라 불러요.

브루스 플랫은 과거 인터뷰에서 브룩필드의 투자 철학을 전 세계 핵심 자산Core Assets을 꾸준히 모아가는 거라고 했어요. 경기가 활황일 때는 베타가 큰 주변 자산Satellite Assets으로도 수익을 내지만, 경기가 나빠질 때는 주변 자산을 팔고 핵심 자산의 비중을 오히려 늘린다는 거예요. 그런 투자 원칙으로 전 세계 부동산 투자 자산이 가장 많은 운용사가 됐더라고요.

다행히 우리나라 개인 투자자들도 예전보다 달라지기는 했어요. 주변에서 누가 주식 투자한다고 하면 무슨 종목 샀냐고 물어보잖아요. 그러면 예전에는 대부분 잡주였거든요. 말도 안 되는 루머를 이야기하면서 마치 자기만 알고 있는 무슨 대단한 비밀 정보인 것처럼 말이죠. 그런데 요즘은 삼성전자 주주가 500만 명이 넘는 시대가 됐어요. 언제 오를지는 모르겠지만, 글로벌 핵심 우량 기업을 산 거죠.

김경록 보통 우량 종목을 장기로 갖고 있으면 돈을 번다고 하잖아요. 저는 이 말에 견해가 조금 달라요. 말 자체는 당연히 맞는 말이죠. 그런데 우량 종목이 미래에도 계속 우량 종목인지는 알수가 없어요. 우량 종목, 우량 기업이 망한 예가 한두 번이 아니니까요. 저희 세대는 외환 위기 트라우마를 갖고 있거든요. 우량 종목 한두 개에 삶까지 걸어서는 안 됩니다. 미래는 어떻게 변할지 모르니까요.

박세익 정말 중요한 이야기라고 생각합니다. 우량 주식을 살 때는 10년 끌고 갈 마음으로 매수를 하되 계속 분기 실

312

적도 체크하고 산업 내 경쟁 구도의 변화도 관찰해야 해요. 그러면서 최소 2년마다 보유 주식에 대한 냉정한 평가가 필요하다고 봅니다.

김경록 주식 전문가가 아니다 보니까 제 생각이 맞는지는 조심스러운데요. 저는 종목을 2~3년 정도의 기간을 놓고 투자해야 한다고 생각해요. 2~3년 정도는 기업의 흥망성쇠를 어느 정도의 높은 확률로 예측할 수 있어요. 그래서 밸류에이션에 비해 과하게 떨어졌다면 아주 좋은 투자 기회죠. 그런데 그 이상 넘어가는 불확실성은 인간의 능력으로 예측하기 불가능해요.

그래서 저는 장기투자는 자본주의라든지 자본시장 자체에 해야 한다고 생각해요. 일종의 지수나 기업 주식의 묶음, 패키지 투자가 여기에 속하겠죠. 그렇지 않고 하나의 기업만 20년을 바라보고 투자한다는 것은 불확실성이 너무 크지 않나 싶어요.

박세익 저도 그렇게 생각합니다.

김경록 미래에셋자산운용이 글로벌로 진출하게 된 계기 중에 하나가 노키아인데요. 2000년대 초반만 하더라도 노키아를 배우자고 하면서 서점가에서도 난리였어요. 주가도 2008년까지 계속 올라갔죠. 하지만 노키아가 애플에 밀리자 고점 대비 주가가 95% 하락했어요.

당시 우리나라 시가총액에서 삼성전자는 20% 이상을 차지하고 있었어요. 노이카를 보며 국내 주식시장도 몇 가지 종목에 너무 쏠려 있다고 판단한 거죠. 그렇게 글로벌 시장으로 나가게 된 거예요.

이처럼 종목 하나가 우량하다고 이후 20여 년의 삶을 한 곳에만 투자하는 것은 좋지 않다고 생각합니다. 워런 버핏이 이야기한 것처럼 주식시장에 삶을 바치는데 게다가 현명하지도 않다면 지수 시장에 투자하는 게 제일이라고 봅니다.

박세익 워런 버핏이 2013년 작성한 유언장에 S&P500에 90%, 미국 10년물 국채에 10% 투자하라고 적었죠.

김경록 그래서 저는 개인 투자자들에게 워런 버핏의 이 문장 안에 투자의 모든 철학이 들어 있다고 이야기합니다. 첫 번째, 자산 배분에서 자본 중심으로 가져가라는 거예요. 주식을 90% 하라고 했죠. 주식이 일종의 자본이고, 채권은 만기까지 갖고 있으면 예금과 비슷하니까요. 그러니까 채권 10%는 유동성으로 갖고 있으라는 뜻이거든요. 결국 자본을 중심으로 가되, 자본 중에서는 주식이 낫다는 거고요.

두 번째, 주식이라는 자본에 투자할 때는 S&P500 기업 정도에 투자하는 게 제일 좋다는 거예요. "주식 자본을 가져라", "시장에 투자하라"는 두 가지 투자 철학이 다 들어 있는 문장이죠.

채권과 주식의 교집합, 시장

박세익   채권 전문가시니까 채권에 대한 이야기를 이어서 해볼게요. 많은 투자자들이 주식만큼이나 채권에도 상당한 관심을 갖습니다. 주식과 채권은 여러 가지 다른 점이 있는데요.

주식은 시장이 강세라고 해도 스톡 피킹Stock Picking 잘못해서 언더퍼폼하는 경우가 많잖아요. 펀드매니저들은 벤치마크 대비 언더퍼폼하는 것에 대해 굉장한 스트레스를 받거든요. 채권은 그런 점은 없는 것 같아요. 채권 투자에 대한 대략적인 설명부터 부탁드립니다.

김경록   미국은 모기지담보부증권Mortgage Backed Securities, MBS, 지방채, 회사채, 투기 등급 회사채인 정크본드Junk Bond 등으로 다양하게 투자할 수 있지만, 우리나라는 거의 국공채 시장이거든요. IMF 전에는 기관 투자자들에 의해 은행 보증 회사채도 활발하게 거래됐지만 이제는 신용 등급 B급은 거의 잘 운용하지 않아요. 그래서 채권 종목보다는 금리를 전망하는 매크로 시장이라고 볼 수 있죠. 가끔 신용 등급 차이, 만기 차이에 따른 스프레드가 벌어졌다 좁혀졌다 정도의 변화가 일어납니다.

이런 점 때문에 저는 국내 채권시장에만 갇혀서 국채가 얼마나 발행되는지, 통화안정채권은 어느 정도인지만 보고 있는 것은 의미가 없다고 생각해요. 전 세계 시장을 움직이는 글로벌 변수들을 다 파악하려면 글로벌 채권시장도 알아야 한다고 봅니다.

박세익 펀드매니저 입장에서 채권을 바라보면 묵직한 느낌이 듭니다. 금리 예측에 따라 채권 듀레이션을 조절하는 것을 보면 채권매니저들은 큰 칼을 잘 쓰는 느낌이에요. 그래서 그런지 제 주변에는 주식시장 예측을 잘하는 채권매니저들이 많아요.

김경록 원래 채권 전문가들이 주식시장을 더 잘 읽는다는 이야기가 있기는 하죠. 특히 국면의 큰 전환을 잘 압니다. 이는 회사채 신용 등급과 채권 만기 간 금리 차이가 미래의 경기 상황을 보여주기 때문이죠. 무엇보다 자금시장 흐름을 매일 보게 되니까요. 종목은 잘 모르지만요. 채권 쪽에서 일하다가 자산 배분 쪽으로 많이들 가는 것도 그런 이유예요. 주식이 활황이나 침체일 때 국면 전환의 시점이 궁금하다면 채권쟁이의 말을 한번 들어보는 것도 도움이 될 거예요.

박세익 제가 『투자의 본질』에서 주식은 시장 분석이 중요하다고 썼지만, 막상 주식 업계에서는 시장 분석보다는 스톡 피킹이 중요하다는 분위기가 대세예요.
2021년 말 〈조선비즈〉에서는 증권사들을 대상으로

2022년 상반기 코스피 전망에 대해 조사한 적 있습니다. 거의 모든 증권사들은 코스피가 2021년과 비슷한 2800~3500 사이 박스권 흐름을 보일 거라고 내다봤어요. 유일하게 대신증권에서는 지수 하단을 2600 정도로 예측하면서 상반기 약세장을 예상했지만, 그 전망도 코스피가 2022년 6월 말 2300까지 하락하며 보기 좋게 빗나갔죠. 물론 저도 2022년에 코스피가 2300을 깨리라고는 전혀 예상하지 못했고요.

증권사별 2022년 상반기 코스피 예상 전망치

증권사	예상 전망치	하단	상단
하나금융투자	2810~3150	2810	3150
한국투자증권	2800~3200	2800	3200
KB증권	2900~3500	2900	3500
키움증권	2950~3450	2950	3450
교보증권	2850~3450	2850	3450
유안타증권	2750~3350	2750	3350
이베스트투자증권	2750~3150	2750	3150
메리츠증권	2800~3450	2800	3450
SK증권	2900~3400	2900	3400
대신증권	2610~3000	2610	3000
한화투자증권	2900~3300	2900	3300
NH투자증권	2800~3400	2800	3400
유진투자증권	2900~3300	2900	3300
IBK투자증권	2800~3200	2800	3200
평균	2822.8~3307.1	2822.8	3307.1

※ 미래에셋증권은 밴드 미제시   3000   3500

출처: 〈조선비즈〉

물론 6개월, 1년 뒤의 지수를 정확히 예측하는 것은 신의 영역이지만, 채권 쪽에 종사하는 전문가들은 확실히 시장의 국면 전환에 대해서는 저희 같은 주식쟁이들보다는 빠른 것 같아요. 그리고 주식 투자자들은 아무래도 본인이 보유하고 있는 주식 포지션 때문에 시장을 계속 좋게 보려는 인지 편향도 있는 것 같고요.

김경록 글로벌 투자자들이 제일 중요하게 여기는 부분이 자금 흐름이죠. 돈이 어디로 몰리고, 긴축으로 얼마나 부족할지가 중요하니까요. 결국 주식시장은 돈이 얼마나 쏟아지고 얼마나 거둬들이고 있느냐가 핵심이라면, 자금의 흐름을 매번 추적하는 채권시장의 특성상 어느 정도의 감이 있겠죠.

그런가 하면 주식에서는 시장의 흐름을 읽는 것만큼이나 스톡 피킹도 중요하긴 하니까요. 그 노하우나 기술이 주식 전문가들의 경쟁력일 테고요. 채권이나 자금 쪽 전문가들은 스톡 피킹은 못 하니까요.

박세익 막상 스톡 피킹을 잘하는 고수들은 100명 중 15명도 안 될 거예요.

김경록 그 정도도 많은 거죠. 학계에서는 스톡 피킹을 지속적으로 잘하는 사람은 거의 없다고 보고 있어요.

박세익 그렇더라고요. 포트폴리오가 중요할 것 같은 미국 시장에서도 지수를 웃도는 초과 수익은 스톡 피킹보다는 자산 배분이 더 효과적이었어요.

김경록 2021년 초에 코스피가 3000을 돌파했는데, 솔직히 밸류에이션을 따져보면 부담스러운 수준이었죠. 그런데도 일반 투자자들 돈은 계속 들어왔어요. 보통 일반 투자자들의 자금은 고점의 거의 80% 정도에 가장 많이 들어오거든요. 과거에도 마찬가지였어요. 펀드 투자 열풍이 불었던 2007년에도 개인들 투자 자금이 많이 쏟아져 들어왔거든요. 그리고 1년 후에 금융 위기가 터지면서 확 무너졌고요.

2021년에도 자금은 계속 주식시장으로 흘러 들어오는데 주가 수준은 부담스러웠어요. 웬만한 전문가들은 모두 인정하고 있었을 거예요. 강세장이 끝나고 2022년처럼 약세장이 도래했을 때 어디까지 떨어지느냐가 문제였죠.

그런데 금리 인상을 비롯해 우크라이나 전쟁, 중국 봉쇄까지 연쇄적인 악재가 터지리라고는 아무도 예상하지 못했기 때문에 전문가들의 예상치보다 한 단계 더 뚝 떨어진 거예요. 이런 돌발 악재들이 터져 나오면서 2022년 상반기에는 채권 투자자들도 금리 인상으로 손실을 봤어요. 이 정도면 충분하지 않겠느냐 해서 들어갔다가 물린 사람들이 많았거든요. 그리고 3분기에 또 한 번 당했어요. 그만큼 2022년은 채권쟁이들에게도 금리 전망이 어려웠던 해였어요.

주식도 아마 마찬가지였을 거예요. 한 단계 떨어지고, 더 빠지면 얼마나 빠질까 하고 들어갔다가 또 떨어진 거죠. 우크라이나 전쟁이 그렇게 오래 지속될지도, 시진핑이 경제를 생각하지 않고 연말까지 그렇게 오랫동안 코로나 봉쇄를 할지도 당시로서는 몰랐으니까요.

실제로 주식과 채권에서 모두 20% 가까이 손실을 본 것은 거의 150년 만이라고 해요. 저도 이런 징후를 왜 미리 알아채지 못했을까 반성하며 금융 위기나 관련 책들을 끄집어내서 다시 보고 있습니다.

박세익 그런 면에서는 저도 참 많이 반성합니다. 제가 예전에 파생상품 매매를 많이 했거든요. 2004년 KTB자산운용 투자공학팀에서 일할 때는 한 달에 2~3조 원의 주가지수 선물을 매매했어요. 그래서 여의도 바닥에서 누구보다 코스피 단기 예측이나 장기 전망을 위해 많은 시간을 투자했다고 자부합니다. 한창 선물 매매를 할 때는 매일 아침 회의 때 그날 하루 코스피 지수 예상 범위와 일봉 그래프를 그려서 발표할 정도였으니까요.

그렇게 파생상품시장에서 갈고닦은 실력으로 코로나 이후의 강세장도 예측했죠. 많은 증시 전문가들이 "1800이 고점이다", "2100이 고점이다"라는 비관적 전망을 할 때도 저는 "내년까지 코스피 3000 간다"라는 의견을 방송에서 이야기했으니까요.

그런데 이번 2022년 하락장은 너무 안이하게 생각한 것 같아서 여러 가지로 반성이 많이 되더라고요. 책에는 연준이 코로나 이후 천문학적인 돈을 풀면서 인플레이션 쓰나미가 도래할 거라고 써놓고는 1980년대 초와 같은 상황이 도래할 수도 있다는 것을 왜 생각하지 않았을까. 환율이 1250원을 돌파할 때 주식을 사는 것보다, 환율이 피크 아웃 친 이후에 떨어지는 1250원에서 투자를 시작하는 게 낫다는 것을 왜 미리 백테스팅Back Testing 해보지 않았을까.

1998년 이후 코스피 연간 수익률과 1948년 이후 미국 주식시장 통계치를 보더라도 미국 대통령 2년차 짝수 해에는 조금 더 보수적으로 시장을 전망했어야 했는데 왜 그렇게 낙관적이었을까. 퀀트 분석에 따르면 5~10월 주식시장의 수익률이 11월~4월 투자수익률보다 안 좋은데 왜 5월부터 그렇게 급하게 주식을 샀을까 등등 2022년은 정말 후회가 많았던 한 해였습니다.

그나마 2021년 1월 초 코스피가 3000을 돌파하면서부터는 신규 투자 자금을 받지 않았던 점, 그리고 그해 5월 기존 고객이 보유한 주식도 다 팔면서 고객들에게 투자금과 수익금을 다 찾아가도록 했던 게 정말 잘한 결정이었다고 생각하며 위안으로 삼습니다.

그리고 1년이 지난 2022년 5월부터 고객 자금을 다시 운용하기 시작했는데, 그나마 코스피 2700 위에서 주식을 안 산 것을 다행으로 생각하고요. 2021년에 신청한 투자자문사 라이선스가 1년이나 지연되면서 늦게 나와준 것도 천운이었다 생각해요.

한편 2022년 6월 연준의 자이언트 스텝이 단행되면서 코스피가 2300까지 빠지는 것을 보면서 아뿔싸 싶었죠. 그때 유진투자증권의 강영현 이사가 신용투자자들 반대매매를 언급하는 것을 보고 아차 싶어 국내, 해외 신용 잔고를 바로 다음 날 체크해 봤어요. 코로나 직후 급반등 장에서 국내, 해외 주식시장에는 엄청난 신용투자 자금이 유입됐는데, 2021년 박스권에서는 신용이 제대로 안 털렸거든요.

2022년 1월부터 나스닥이 급락하면서 국내 주식시장도 도미노처럼 무너지기 시작했는데, 신용이 2021년 고점 25조 원 대비 거의 9조 원이 털리면서 투매를 야기시켰어요. 코로나 발발 전에 4~10조 원 왔다 갔다 하던 신용투자 규모가 2021년 7월에는 25조 원까지 늘어났으니까 엄청난 가수요가 있었던 거예요.

그런데 이런 레버리지 투자는 신용뿐만 아니라 스톡론 Stock Loan[1]도 있고, CFD Contract For Difference[2] 계좌도 있잖아요.

CFD 계좌는 외국계 증권사와 차액 결제를 해주는 예전 TRS Total Return Swap[3] 방식과 비슷하거든요. 이를 5~6년 전부터 개인들도 쓸 수 있게끔 해준 거죠.

처음에는 투자금이 50억 원 이상이고 전문 투자자로 등록된 소위 슈퍼개미들에게만 허용을 해줬는데, 지금은 연소득 1억 원 이상에 투자 자금이 5000만 원 이상이면 CFD 계좌를 쓸 수 있도록 문턱이 많이 낮아졌어요. 그래서 최근 3년 동안 이런 CFD 계좌를 통한 레버리지 투자가 많이 늘었고, 이번 하락장에서 반대매매가 나오면서 많이 청산됐죠. 와장창 매물이 쏟아진 거예요.

미국 시장도 2020년 코로나 이후 연준의 제로 금리 정책으로 인해 엄청난 신용투자가 이뤄졌는데, 2022년 하락장에 2500억 달러 이상의 신용이 털렸더라고요. 우리나라 돈으로 330조 원 정도 되니까 정말 엄청난 물량이죠. 이런 신용 물량이 쏟아져 나온 근본적인 원인은 결국 물가와 연준의 금리 인상으로 생긴 이자 부담이 핵심이었고요. 이를 놓쳤다는 점이 너무 부끄럽고 스스로 한심스럽더라고요.

김경록 현재 시장 상황을 못 맞췄다고 자책할 필요는 없다고 봐요. 과연 우크라이나 전쟁을 예측한 사람이 있을까요? 중국의 록다운은요? 코로나 팬데믹은 1910년대 스페인 독감 이후 100년 만에, 물가 급등은 1970년대 이후 50년 만에, 우크라이나 전쟁은 독일이 폴란드를 침공한 후 80년 만에 처음 일어난 일이에요.

이렇게까지 주가가 빠질 줄 누가 알았겠어요. 물론 어느 정도 예상한 사람들도 있겠지만 중요한 것은 주가 하락의 단초가 된 물가 급등, 금리 인상 폭을 바로 예측한 사람은 없었다는 거죠. 무엇보다 그 예측이 얼마나 지속적으로 맞아왔는지도 중요하고요. 이 점이 진정한 전문가인지 아닌지를 나누는 기준일 것 같아요.

실제로 2022년 2월 우크라이나 전쟁 발발 시점에도 국내 시장은 특이하게 별로 신경을 안 쓰더라고요. 애널리스트들도 우크라이나 전쟁의 물가 영향에 대해 별로 분석하지 않았고요. 뉴스에서도 그런 보도가 거의 없었어요. 일본만 해도 우크라이나 전쟁을 언론사 홈페이지의 한 꼭지로 만들어 계속 뉴스를 내보냈거든요. 한두 달 지난 후에야 슬슬 이야기가 나오더라고요. 이게 당시 현실이었습니다.

국민연금 고갈은 현실화될까

박세익 국민연금에 대한 이야기도 해보죠. 고갈 시기에 대한 이야기가 꾸준히 나오잖아요. 지금 이대로면

2054년에 완전히 고갈된다고 하더라고요. 그러면서 지금 보험료율이 9%인데 보험료율을 최고 21%까지 올리는 것에 대한 이야기도 나오고요.

이런 상황을 보면 사실 조금 아쉬운 마음이 들어요. 보험료율을 올릴 생각만 할 게 아니라 수익률을 높일 수 있는 다른 시나리오도 있으리라 보거든요.

조금 전에 이야기했듯이 세계적인 투자 천재 워런 버핏도 2013년 부인에게 남긴 유서에서 S&P500에 90%를 투자하라고 했잖아요. 그런데 국민연금의 자산 배분 계획을 보면 2022년 말 국내 주식 비중을 16.3%에서 매년 계속해서 줄여 2027년까지는 14%까지 떨어뜨리는 구상이더라고요. 물론 해외 주식 투자 비중은 28%에서 40%까지 늘린다고 돼 있어요.

국내외 합치면 2022년 기준으로 45% 수준에서 54% 수준으로 늘리는 거지만, 국내 비중을 획일적으로 줄이는 게 과연 연금 자산 수익률 개선에 도움이 되는 것인지는 모르겠어요. 퀀트 분석을 활용하면 국내 주식 투자수익률도 얼마든지 해외 주식 평균 수익률보다 획기적으로 더 개선할 수 있는 여지가 있는데 말입니다.

김경록 제가 2003년에 '채권 먹는 불가사리'라는 칼럼을 하나 썼습니다. 국민연금에 관한 이야기인데요. 당시 국민연금이

80~90%를 채권에 투자했었어요. 시장에서 채권을 다 들고 가는 거죠. 이런 현상이 향후 국가 경제에 어떤 영향을 미칠지에 관한 글이었는데, 제목 때문에 쓴소리를 듣기도 했어요.

그런데 저는 그 이후에 국민연금이 참 많이 변했다고 생각합니다. 이 정도면 정말 성공적인 변화라고 생각해요. 앞으로 국민연금이 해외와 국내 주식을 포함해서 비중을 50% 정도까지 늘릴 텐데요. 저는 그 정도만 해도 우리나라 정서에서는 거의 획기적이라고 봅니다.

박세익 그 칼럼을 박현주 회장님이 언론 인터뷰에서 언급하셨다가 미래에셋증권이 몇 달 동안 국민연금 거래 증권사에서 등급이 낮아졌던 것으로 기억납니다. 그런데 그런 용기 있는 쓴소리 덕분에 연금 운용이 많이 개선이 된 거 잖아요.

김경록 맞습니다. 계속 비중을 차츰차츰 늘리면서 대체투자도 하고 있고요. 지금처럼 시장이 좋지 않으면 주식 비중이 높은 상황에서는 손실을 보기도 하지만요. 장기적으로 해외 연기금들의 과거 수익률을 참고해 보면 결과는 좋을 거라고 봅니다. 지금까지 수익률을 봐도 평균적으로는 운용을 잘하고 있다고 생각해요.

그리고 저는 보험료율도 9%에서 높였으면 좋겠어요. 고갈을 막을 다른 방법이 없어요. 근로자 입장에서는 절반만 내면 되기 때문에 미래를 준비하는 데 더 좋죠. 회사 입장에서는 부담스럽겠지만요.

박세익 아무래도 개인이 투자하는 것보다는 국민연금이 투자하는 게 전문성 면에서 더 뛰어날 수밖에 없겠죠. 규모의 경제도 작동할 테고요.

김경록 맞습니다. 국민연금은 건물이나 대체투자에서 협상 시 우위에 있으니까 우량한 물건을 살 수도 있고요. 실제로 퇴직연금 수익률에 비해 국민연금 수익률이 우위일 수 있었던 게 해외 주식과 대체투자 덕분이었어요. 개인 투자자들은 해외 주식은 별로 안 했고, 대체투자는 들어가기가 거의 힘드니까 국민연금이 그런 면에서 우위에 있죠.

박세익 규모의 경제가 요구되는 대체투자를 개인들이 소액으로 하는 것은 사실 힘들죠.

김경록 그리고 국내 주식 비중을 줄이더라도 투자되는 금액은 많이 늘어날 거예요. 국민연금 규모 자체가 워낙 많이 늘었으니까요. 1000조 원에 15%면 150조 원, 1500조 원에 15%면 225조 원이 아닙니까?

박세익　그러네요. 채권 투자 비중을 줄이고 국내 주식 비중을 조금 더 늘렸으면 하는 아쉬움이 있지만 절대 금액으로는 계속 늘어나니까 국민연금의 계획을 존중해야죠. 그리고 그동안 운용을 잘해온 것도 사실이고요.

2022년은 주식, 채권 모두 안 좋아서 79조 원 정도의 손실을 기록했지만, 2019년부터 2021년까지는 3년 동안 220조 원이 넘는 운용 수익을 기록했었잖아요. 3년 동안 연평균 10%가 넘는 수익을 기록했으니까 정말 잘한 거죠.

김경록　지금 쌓여 있는 국민연금 적립금을 잘 활용해 수익률을 개선하고 보험료율을 높이면 고갈 시기도 조금 더 늦출 수 있을 거라고 봐요. 이 거대한 규모의 자금으로 세계 시장에서 정말 많은 일을 할 수 있잖아요. 자금을 소유한 사람은 정보와 힘을 가지니까요. 국민연금 정도의 투자 금액이라면 글로벌 금융시장에서도 정보력을 기반으로 좋은 수익률을 거둘 수 있을 것입니다. 그런 정보를 우리나라 경제 운영에 활용하면 더 좋겠죠.

박세익　연금 기준으로는 국민연금이 세계 3대 연금이라고 알고 있거든요.

김경록　미국과 일본을 포함해 3대 연금이라고 하는데요. 다른 선진국들은 연금들이 다 고갈돼서 페이고$Pay\ as\ You\ Go$[4] 방식이라고 젊은 사람들에게 세금을 걷어서 바로 주니까요. 적립된 돈이 없거든요. 국부 펀드라고 해서 정부가 외환 보유고 같은 자산으로 주식이나 채권에 출자하는 형태는 있지만요.

박세익 노르웨이 국부 펀드의 규모가 제일 크죠.

김경록 국민연금과 같은 형태는 다 고갈돼서 선진국들에는 잘 없습니다. 반면 우리나라는 1800조 원까지 증가할 테니까요. 세계 시장에서 아주 큰 영향력을 행사할 수 있고, 잘 활용하면 국내 경제에도 많은 도움이 되리라 생각합니다.

박세익 미국에 '401K'가 있다면 우리나라에는 국민연금이 있다고 할 수 있네요. 국민의 노후 자금을 아주 잘 운용하고 규모도 계속 성장하고 있다는 점은 아주 좋게 생각합니다. 여기에 국내 주식 비중을 조금만 더 높여서 적극적으로 해줬으면 하는 바람인 거죠.

지금은 주식 비중을 고정시켜 놓고 주가가 빠지면 비중이 줄어드니까 더 사고, 또 2020년처럼 시장이 올라가면 비중이 초과돼서 파는 식으로 운용하잖아요. 우리나라처럼 변동성이 심한 주식시장에서는 그런 방식의 운용도 어느 정도 효과적이라는 것에는 일부 동의해요.

하지만 2022년 하반기처럼 코스피 PBR 0.9가 깨졌을 때도 적극적으로 안 들어오더라고요. 과거 30년 코스피 백테스팅 결과를 보면, PBR 0.9 이하에서 투자 시 1년 평균 수익률이 40%가량 나오는데 말이죠. 그럴 때는 조금 더 공격적으로 비중을 늘리고, PBR 밴드로 봤을 때 1.2 이상에서는 적극적으로 비중을 줄이고요.

이런 식으로 퀀트 분석을 통해 투자수익률을 조금이라도 더 높일 수 있는 전략을 가능한 한 더 적극적으로 도입했으면 하는 거죠. 그러면 국내 주식 투자에서의 수익률 개선에 도움이 되지 않을까 싶습니다.

김경록 그렇죠. 수익률도 올리고 국내 주식시장의 변동성도 조금 줄일 수 있겠죠. 미국 자본시장에는 연준의 페드풋 Fed Put [5]이라는 게 있지 않습니까? 우리나라는 부동산이 중심이지 주식 중심이 아니거든요. 미국은 주식 중심이고, 부동산 중심이 아니고요. 미국은 '401K'의 50% 이상을 개인들이 주식에 넣어놨기 때문에 주가가 급락하면 퇴직 생활이 흔들립니다. 그러니까 미국은 주식시장 급락에 적극적인 자세를 취하죠.

반면에 우리나라는 개인들의 삶이 부동산에 걸려 있다 보니 정책 당국도 부동산 가격이 급락하면 갖은 방법을 다 씁니다. 우리나라는 정부가 부동산에 대해 풋 옵션을 공짜로 주는 셈이죠. 그런 의미에서 미국 시장에 주식을 넣으면 마음이 놓인다는 것도 일리는 있어요. 잘못되면 국민들부터 큰 타격을 받는데 정치인들이 설마 방치하겠냐는 생각이 들죠. 그래서 미국은 주식시장의 전체적인 생태계나 인프라가 잘 돼 있어요.

박세익 아, 정말 큰 차이가 있네요.

김경록 우리나라는 부동산시장이 급락하면 정부에서 조정을 하는 반면, 주식시장은 상대적으로 버려져 있죠. 그런 시장에 소위 'NPS풋'으로 국민연금이 들어와 있으면 어떨까 싶어요. 시장 변동성이 과한 것은 좋을 게 없으니까요. 그런 면에서 국민연금이 자금력과 정보력을 바탕으로 한국은행 못 하는 'NPS풋'을 하는 거죠. 수익도 낼 수 있을 테고요. 물론 국민연금 운용은 워낙 감시하는 눈들이 많아 쉽지는 않을 거지만요.

박세익 정말 좋은 아이디어인데요? 사실 그렇게 하면 꿩 먹고 알 먹는 거잖아요. 주식시장이 폭락할 때 'NPS풋'이 작동한다는 인식이 자리 잡으면 국내 시장 변동성도 많이 줄 것 같고요. 변동성이 낮아지면, 코스피에 적용되는 PER, PBR과 같은 멀티플도 높아지겠죠. 한국 주식시장에 대한 신뢰 회복에는 확실히 도움이 될 것 같네요.
　물론 그렇다고 깡통계좌 사태가 있었던 1990년 하반기처럼, 거품이 꺼지면서 하락하는 주식시장을 연금 수급으로 받치라는 이야기는 절대 아니고요. 외생변수로 발생하는 급락장에서는 우리나라 초대형 우량기업들이 헐값에 투매로 나올 때 싸게 사고 활황장에서는 비싸게 파는 거죠. 이를 통해 수익률 개선도 되고 코스피 밸류에이션도 높이는 일석이조 효과를 바라는 것입니다.

김경록　그런데 국민연금 다음으로 많은 자산이 축적된 곳이 퇴직연금이에요. 다른 나라들은 퇴직연금을 일찍 시작했지만, 우리나라는 2005년부터 퇴직연금이 적립되기 시작했거든요. 문제는 지금 규모만 300조 원에 달하는데 퇴직연금에 주식을 담고 있는 비중이 10% 정도도 안 된다는 것입니다.

퇴직연금에는 확정급여형인 DB^{Defined Benefit}형 퇴직연금[6]도 있고 DC도 있죠. DB는 기업이 운용하는 거고, DC는 개인들이 직접 운용하는 것인데요. DB는 더욱더 주식 비중이 낮아요. 퇴직연금에서 주식 비중이 평균 30% 정도로만 높아져도 포트폴리오 수익률이 확 달라지거든요.

국민연금이 나중에 자산을 팔 때 사줄 사람이 있을까 우려하잖아요. 그런데 퇴직연금이 받아줄 수 있는 거예요. 국민연금의 적립금이 줄어들 때 퇴직연금은 한동안 계속 증가해요. 개인들이 퇴직 후에도 IRP^{Individual Retirement Pension} 계좌[7]를 통해 운용하니까요.

결국 연금 시장은 DB, DC, IRP의 퇴직연금 시장과 개인연금

시장을 합친 사적 연금 시장, 국민연금과 같은 공적 연금 시장으로 구분할 수 있거든요. 어느 나라나 공적 연금 시장은 죽어가는 모양새예요. 대신 사적 연금 시장이 커지고 있죠. 우리나라도 마찬가지고요.

따라서 사적 연금 시장이 자본시장을 더 튼튼하게 만들면 나중에 국민연금이 자산을 팔 때 받아줄 수 있을 거라고 생각해요. 결국 국민연금뿐만 아니라 퇴직연금도 앞으로 잘 키우고 돌봐야 할 중요한 시장인 거죠.

> **박세익**　사실 국민연금은 불입한 기간보다 수령하는 기간이 훨씬 길다 보니까 내가 낸 돈보다도 많이 받는 구조잖아요. 결국 나중에 불입한 사람들의 보험료로 먼저 받는 것인데, 퇴직연금은 어차피 내가 낸 돈을 남에게 줄 일은 없으니까 고갈되지는 않겠네요.

김경록　퇴직연금은 100% 자기 적립 원칙이고요. 국민연금은 그 외에 다른 것들이 더해진 거라 조금 차이가 있죠. 종신 지급이니 수명이 길어지면 많이 받아가고, 또 소득 재분배 기능이 있어서 저소득자는 고소득자에 비해 납입금보다 훨씬 많이 받아가요. 자신의 납입 금액에 이자를 더한 것과 비교해 고소득자는 두 배 정도 받아가지만 저소득자는 네 배 정도 받아가거든요. 이러나저러나 배수가 높기 때문에 조금 낮추긴 해야 해요.

제가 1994년에 개인연금을 신탁형으로 가입했거든요. 원금을 3400만 원 납입했는데 전체 금액이 지금은 9000만 원 정도 됐어요. 사적 연금을 장기로 잘 활용하면 국가에 재정 부담을 주지 않고, 따라서 차세대에 폐를 끼치지 않고 노후 준비를 할 수 있다고 봅니다.

시장의 변동성은 맥박의 움직임과 같다

박세익 저는 파생상품도 오래 운용했기 때문에 무조건적인 강세론자는 아니거든요. 더구나 성격상 남에게 피해 주기 싫어하기 때문에 고객 계좌가 조금만 손실이 나도 엄청 스트레스를 받아요. 그래서 시장 상황 안 가리고, 시도 때도 없이 '못 먹어도 고'를 외치지는 않아요.

그런데 주식시장에 30년 가까이 종사하다 보니 2020년 코로나, 1998년 IMF, 2008년 금융 위기 때처럼 시장이 외생변수로 폭락할 때만큼 좋은 기회가 없더라고요. 그런 측면에서는 이번 조정장도 우량 주식을 헐값에 살 수 있도록 연준이 만들어준 기회가 아닌가 싶어요.

그래서 궁금한 점이 하나 있는데요. 2018년 10월 미국 10년물 국채 금리가 3.2% 넘었을 때 제롬 파월 의장이 금리 인상이 아직 많이 남았다는 뉘앙스의 연설을 하자 그때부터 미국 주식시장이 급락했었잖아요. 그 후 S&P500이 세 달 동안 20%나 하락했음에도 불구하고 12월 FOMC 회의에서도 연준 의원들은 점도표를 통해 두세 번의 금리 인상을 2019년에도 추가적으로 이어가겠다고 밝혔고요.

그런데 정작 2019년에 들어서자 연준은 금리 인상은 고사하고 하반기에 오히려 금리를 세 번이나 내렸어요. 당시 미국 10년물 국채 금리는 1.5%까지 빠졌고요.

김경록 유럽도 난리였죠. 그래서 그때 우리나라도 독일 채권 관련 파생상품에 투자했던 개인 투자자들이 손실을 많이 보고, 초저금리로 난리가 났었습니다.

박세익 그러면 혹시 2023년에 그 정도의 경기 침체가 오면 2019년처럼 미국 국채 금리도 떨어질까요?

김경록 그런 이유로 지금 채권에 투자해야 한다는 사람들이 있는데요. 좋기는 하지만 채권에 자금이 너무 쏠려 금리가 3%로 하락하면 매력이 떨어진다고 봐야 합니다. 경기 침체 쪽으로 가는 비중이 높기는 하지만 아직은 두고 봐야 할 것 같아요.

그리고 물가 부분도 그렇게 만만하지 않은 것 같고요. 물가가 올해(2023년) 단기적 발작으로 끝나고 다시 안정적인 국면으로 접어들지, 내년에도 어느 정도의 영향을 줄지는 의문이에요. 과거 20년 정도의 경험으로 보면 물가는 계속 안정적이었거든요. 그래서 2000년대를 그레이트 모더레이션Great Moderation[8]이나 골디락스 Goldilocks[9]라고도 했죠. 그런데 지금은 물가도 자극을 받는 상황이라 중기적으로 보는 게 좋을 것 같습니다.

미국이 2차 세계대전 후에 1960년대 수요가 증가하면서 주식 시장도 좋아졌잖아요. 그런데 1970년대 오일쇼크가 터져서 공급 요인으로 물가가 오르기 시작해요. 그러면서 당시 연준 의장 폴 볼커Faul Volcker가 금리를 올렸죠. 이처럼 수요 요인이 가시화된 뒤에 공급 요인이 터질 때가 제일 무서운 거예요.

수요가 별로 없을 때 공급이 넘치면 시장은 금방 안정됩니다. 그런데 당시는 정부가 재정을 풀면서 수요가 좋아진 상황인데, 공급 요인으로 물가가 자극받으니까 뻥 터졌거든요. 그래서 저는 이런 부분도 조금 불안합니다.

그중에서도 특히 노동 공급에 대한 우려가 큰데요. 노동 공급이 지금 계속 줄고 있거든요. 2000년대에는 다 알다시피 중국이 어마어마한 노동력을 공급했어요. 오죽하면 중국이 세계에 디플레이션을 수출한다고 했잖아요. 2000년대만 하더라도 중국의 30~50대 노동 공급이 엄청날 때니까 어떻게 해도 물가 자극을 안 받았어요. 인건비도 안 오르고요.

그런데 지금 중국의 인건비가 오르고 있죠. 그리고 중국의 노동인구가 이제 서서히 노동시장에서 퇴장하기 시작했어요. 우리나라와 7년 정도 차이 나거든요. 앨런 그린스펀 의장이 자서전에서 인플레이션을 확실하게 잡으려면 금리를 두 자릿수로 올려야 할지도 모른다고 했는데, 가장 큰 이유가 중국의 인건비 상승이었습니다. 중국의 임금이 오르면 세계에 인플레이션을 수출한다고 봤거든요. 이런 점이 중기적으로 봤을 때 제가 가장 우려하는 부분입니다.

그래서 2023년 시장이 V자형으로 회복될지, 반등했다가 또 한 번 약간의 저항을 받을지를 생각해 보면 아무래도 후자 쪽의 가능성이 더 클 것 같습니다. 물가도 빨리 안정되지 않기에 금리가 너무 낮아지면 굳이 따라가면서 살 필요는 없을 듯해요.

박세익 바이든 대통령이 출범시킨 IPEF도 중국을 대체하는 또 다른 세계 공장을 찾으려는 것일까요? 인도, 베트남만 하더라도 인구가 젊으니까요. 이미 자본가들은 인건비 상승에 대한 부분을 대처하고 있다는 생각도 들더라고요.

김경록 제 생각에는 지정학적 요인이 큰 것 같습니다. 미국은 민주당, 공화당 상관없이 중국과 패권을 다투는 문제가 제1순위입니다. 그러니까 인도와 태평양권을 합쳐서 중국에 대항하자는 거죠.

사실 노동시장의 퀄리티, 사회의 조직화에서 중국과 인도는 비교가 안 되잖아요. 인도는 사회주의하에 성장하면서 모든 기업들이 제조업에 대한 규제에 상당히 많이 엮여 있습니다. 행정 절차들도 복잡하고요. 그런 것들이 아직 다 안 풀렸어요. 거기다 지방자치가 상당히 강하기 때문에 중앙에서 모든 규제를 법령 하나로 풀어버릴 수가 없거든요.

그런데 중국은 그런 게 가능한 사회니까요. 그리고 노동의 퀄리티도 좋고요. 그래서 제 생각에는 노동시장에서 중국과 인도는 비교 자체가 안 되고요. 인도는 인도 나름의 다른 특징을 갖고 나가겠죠. 따라서 IPEF도 중국이라는 곳에 대항하기 위한 하나의 지정학적 설계가 아닌가 싶어요.

유럽이나 미국 시장의 고령화는 상당 부분 진정됐어요. 여기에서 추가로 악화되는 부분이 많지는 않을 것 같고요. 서구 사회는 이미 성숙한 고령 사회죠. 그래서 앞으로 고령 사회의 핵심은 중국이라고 봐요. 우리나라는 5000만 명인데 중국은 14억 명의 인구가 고령화로 접어들면 그 파급효과는 글로벌이에요.

따라서 앞으로 우리나라 시장도 상당 부분 중국의 고령 시장을 타깃으로 삼아야 할 거라고 봐요. 제론테크Gerontech라는 말이 있어요. 제론톨로지Gerontology가 노년학이고, 테크놀로지가 기술이잖아요. 노년학과 기술 제품을 합친 것을 제론테크라고 해요. 서구 사회의 제론테크 시장 관계자들이 눈독 들이는 곳이 바로 중국입니다. 바이오, 헬스케어, 뷰티 같은 분야가 제론테크에서 굉장히 큰 시장이 될 거예요.

제가 『데모테크가 온다』를 쓴 이유도 같아요. '수축사회'라는 개념이 있잖아요. 고령화가 수축사회의 한 면을 보여주는 것도 맞아요. 하지만 항상 수축 국면 안에는 확장 국면이 싹트고 있거든요. 투자를 한다면 이 지점을 봐야 해요. 고령화된 수축사회라고 현금 보유만 고집하지는 않잖아요.

그 사회에서 크게 확장할 분야를 찾아야 하는데, 그게 제 생각에는 데모테크Demotech인 거죠. 고령으로 변화한 인구구조Demography와 테크놀로지가 결합되는 시장이 앞으로 상당히 커질 거라고 봅니다. 사실 이런 생각을 한 것은 7~8년 전부터인데요. 계속 자료 조사는 해왔지만 정말 부합할지가 항상 의문이었어요.

그런데 2018년에 유로피언 커미션European Commission, EC에서 나온 「실버 이코노미The Silver Economy」라는 리포트에 이런 문구가 있었습니다. "인구구조 변화와 기술 변화의 교차점에서 새로운 산업이 형성된다." 리포트에서 말하는 새로운 산업의 제품은 보청기 같은 물건이 아니라 최첨단 제품들을 의마하거든요. 그러면서 로봇이나 스마트 홈케어 등의 산업이 앞으로 새롭게 커갈 시장이라고 이야기해요. 이를 보고 제 생각에 자신감을 얻었죠.

박세익 그렇게 보면 자율 주행 자동차도 데모테크의 수혜주네요. 올해 팔순이 되신 저희 어머니도 운전을 안 하신지 벌써 10년이 된 것 같아요.

김경록 맞습니다. 지금 현대차에 갖춰진 자율 주행 기능으로 고

속도로나 국도를 달릴 수 있죠. 노인의 운전 능력에 대한 이야기들이 많은데, 나중에는 노인들도 자유롭게 여기저기 돌아다닐 수 있는 세상이 올 것입니다.

박세익 제 경우에는 조기 축구 활동을 과격하게 해서 무릎과 발목이 안 좋은데요. 나중에 로봇 다리가 개발돼서 80~90세에도 로봇 다리로 공을 차는 상상을 가끔 해보거든요.

김경록 이를 외골격 로봇이라고 합니다. LG전자 등에서 만드는 것은 근로자용이거든요. 창고에서 짐 정리할 때 외골격 로봇을 차면 허리 통증을 줄이고 힘도 배가시킬 수 있는 정도죠.

그런데 줄기세포 치료도 가능해요. 지인 중에 일본에서 무릎 관절에 줄기세포 치료를 받은 경우가 있어요. 70대인데 치료를 받고 골프 18홀을 다 돈다고 해요. 전부 성공하는 것도 아니고 지금은 1억 원이 넘는 비용이 들지만 앞으로 시장이 커지면 접근성도 더 좋아지겠죠.

박세익 사실 우리나라뿐만 아니라 중국도 부동산 터널을 지나오면서 자산가가 된 사람들이 많다 보니 노령화는 됐어도 65세 이상 노인들의 소유 자산은 꽤 되잖아요. 물론 이런 자산가들이 아이 키우는 30~40대만큼 활발한 소비를 하지는 않을 거예요. 하지만 데모테크와 관련된 산업에는 기꺼이 투자도 많이 하고 언급하신 줄기세포 치료나 외골격 로봇 등과 같은 고액 메디컬 서비스에도 상당한 소비를 일으킬 수 있겠다는 생각이 드네요. 일반적으로 나이 들면 약 소비가 많아진다고 하는데, 이외에도 하이테크 기술과 결합해서 발전하는 실버 산업을 주시해야겠네요.

김경록 나이 들면 밥보다 약을 많이 먹는다고 할 정도니까요. 이런 점을 생각하며 주식시장을 보는 것도 중요해요. 코로나가 다소 잠잠해지면서 바이오나 헬스케어 섹터 주식이 상당히 떨어졌거든요.

저는 지금이 오히려 좋은 기회가 아닌가 싶어요. 2021년에만 해도 바이오 ETF나 헬스케어 ETF가 상당히 부담스러웠어요. 그런데 지금은 원격 진료 업체인 텔러닥을 비롯한 회사들도 엄청 빠졌죠. 전반적으로 거의 50%가량 떨어졌어요. 하지만 장기적으로 보면 이런 섹터가 괜찮을 거라고 봅니다.

박세익 수축사회 속에서도 확장하는 산업을 찾아야 한다는 메시지가 정말 와닿는데요. 향후 우리나라 경제나 주식시장은 인구구조로만 보면 어쩔 수 없이 일본을 따라갈 거예요. 하지만 우리나라는 이스라엘 민족과 같은 강인한 생존력을 가졌잖아요. 여러 어려움 속에서도 끊임없이 혁신 기술을 개발하고 새로운 산업을 발전시켜 왔죠. 전 세계가 노령화되는 수축사회 국면에서도 이를 기회로 본다면 분명 확장하는 산업을 찾을 수 있을 것 같습니다.

김경록 마치 음양의 이치가 담긴 태극과도 같습니다. 음이 지배할 때 양이 싹트고 있고, 양이 지배할 때 음이 태동을 준비하는 거죠. 경기 변동도 똑같습니다. 주식시장이 호황일 때는 수축의 씨앗이 뿌려지고, 주식시장이 불황일 때는 성장의 씨앗이 뿌려지는 거예요. 마찬가지로 고령 사회도 전체적으로는 수축 국면으로 들어갈 것 같지만, 여기에는 확장하는 국면의 씨앗이 반드시 뿌려져 있습니다.

사회의 부 중에 절반 이상을 누가 갖고 있을까요? 60대 중반이 중추를 이루고 있습니다. 미국은 1946~1965년생, 우리나라는 1955~1974년생의 베이비붐 세대예요. 현재 70~80대보다 자산이 훨씬 많아요. 고성장 시기에 돈을 벌고 집을 샀기 때문에 부가 증가할 수밖에 없었거든요. 여기에 교육 수준도 높고 건강도 갖고 있죠. 세 가지 조건을 모두 갖췄기 때문에 이 시장은 앞으로 잘 성장할 거예요. 여기에 4차 산업혁명의 테크놀로지가 결합된 제품과 해당 산업의 시장이 앞으로 확대될 거예요.

박세익 처음에는 '데모테크'라고 해서 인구통계학적으로 결국 비관적인 전망이 나오겠구나 싶었는데요. 노령화 사회에 관한 전망에 테크놀로지가 결합되니까 놀라운 반전을 맞이한 것 같습니다. 음이 지배할 때 양이 싹트고 이런 순환은 끊임없이 반복된다는 가르침을 꼭 기억하겠습니다.

김경록 항상 주식시장도 변화와 순환, 경기도 변화와 순환을 맞이하는 거죠. 심장의 맥동도 일직선으로 가지 않잖아요. 어떻게 보면 이런 움직임이 건강하다는 신호인 거예요. 현재 주식시장과 경기의 움직임도 자본주의 사회가 건강하기 위해 겪는 과정으로 여기면 좋겠습니다.

3.

돈이 흐르는 곳에
사연이 있다

유비
한화자산운용 글로벌주식사업본부 팀장

연준의 금리 인상에 여러 정치 사회적 요인까지 겹치며 연일 약세
장이 이어집니다. 예금 금리를 따라 주식과 단절하는 투자자들도
그만큼 늘고 있죠. 하지만 주식에서도 상대적 안정감을 얻고 투
자수익률을 높이는 방법이 있습니다. 기업의 성장과 수익을 함께
누릴 수 있는 배당주는 어떤 투자 전략으로 접근해야 할까요? 배
당에 얽힌 사연에 주목하며 이야기해 봅시다.

배당 속 감춰진 사연을 찾아라

박세익 펀드를 운용하다 보면 앞으로 리세션이 온다거나 디플레이션이 온다는 이야기를 듣게 됩니다. 그럴 때는 경기 민감주를 줄이고 현금이 많은 자산주나 고배당주를 늘려야 하나 고민이 되는데요. 고배당 자체가 든든한 경제적 해자처럼 안전 마진을 확보해 주기 때문이라 생각합니다. 팀장님은 배당 펀드를 운용하고 계시는데 현재와 같은 약세장에서는 주로 어디에 주안점을 두고 운용하시는지 궁금합니다.

유비 예전처럼 펀드매니저 모임이 활성화돼 있지 않아서 요새는 혼자 고민하는 시간이 더 많은데요. 이런 시장에서는 리츠를 배당 투자의 대안 중 하나로 봅니다. 2022년 초만 해도 리츠 관련 주식들은 아웃퍼폼을 많이 했고요. 지금은 경기 둔화라든가 침체에 대한 우려, 금리 상승의 속도 때문에 장이 쉽지 않은 구간이라 조정을 많이 받고 있지만요.

박세익 그렇네요. 배당 펀드니까 리츠도 적극적으로 편입하시겠군요. 사실 배당 투자라고 하면 채권 투자와 주식 투자를 혼합하고 있는 느낌인데요. 부동산에 비유하면 상가 투자의 개념 같기도 하고요.

유비　배당이 주는 상대적 안정감이 있으니까요. 현재 주가에서 주당 배당금인 DPS_{Dividend Per Share} 대비, 연말까지 보유 시 절대 수익 관점에서 얼마의 현금을 받겠구나 생각하는 거죠. 물론 요즘 같은 때는 워낙 금리가 올라가다 보니까 시가배당률에 대한 눈높이가 높아질 수밖에 없고요. 그래서 과거에는 국채 대비 수익률이 높다는 것으로 배당 투자를 설명했지만, 국채 수익률이 오른 상황에서는 그만큼 머니무브_{Money Move}가 많이 일어나죠.

　　박세익　상가는 사실 시중 금리에 영향을 많이 받잖아요. 시중 금리가 3~5%라면 굳이 상가 2.5%짜리에 투자해서 세입자 관리나 공실률 걱정을 할 필요가 없으니까요. 마찬가지로 배당 주식도 금리에 굉장히 민감하게 반응한다고 보면 될까요?

유비　그렇습니다. 상가의 임차인 리스크처럼 배당 주식에서도 리스크가 생깁니다. 배당은 역설의 관점에서 바라봐야 합니다. 배당이 주는 심적인 안정감이 있어요. 그런데 실제 투자할 때는 캐피털 게인 관점에서, 주가수익률 관점에서도 고민을 상당히 많이 해야 합니다. 5%의 배당 수익을 보고 들어갔는데 캐피털 로스_{Capital Loss}로 절대 수익에서 10%의 손실이 생길 수도 있죠.
　2009년 한화자산운용에 입사 후 인하우스 애널리스트를 하다가 2013년부터 배당 펀드를 운용했는데요. 당시에는 배당 자체가 틈새 리치마켓이었습니다. 워낙 성장주가 각광받던 시대였으니까요. 처음에 500억 원 남짓의 자금으로 시작을 했고 지금은 대략 1조 원 정도 자금을 운용하고 있는데, 주로 연기금 자금들을 많이 운용해요.

그만큼 배당에 대한 고민을 오래 하다 보니까 한 가지 깨달은 바가 있는데요. 배당은 공짜가 아니라는 거예요. 결국 모든 배당에는 사연이 있다는 것입니다. 애플이 배당을 시작한 게 2012년입니다. 스티브 잡스 작고 이후죠. 이제는 팀 쿡^{Tim Cook}이 CEO로서 능력을 인정받고 있지만, 스티브 잡스가 워낙 천재로 평가받았기 때문에 작고 이후 시장에 많은 우려가 있었어요. 그런데 이후 애플이 주주 환원 정책¹으로 획기적인 전환을 한 거예요.

박세익 그러면 워런 버핏은 스티브 잡스 작고 이후, 팀 쿡이 주주 환원 정책을 시작한 다음에 애플의 주식을 매수한 거라고 봐도 될까요?

유비 시차는 조금 있었던 것 같습니다. 하지만 어느 순간 최애 종목이 됐다는 생각은 들거든요. 워런 버핏의 투자 철학을 봤을 때 과거의 코카콜라처럼 브랜드 파워나 현금 창출력을 높이 샀을 거라는 생각은 들어요. 팀 쿡이 CEO가 된 후 3~4년 동안 코카콜라가 보여줬던 지배적인 브랜드력을 확인할 수 있었으니까요. 그런 점이 워런 버핏의 마음을 사로잡았을 거라고 봅니다.

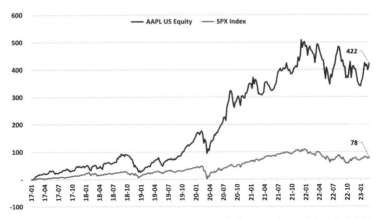

애플 vs. S&P500

출처: 블룸버그, 체슬리투자자문

박세익 사실 2016년 상반기 워런 버핏이 애플 지분을 10억 달러 정도 매수했다는 공시를 할 때만 해도 투자 철학이 바뀌었다는 이야기가 있었어요. 애플과 같은 기술주와 코카콜라는 투자 관점이 다르잖아요.

그런데 이후에 애플 주식이 엄청 올랐어요. 2017년 이후 5년간 S&P500 대비해서도 다섯 배 넘게 올랐으니, 역시 워런 버핏이라는 감탄이 절로 나오더라고요. 그리고 그동안 애플 실적 보고서를 보면 적극적인 자사주 매입으로, 배당까지 합치면 거의 연평균 5% 수준의 주주 환원을 하고 있더라고요. 이게 바로 배당의 사연이라고 할 수 있겠네요. 삼성전자의 특별 배당에도 사연이 있을까요?

유비　저는 사연이 있다고 봅니다. 삼성전자가 주주 환원 정책을 적극적으로 펴기 시작했던 시기가 아이러니하게도 이건희 회장의 와병 이후였거든요. 그때부터 브랜드의 향후 3년 그림을 가시화해서 3개년 계획으로 시장과 커뮤니케이션하기 시작했어요. 이건희 회장 시절에는 애플처럼 투자와 성장에서 재원을 찾는 정책을 폈다면, 와병 이후로 새로운 경영진이 등장하면서 바뀐 거죠.

결국 모든 기업의 배당에는 좋게 표현하면 사연, 나쁘게 표현하면 꿍꿍이가 있는 거죠. 자본시장에서 오래 일하다 보면 어떤 기업은 기업 사냥꾼에 의해 배당도 뺏기고 망가지는 모습을 보잖아요. 따라서 어떤 기업이 배당을 시작한다면 최대한 그 이유를 한발 물러나 비틀어서 생각하려고 합니다.

사연에 맞는 투자 전략을 적용하라

박세익　제 주식 스타일이 가치주인지, 성장주인지 묻는 경우가 있어요. 그러면 저는 모멘텀 스타일이라고 이야기하거든요. 철저하게 이익이나 매출 성장 모멘텀이 생길 때 들어가야 한다는 거죠. 성장주는 꿈으로만 사잖아요. 그런데 저는 꿈으로만 가는 주식에는 절대 투자하지 않아요. 이익 모멘텀이 가시권에 들어와야만 투자하죠.

가치주 PBR이 0.5나 0.4라고 해도 아무 소용없어요. 가치주도 업황 사이클이 돌아서면서 새로운 이익의 턴어라운드 모멘텀이 생길 때 들어가야 한다고 생각하거든요. 그러면 배당주 투자도 배당을 줄 사연이 생길 때를 공략해야 하는 것인가요?

유비　맞습니다. 배당 사연은 크게 세 가지 카테고리로 나눌 수 있어요. 먼저 기업이 처음 배당을 개시할 때인데요. 저 같은 경우는 이때 특히 더 주목합니다. 배당을 주는 이유는 여러 가지 겠죠. 속셈이 있을 수도 있고요. 대주주가 경영 능력을 입증하기 위해 시장과의 커뮤니케이션 수단으로 삼는 것일 수도 있어요.

또 하나는 배당의 성숙 관점인데요. 결국 기업을 경영하는 것은 사람이죠. 경영진을 비롯해 기업을 꾸려나가는 사람들이 누구일까를 고민해 봐야 한다는 것입니다. 그런 측면에서 대주주가 공기업 같은 정부일 경우에는 항상 일정한 배당이 있어요. 정부 입장에서는 기획재정부가 공기업을 통해 세수의 일정 부분을 챙긴다는 사연이 있는 거죠.

마지막은 배당을 개시한 후 DPS가 꾸준히 올라가는 기업들, 보통 시장에서 표현하는 배당 성장주들의 사연이에요. 기업 입장에서는 미래에 대한 투자 재원이 배당이기 때문에 마냥 퍼줄 수만은 없어요. 배당을 막 주면 오히려 더 의심스러운 거죠. 그런 이유가 아니고 일정 부분의 수익에 대해 주주와 공유하는 측면이라면 DPS가 올라가는 것 자체가 업황에 대한 자신감일 수 있습니다. 그래서 저는 배당을 시작하는 기업들이나 배당을 늘려가는 기업들에 어떤 사연이 있을까에 주목하면서 배당주 펀드를 운용합니다.

박세익 2019년 삼성전자가 영업이익이 반토막 난 상황에서도 배당을 똑같이 줬죠. 이익은 줄었지만 내년이나 내후년에 돈 잘 벌 테니까 지금 있는 돈으로 배당도 줄 수 있다는 거예요. 결국 자신감을 보여준 거네요.

유비 그렇죠. 자녀들에게 주는 용돈은 하방경직성² 이 있잖아요. 한 달에 1만 원이라는 용돈을 주다가 5000원으로 줄인다고 했을 때 자녀들의 상실감은 이루 말할 수 없겠죠. 우리 집의 가세가 기운다고 느낄 거예요. 기업들도 DPS 배당에 대한 하방경직성을 알기 때문에 함부로 배당을 올리기도 낮추기도 쉽지 않아요. 배당을 줄인다는 것 자체가 투자자에게 업황이 둔화됐다는 시그널을 줄 수 있으니까요.

박세익 그 부분은 재무관리 시험 볼 때도 자주 나오잖아요. 같은 업종에 속한 기업이라면 배당을 주는 기업과 안 주는 기업 중 어떤 기업의 주가가 좋으냐 하면 전자예요. 배당을 주는 것 자체가 그 정도의 현금을 줄 여력이 있다는 의미기 때문에 자신감을 피력하는 거죠. 이런 부분을 뒷받침할 만한 재미난 에피소드가 있어요.

삼성전자나 하이닉스는 분명 반도체라는 시황 산업이란 말이죠. 롯데케미칼이나 SK이노베이션과 같은 석유화학 기업처럼 이익의 업다운이 상당히 심하죠. 이런 기업은 사이클 산업 특성상 배당도 일정하지 않고 그해 이익에 따라서 배당이 들쑥날쑥하죠.

그런데 반도체 다운 사이클에 들어간 삼성전자가 2019년 이익이 반토막 났는데도 배당을 2018년과 똑같이 준 거예요. 더 신기한 것은 2019년 1~2분기에 삼성전자와 하이닉스가 어닝 쇼크Earning Shock[3]가 났는데, 외국인들이 2019년 1월 초부터 삼성전자 주식을 공격적으로 매수하기 시작하더라고요. 그 모습을 보면서 다들 놀랐어요.

2017년 말부터 반도체 가격 하락을 대비해 삼성전자 비중을 줄여야 한다던 외국인들이 2019년에 정작 어닝 쇼크가 일어나니까 공격적으로 매수하는 거죠. 2019년 1월에는 삼성전자가 2017년 고점 대비 36% 빠져 있었거든요. 그 이유가 궁금해서 외국계 브로커를 통해 알아봤어요. 그랬더니 당시 삼성전자를 매수한 외국인 투자자의 대답은 의외로 심플하더군요.

즉 2019년 초 삼성전자 주가 3만 7500원에 주식을 사서 1년 뒤에 전년도 주당 배당금인 1416원 수준을 그대로 받는다고 가정하면, 시가 배당수익률이 무려 3.8% 정도나 나온다는 거예요. 그리고 반도체 산업은 평균 2년에 한 번씩 상승 사이클이 도래하니까 3.8% 배당받으면서 2년만 버티면 30%가 넘는 자본 차익까지도 가능해서 샀다는 거죠.

저는 그 이야기를 듣고 깜짝 놀랐어요. 당시 국내 증권사 애널리스트들이나 펀드매니저들은 반도체 불황이 앞으로 얼마나 지속될까, 다음 분기도 어닝 쇼크가 예상되는데 주식을 팔았다가 다시 사야 하는가에 대한 온갖 시나리오 분석만 열심히 하고 있었거든요. 실제로 배당 펀드를 운용할 때도 이런 방식을 적용하시나요?

유비 저는 밸류에이션을 하나의 줄자라고 생각합니다. 물컵의 물은 관점에 따라 절반이나 있을 수도, 절반밖에 없을 수도 있죠. 밸류에이션이라는 줄자도 사람에 따라 상대적인 줄자인 거예요. 그런데 배당 관점에서는 상당히 절대적인 숫자죠. 그래서 저는 어떤 기업에 투자할 때, 특히 배당 주식을 볼 때 고유 배당 수익률의 밴드값을 한 번씩 봅니다. 각 기업마다 그들만의 배당 수익률 밴드값이 존재해요.

정부가 대주주인 공기업들이나 외국인이 대주주인 일부 정유사들은 상당히 솔직해요. 업황이 좋고 나쁨에 따라서 솔직하게 배당을 주고 안 주거든요. 그래서 조금 전에 배당의 사연에서 대주주의 성향도 같이 봐야 한다고 이야기했던 거고요.

비교적 솔직하게 의사소통하고 고백하는 기업들은 배당수익률이 하단까지 내려가기도 하는데, 이것은 주가가 많이 올라갔다는 이야기일 수 있어요. 반면 배당수익률이 3~7%의 밴드값으로 움직이는 기업이라면 7%였을 때는 주가가 많이 빠졌다고 생각할 수도 있는 거죠. 그래서 저는 기업들의 성향을 파악하는 것만큼 PER 밴드나 PBR 밴드처럼 배당수익률의 밴드도 보려고 합니다.

그러면 어느 순간 밴드값의 상단에 붙어 있는 기업들이 나와요. 그런 기업들은 주가가 많이 빠졌고 어느 순간에는 7%라는 시가배당률을 못 줄 수도 있죠. 이것은 펀더멘털 분석을 통해서 파악해야 하는 부분이고요. 그러면서 비교적 솔직하게 의사소통을 해왔는지, 업황이 어떤지에 따라 향후 배당을 늘릴지 줄일지를 파악하며 포트폴리오를 구축하는 거죠.

코리아 디스카운트는 반전될까

박세익 배당주 투자에 필요한 게 내가 투자하고 있는 기업에 대한 믿음이라고 하면요. 안타깝게도 우리나라 기업들에는 그 믿음이 많이 부족하다는 생각이 듭니다. 수익이 많이 나면 연말 결산 때 일회성 손실 처리로 이익을 대폭 줄이기도 하고요. 또 오랫동안 키워왔던 고성장 사업부가 본격적인 이익 성장 궤도에 올라설 때는 자회사로 물적분할해서 따로 상장하는 일도 비일비재하고요.

현재의 이익이든 미래의 이익이든 주주 환원에 대한 노력과 진정성이 많이 결여돼 있다고 봐요. 외국계 기업 중에 한국쉘석유는 85%가 넘는 배당성향을 유지하잖아요. 많이 벌면 많이 버는 대로 수익의 대부분을 주주에게 다 환원한다는 거죠.

우리나라 상장사 평균 배당성향도 2017년 17.5%에서 2021년에는 26.7%까지 꽤 많이 높아지긴 했지만요. 40%가 넘는 미국, 영국, 프랑스에 비해서는 여전히 많이 낮아서 배당에 대한 믿음이 확실히 떨어지는 것 같아요. 미국의 3M이나 코카콜라는 모두 배당을 꾸준하게 주잖아요.

유비 그런 기업들은 배당 귀족주라고 이야기하죠. 저는 우리나라에도 그런 기업들이 점점 늘어나고 있다고 생각합니다. 애플과 삼성전자의 사례를 이야기했던 이유도 한 세대가 바뀌었다고 볼 수 있기 때문이에요. 한국도 이제 3세 내지는 4세 경영으로 전면화되고 있잖아요. 따라서 왕위 계승의 정당성을 입증하기 위해서는 자신들의 경영 역량을 대외적으로 보여줘야 하죠. 과거 롯데 그룹만 봐도 배당 정책 변화는 세대교체와 같이 맞물리면서 일어나더라고요.

코리아 디스카운트⁴라는 표현이나 낮은 배당성향을 둘러싼 여러 가지 이야기 모두 자본시장이 성숙한 방향성을 띠고 나아간다면 점진적으로 해소될 수 있는 부분이라고 봅니다. 보통 대만 시장과 많이 비교되는데, 향후에는 대만만큼의 반열에 오를 수 있을 거라고 생각해요.

박세익 지금은 대만보다 시가배당률도, 배당성향도 훨씬 낮은 상황인데 그 정도의 긍정적인 전망이 가능할까요?

유비 배당은 정당하게 벌어들인 수익을 정당하게 공유하는 가장 명확한 방법이니까요. 사회가 투명화되고, 자본시장이 한 단계 성장하는 방향으로 가고 있기 때문에 가능하다고 생각합니다. 물론 당장 내일 아침에 바뀔 수는 없겠죠. 지금은 많은 사람들의 시각이 바뀌는 과정에 있다고 봅니다.

박세익 한국 기업들이 대만이나 OECD 국가의 기업들 평균만큼 배당성향이나 주주 환원이 좋아지려면 이를 위한 사연이 있어야 할 텐데요. 여기에는 대주주가 기업 이익을 함부로 편취 또는 사취할 수 없는 사회 분위기가 큰 역할을 한다고 생각해요. 이제 워낙 감시의 눈들이 많기도 하지만, 재벌 3~4세로 넘어오면서는 무거운 왕관을 유지하고자 주주들에게 배당 정책을 실천하려는 것 같고요.

그리고 기업의 지배 구조 문제도 중요하죠. 최근에 대기업들이 지주사로 전환하고 있잖아요. 사실 지주사 전환이 대주주 오너들의 지배력을 강화하고 소액 주주들을 소외시키는 면은 분명 있어요. 하지만 지배주주 개편이 되면 지주사를 갖고 있는 대주주 입장에서는 계열사들의 이익을 챙겨가는 수단이 배당밖에 없죠.

지금은 어떤 식으로든 기업가치를 저평가시켜야 지주사로 만들 때 세금이라든지 여러 가지 면에서 유리하잖아요. 그래서 낮은 배당성향을 보이는 거고요. 이후에 지주사 체제가 다 갖춰지면 계열사들의 배당성향을 확 올리지 않을까요? 배당에 관한 또 하나의 사연이 만들어질 수 있는 거죠.

유비 저는 그렇게 믿고 있습니다.

박세익 그렇게 믿고 계시다니 다행이네요. 많은 경우 주식 투자에서 성장주와 가치주에만 초점을 두느라 배당 투자를 간과할 때가 많잖아요. 2021년 초여름 시장이 너무 과열화됐을 때 웬만한 주식은 다 팔고 쉬시라고 했지만, 그래도 집 팔아서 사고 싶은 주식이 있다고 추천한 종목이 하나 있었어요.

바로 KT&G인데요. 배당수익률이 거의 6%에다가 대주주가 국가나 마찬가지잖아요. KT&G 10년 동안의 배당수익률을 살펴봤더니 2013년 3200원에서 2022년 5000원까지 올라갔더라고요. 배당도 계속 오르고 있고 배당성향도 항상 50%가 넘어요. 우리나라에 이런 외국계 같은 기업이 있었나 싶었어요.

물론 독보적인 담배와 정관장이라는 사업을 하고 있으니까 가능한 거죠. 엄청난 경제적 해자를 통해 영업이익률도 최근 5년간 20% 이상을 유지하고 있고요. 이렇게 우량한 고배당 주식을 외국인이 한때 60% 이상을 보유하고 있다가 2021년 말에는 비중이 35%까지 떨어지면서 주가도 고점 대비 45%가량 하락했거든요. 2021년 말 시가 배당수익률은 무려 5.8%가 나왔어요. 그래서 집 팔아서 사고 싶다고 했던 거고요.

그때 당시 외국인 매도 물량을 우리나라 개인들과 기관 투자자들이 많이 샀으니까 너무 잘했죠. 4800원 배당도 받고, 2022년에는 외국인 매수가 다시 유입되면서 주가는 10만 원까지 상승했으니까요. 이런 게 바로 고배당주의 매력 같아요. 특히 경기 침체기에는 배당도 받고 주가도 잘 버텨주니까요. 거기다 가끔씩 성장성이 부각되면 주가가 급등하기도 하죠.

2015년 KT&G 주가가 훌쩍 올랐던 이유가 중국 요우커들이 600만 명 이상 한국으로 여행을 오면서 면세점에서 담배나 정관장의 매출 성장성이 부각됐기 때문이거든요. 이후 사드 보복, 코로나 봉쇄로 타격을 입었지만 그래도 최근 5년 동안의 실적을 보니까 매출은 꾸준히 증가했더라고요. 이렇게 KT&G의 탄탄한 실적을 보면 마치 사드 보복으로 명동 거리가 한산할 때도 여전히 줄 서서 먹는 하동관 식당을 보는 느낌이에요.

특히 코로나 사태 때는 코로나 예방을 위해 '정관장'을 선물하는 게 유행하면서 매출 성장이 나왔구요. 그리고 담배와 인삼은 마치 병 주고 약 주고 하는 느낌이라 교묘하게 사업 포트폴리오가 서로 보완도 되고요. 이게 바로 KT&G의 사연이라고 볼 수 있겠네요.

유비 저도 그 사연에 공감합니다. KT&G도 공기업이다 보니까 고유의 배당 히스토리가 분명하게 있죠. 여기에 KT&G가 수출주의 모습이 된다면 어떨까 하는 상상을 가끔 하거든요. 지금도 고유의 모습과 사연을 갖고 있지만 수출주의 모습이라면 요우커와 관련해서도 더 좋은 그림이 그려지지 않을까 생각해 봅니다.

박세익 동감합니다. 그리고 은행주도 고배당주라서 가끔 고객 중에 투자를 문의하는 경우가 있는데요. 저는 은행주는 웬만큼 싸지 않으면 잘 안 삽니다. 과점화된 시장에서 안정된 비즈니스는 영위하고 있지만 해외 진출은 어려우니까요.

그리고 인구 성장이 멈추면 대출 성장도 침체될 수 있고요. 금리도 장기 하향 추세라서 경기 침체가 오면 지금의 높은 예대마진율도 금방 다시 하락할 거예요. 게다가 주주가치를 훼손하는 정부 규제가 언제든지 나올 수도 있어요. 이런 규제 리스크는 통신주도 마찬가지고요.

그런 점이 국내 은행이나 통신주와 같이 내수로만 이뤄진 고배당주와 KT&G가 가진 차이라고 봅니다. 중국의 리오프닝이 시작되면 2015년과 같은 매출 성장 모멘텀이 언제든지 나올 수 있다고 생각해요. 그러면 방어주에서 중국 소비 테마주로 변신하는 거죠.

유비 재미있는 포인트 중에 하나가 최근 기업들이 일정 부분 주당 배당금을 늘리면서 점점 분기 배당이나 반기 배당하는 경우가 늘고 있다는 거예요. 분명 여기에도 사연이 있거든요. 왜 갑자기 기업들이 분기나 반기 배당을 시작하는지, 연간 배당 총액은 얼마인지 등에 관해 행간의 의미를 공부하면서 사연을 찾아가야죠.

자녀들에게 용돈을 준다면요. 한 달에 용돈을 30만 원 주는데, 아빠가 월급 다음 날 빠듯하게 30만 원 주는 경우와, 15일에 15만 원 주고 월말에 또 15만 원 주는 것은 분명 느낌이 다르잖아요. 같은 30만 원이라도 후자가 더 여유 있어 보이죠.

박세익 굉장히 중요한 지적이네요. 똑같이 2달러를 주는데 미국은 분기마다 50센트, 50센트, 50센트, 50센트 주니까 연간 배당은 2달러지만 사실 복리로 따져보면 2달러가 넘어요. 받는 입장에서는 연말에 한 번에 받는 것과 분기마다 나눠 받는 것을 비교하면 무조건 현금을 빨리 받고 싶죠.

코리아 디스카운트의 이유 중에 낮은 배당성향과 주주 환원율 외에도 미국과 달리 분기 지급을 하는 회사가 적다는 것도 있었군요. 그러면 우리나라도 분기나 반기 배당 기업이 점점 늘어나고 시가배당률도 연 2% 이상 끌어올린다면, 한국 주식시장에 적용되는 멀티플 또한 OECD 평균 수준까지 높아질 수 있겠네요.

유비 장기적으로 보면 그렇게 수렴할 거라고 생각합니다.

박세익 삼성전자는 현재 분기 배당을 주는 것으로 알고 있는데요. 2021년에 지급된 특별 배당은 왜 한 것인가요?

유비 특별 배당은 삼성전자가 3개년 주주 환원 계획에서 발표했던 주주와의 약속을 지켰던 거라고 봅니다. 그래서 삼성전자가 앞으로 펼칠 정책도 더욱 예의주시하고 있는데요. 낙수 효과가 분명 있거든요. 삼성그룹이 국내 자본시장에서 차지하는 부분이 워낙 크기 때문에 삼성전자의 배당 정책이 다른 기업들에도 자극을 줄 수 있어요. 실제로 삼성전자의 분기 배당 이후 많은 기업들이 분기 배당에 대해 다시 생각하게 됐죠.

기업의 고유한 나이테에 주목하라

박세익 지금처럼 금리가 높은 시기에는 주식이든 부동산이든 투자 매력이 떨어지잖아요. 가장 안전한 자산으로 분류되는 미국 10년물 국채 금리가 4%라고 가정하면, 투자수익률이 2.5% 정도 나오는 주식이나 부동산과 같은 위험 자산 가격은 이론적으로 반토막이 날 수도 있으니까요.

반대로 금리가 떨어지면 망할 염려가 없는 우량 자산의 가격은 빠르게 올라오는데요. 단적인 예로 2018년 말에 미국 10년물 국채 금리가 3.2%를 찍었다가 2019년 하반기 1.5%까지 빠졌을 때, S&P500이 그해 28.8%나 상승했거든요. 2019년은 경기가 안 좋아서 S&P500 기업의 EPS 증가는 겨우 1%였는데 말이죠. 즉 금리 하락만으로도 주식시장이 크게 올라갈 수 있다는 것을 보여준 거예요.

그래서 저는 앞으로의 주식시장을 예측할 때, 경기 침

체에 따른 주식시장의 추가 하락의 관점보다는 경기 침체로 미국 10년물 국채 금리가 떨어지는 게 오히려 주가 상승의 트리거가 되지 않을까 생각하거든요.

유비 미국 10년물 국채의 하락만큼 연준의 금리 인상 정책도 중요하다고 생각합니다. 언젠가는 경기 침체에 대한 우려로 금리를 인상하지 않는 시점이 도래할 테니까요. 2023년 3월 FOMC에서 25bp 금리 인상을 단행하면서 연준의 정책 금리를 5%로 끌어올렸음에도 불구하고 10년물 국채 금리가 3.5% 수준을 유지했죠. 향후 경기 침체에 대한 우려를 이미 시장이 반영하고 있기 때문에 연준의 정책 변곡점도 임박했다고 봅니다.

박세익 2022년 성장주의 몰락이 있었을 때 고배당주가 상당히 선전해 줬는데요. 지금처럼 주식시장 전망이 불투명할 때는 계속 배당만 믿고 가면 될까요?

유비 물론 배당의 배신도 있어요. 저는 시가배당률 5% 이상은 보지 않습니다. 지금은 주가가 많이 빠졌기 때문에 보통 2%를 상회하지만 3% 이상 배당 수익을 주는 기업들도 생각보다 많거든요. 기본적으로 5%의 유무로 판단하고, 만약 3% 기업이라면 또 다른 성장 스토리가 있으면 더 좋겠죠. 이때는 그 기업만의 경제적 해자나 비즈니스 모델, 성장 모멘텀 등을 봅니다.

배당 펀드매니저를 하면서 가장 가슴이 아팠던 게 배당 5%를 담보로 안전 마진이라 생각하고 들어갔는데 주가 손실이 10% 이상 생겼을 때더라고요. 여기에 기업이 배당 쇼크를 낼 때도 있거든요. 연말에는 배당을 못 한다고 고해성사하는 기업들이 일부 생겨요. 기말 배당을 배당 쇼크 내는 기업들은 어쩔 수 없을 만큼 힘든 거잖아요. 선제적으로 전년도 업황이 안 좋았고 그게 일정 부분 프라이싱Pricing 되면서 주가가 많이 빠졌을 수 있죠. 그만큼 주가의 시가배당률은 올랐을 테고요.

그러니까 시가배당률의 역사적 밴드값을 믿었던 입장에서는 배당을 아예 안 해버리는 상황이 상당히 충격적이에요. 대기업들도 이런 경우가 왕왕 있거든요. 결국 배당 투자에서도 주가 손실과 배당 쇼크, 이 두 가지 유형은 특히 유념해야 합니다.

> **박세익** 은행에 넣느니 배당이라도 받자는 마음으로 투자했다가, 믿었던 배당이 안 나오면 정말 충격적일 수밖에 없겠네요. 반면 배당금은 제대로 나올 것으로 예상되는데 주가가 떨어지면 자연스럽게 시가배당률은 오르니까 이때는 버텨야 되잖아요. 예를 들어, 배당을 500원 주는 회사의 주가가 1만 원에서 5000원까지 떨어지면, 배당금의 열 배나 되는 5000원의 평가손실이 발생하지만 이 주식의 시가배당률은 5%에서 10%로 크게 높아지면서 대체로 다시 회복하니까요.

유비 그럴 때 저는 왜 샀는지를 스스로 되묻습니다. 제가 단순히 배당만 보고 투자하지는 않았을 테니까요. 특히 삼성전자를 10만 전자라고 했을 때는 TSMC가 선점하고 있는 비메모리 시장에서도 삼성전자가 역량을 보여줄 거라고 기대했거든요. 캐피털 로스가 생겼을 때는 다시 한번 복기해 보는 시간을 갖고 기다릴 수 있다면 충분히 기다리려고 합니다.

> **박세익** 명확한 매수 이유가 없으면 뇌동매매나 마찬가지인 거잖아요. 삼성전자는 그동안 실적이 반토막인 시기에도 똑같은 배당을 했고, 캐시 플로가 어느 정도 넘어서는 부분에 대한 특별 배당 약속도 지켰으니까요. 그런 관점에서는 최근처럼 주가가 많이 빠지면서 시가배당률이 높아졌을 때 오히려 더 적극적으로 매수하는 게 방법이 아닐까요? 배당주 투자도 결국은 싸게 사서 비쌀 때 파는 매매의 묘가 필요하더라고요.
>
> 그런 의미에서 또 하나 궁금한 점이 배당주의 매도 시점이에요. 시가배당률이 밴드의 상단일 때 매수하듯이 시가배당률의 밴드 하단을 보면서 매도하는 것인가요?

유비 여기에서도 사연이 중요합니다. 시가배당률의 상단과 하단은 기업이 큰 변화 없이 밴드값에서 움직였다는 거예요. 그런데 이 밴드의 상단과 하단을 뚫는다면 또 다른 모멘텀이 있겠죠.

조금 전에 이야기한 수출주의 모멘텀도 여기에 해당하고요. 기업이 변화하는 모습들도 영향을 미칠 수 있습니다. 그렇지 않고 시가배당률이 꾸준히 4~7%의 레인지에서 오랫동안 움직여온 기업은 공기업이든, 은행주든, 통신주든 배당의 성숙도가 높은 기업이라고 봅니다.

결국 기업의 사연에 주목한다는 것은 대주주나 경영진에 주목한다는 것과 같아요. 기본적으로 정책을 펴는 것은 사람이니까요. 이사회를 통해 결정한다고 해도 결국 사람들의 의사소통 결과죠. 이런 의사결정을 투자자들은 숫자로 보는 거고요. 어쩌면 나이테를 그려가는 거라고도 볼 수 있어요. 시간이 흐름에 따라 변화가 농익으며 또 하나의 나이테를 그려가는 거죠.

어떤 기업의 시가배당률이 밴드 하단에서 위로 올라왔다면 분명 이유가 있어요. 업황이 좋아졌든 신규 사업이 붙었든 성장 모멘텀이 일어난 거죠. 그때 나이테의 변화에 주목하면서 계속 들고 갈 수 있을지 고민하는 거죠. 사람의 마음이 계속 변하는 것처럼 기업도 하나의 생명체처럼 계속 변하잖아요. 그 순간 어떤 사연 때문에 변했는지를 보면서 시점에 맞게 투자 결정을 내려야죠.

박세익 그렇군요. 저희 회사도 2019년까지는 꽤 큰 자금의 배당 펀드를 운용했었는데요. 당시 자금을 맡겼던 기관에서 코스피가 아닌 배당 지수를 벤치마크 지수로 제시했던 게 기억납니다. 1조 원이 넘는 배당 펀드를 운용하시는 것으로 알고 있는데요. 연기금이나 생보사 등에서 배당 펀드 집행 시 대부분 벤치마크로 배당 지수를 주나요?

유비 기관의 성격마다 다릅니다. 고유의 비교 지수를 벤치마크로 주기도 하고 코스피를 벤치마크로 제시하기도 하고요. 요새는 코스피TR^{Total Return} 지수[5]라고 해서 토털 리턴 관점의 배당을 같이 녹인 지수를 주기도 합니다. 기관의 성향이라든가 내부 담당자들이 배당을 바라보는 관점에 따라 다른 것 같아요. 그분들의 사연도 있는 거죠.

박세익 코스피의 예상 배당수익률이 1.5%라면 대체로 배당 펀드의 예상 배당수익률은 그보다는 높도록 포트폴리오를 짜지 않나요?

유비 제 경우 코스피 시가배당률 대비 약 0.5% 이상의 배당수익률을 유지하게끔 포트폴리오를 설계해요. 시스템에 구축해서 매일 아침에 확인하고 설정한 배당수익률에 맞춰 관리하죠.

박세익 2022년 말 저희 고객 계좌의 예상 배당수익률도 계산했더니 대략 3% 정도 나오더라고요. 코스피가 앞으로 5~10% 빠져도 배당으로 3% 수익은 방어할 수 있도록 설계한 거죠. 이야기를 나누다 보니 예전에 어떤 의사가 쓴 책이 떠오르는데요. 배당 투자로 돈 벌었다는 내용이 었는데 정말 좋은 책이라고 생각했어요.

투자의 첫걸음은 내가 투자하고 있는 기업으로부터 현재와 미래의 배당수익률을 얼마나 받을 수 있는지 계산하는 것에서부터 시작해야 한다고 봐요. 투자수익률을 의미하는 ROI Return On Investment야말로 모든 자산의 투자 매력도를 결정하는 가장 핵심적인 요소니까요. 우리가 고성장주에 투자하는 이유도 5년, 10년 뒤에 받을 미래의 배당금에 비해 지금의 주가가 현저하게 싸다고 생각하기 때문이니까요.

성공투자를 위한
세가지 관점과
네가지 원칙

제가 좋아하는 서울대학교 심리학과 최인철 교수님은 저서 『프레임』에서 인생을 바꾸고 싶다면 프레임을 리프레임하라고 이야기합니다. 프레임이란 우리가 만나는 사람과 또 우리가 겪게 되는 수많은 사회 현상에 대해 사람마다 다르게 갖고 있는 마음의 틀이라고 할 수 있습니다. 한마디로 '세상을 바라보는 내 마음의 창'을 의미합니다. 우리가 어떤 프레임을 갖고 있느냐에 따라 내 지각과 생각, 행동이 정해지고 궁극적으로는 개인의 행복도 결정된다는 내용입니다.

투자에서도 프레임은 마찬가지로 중요합니다. 주식 농부 박영옥 회장님은 '주식시장은 세상을 바라보는 창'이라고 비유합니다. 주식시장이 세상의 변화를 관찰할 수 있는 객관적인 창이라는 것입니다. 저는 여기에 덧붙여 성공 투자자가 되기 위해서는 한 가지 창이 더 필요하다고 생각합니다. 바로 이 변화를 바라보고 해석하는 내 마음의 창입니다.

1980년대 PC, 1990년대 닷컴, 2000년대 전자상거래, 2010년대 스마트폰과 클라우드, 2020년대 전기차 등 시대마다 패러다임을 변화시키는 혁신 기술의 탄생과 확장이 이뤄졌습니다. 그리고 이런 변화는 꼭 주식시장의 애널리스트 리포트를 통해서만 검증할 수 있는 것은 아닙니다. 내 주변 실생활 속의 변화를 통해서도 얼마든지 관찰하고 또 확인이 가능하죠.

그러나 그런 변화에 대한 투자는 곧잘 결정적 제약 요건에 부딪힙니다. 다름 아닌 우리의 생각과 마음의 틀, 즉 관점의 차이입니다. 어떤 관점을 갖고 사람을 만나고 또 기업을 바라보느냐에 따라 완전히 다른 행동과 결과가 나타나니까요.

사람은 누구나 실수를 합니다. 한두 번의 잘못은 양질의 경험이 되기도 하죠. 그러나 내 잘못된 프레임으로 발생하는 실수는 고쳐지지 않습니다. 아무리 '다음에는 그러지 말아야지' 다짐해도 또다시 반복합니다. 마치 수학 공식을 잘못 암기하고 있으면 계속 틀린 답만 적게 되는 원리와 같습니다. 그런 의미에서 성공 투자를 위해서는 투자자들이 갖춰야 할 올바른 투자 관점은 무엇인지를 정확히 알고, 잘못된 투자 프레임을 리프레임해야 합니다.

그리고 성공하는 투자 프레임을 장착한 후에는 그 프레임을 꾸준히 반복하기 위한 나만의 원칙을 세워야 합니다. 전설적인 투자자 레이 달리오Ray Dalio는 저서 『원칙 Principles』을 통해 하나의 시스템으로 삼을 만한 투자 원칙을 제시합니다. 제대로 된 원칙을 가진 사람은 무엇이 다른지를 보여주죠.

그런 의미에서 저도 스스로를 되돌아보니 참 많은 원칙을 갖고 살아왔다는 것을 알 수 있었습니다. 그리고 그런 원칙들이 자

첫 실패의 나락으로 떨어질 수 있었던 수많은 위기로부터 저를 지켜준 위험관리 수단이었다는 것도 깨달았습니다.

따라서 여기에서는 제가 갖고 있고 또 실천하고 있는 저만의 성공 투자를 위한 세 가지 관점과 네 가지 원칙에 대해 이야기하고자 합니다. 여기에서 이야기하는 제 관점과 원칙은 비단 일이나 투자에서뿐만 아니라 제가 추구하는 행복한 삶을 위해서도 중요한 역할을 합니다.

이 책을 읽는 독자 여러분들도 자신만의 관점과 원칙을 만들어서 투자에서도, 삶에서도 보다 나은 내일을 그려가기 바랍니다.

관점 1. "투자자로서의 정체성을 인식하라"
- 주식시장의 의미와 투자의 본질

주식 투자는 한마디로 기업이 발행한 주권을 사는 행위입니다. 이를 다른 말로 해당 기업의 주주가 됐다고 하죠. 그런데 대부분의 투자자들은 '단기 자본 차익'을 목적으로 투자를 합니다. 주식을 바라보는 잘못된 관점이 주식 투자를 도박하듯 만든 거죠. 그러다 보니 주식시장을 '투기판'으로 보는 시각도 많아졌습니다.

단기 차익을 노리는 투자자들의 눈에 주식시장에서 거래되고 있는 기업들의 시세판은 라스베이거스 카지노 1층을 가득 채우고 있는 슬롯머신처럼 보일 뿐입니다. 이들은 카지노에 들락거리는 겜블러처럼 서서히, 때로는 한순간에 소중한 내 돈을 잃고 맙니다. 그러나 절대 주식시장은 도박장이 아닙니다.

주식 투자로 돈을 벌기 위해서는 투자에 대한 올바른 관점부터 가져야 합니다. 그동안 국내외 주식시장에서 수십 배, 수백 배의 주가 상승률을 기록한 회사들을 보면 한 가지 공통점이 있습니다. 모두 우리 삶을 윤택하게 만든 기업들이라는 점입니다. 100년 전에 자동차를 만들어 팔았던 포드자동차부터 인텔, 마이크로소프트, 삼성전자, 애플, 아마존, 네이버, 테슬라, TSMC, 암젠, 존슨앤드존슨 등등 수없이 많은 기업들이 우리 삶을 조금 더 편리하고 안전하고 효율적으로 개선해 왔습니다.

주식시장은 이런 기업들이 기술 개발과 인력 확보에 필요한 자금을 수월하게 조달할 수 있는 플랫폼 역할을 합니다. 즉 주식 투자를 통해 내 돈을 불리고 싶어 하는 투자자들과 자금 확보를 통해 성장을 도모하고자 하는 기업 사이의 만남을 제공하는 곳이죠.

물론 IPO를 통한 공모 자금 조달이나 유상증자와는 달리, 주식시장에서 이뤄지는 수많은 매수와 매도 행위들은 기업의 자금 조달과는 상관이 없습니다. 이는 기업의 미래 가치 변화에 대한 인식 차이로 주식의 소유권이 이전되는 것에 불과합니다. 그리고 이런 매매의 90%는 소위 단기 시세 차익을 노리는 '투기적

매매자Speculators’에 의해 이뤄집니다.

이들은 투자의 관점이 일반 주식 투자자와는 완전히 다릅니다. 우량한 기업보다는 시장에서 대중적 인기몰이를 하고 있는 밈주식Meme Stocks에 주목하고, 또 펀더멘털 가치 변화보다는 수급에 따른 시세 방향성에 중점을 두고 매매를 합니다. 대형 우량주가 약세를 보이는 조정장일수록 이런 투기적 매매는 더 활기를 칩니다. 그리고 이런 매매를 하는 사람들이 마치 주식 투자의 대가처럼 부각되고 방송에서 주목을 받게 되죠.

그러다 보면 워런 버핏을 꿈꾸며 주식시장에 뛰어든 투자자들도 투자의 관점이 오염되며 서서히 투기꾼이 되고 맙니다. 그리고 이런 투기꾼이 주식 투자로 성공할 확률은 카지노에서 돈을 따서 나오는 사람들의 확률과 비슷해지죠. 즉 99%는 돈을 잃는 곳에서, 나도 극소수의 프로 갬블러가 될 수 있다는 착각에 빠져 소중한 자산을 모조리 잃는 것입니다.

2020년 코로나 이후 주식 투자를 시작한 사람들은 스스로를 ‘주식 투자 어린이’의 줄임말인 ‘주린이’로 칭하며, 겸손한 마음으로 열심히 투자 공부를 했습니다. 저는 그 마음을 제발 유지하고, 우리 삶을 윤택하게 해주는 위대한 기업에 대한 투자 공부를 계속 이어갔으면 합니다. 절대 투자의 관점을 투기의 관점으로 바꾸면 안 됩니다. 주식 투자 ‘어린이’에서 ‘청년’이 되려면 투기의 꼼수가 아닌 투자에서 가장 중요한 가치 평가, 즉 밸류에이션 능력을 키워야 합니다.

관점 2. "글로벌 시선에서 넓게 보라" – 기업 가치 평가와 투자 비중

대부분의 펀드매니저들이 보텀업의 투자 스타일을 갖고 있는 것과 달리, 저는 톱다운 방식의 투자를 고수합니다. 한국이 글로벌 경제 환경과 연준의 정책 등에 상당히 큰 영향을 받는 나라기 때문입니다. 아무리 매출이 좋고 성장하는 기업도 단지 금리와 유동성의 영향만으로 기업의 주가가 절반 이상 빠지는 경우도 많습니다.

저는 지난 30년 동안 그런 상황을 여러 번 접하면서 우리나라 기업들의 주가 변동성이 거시적 변수에 많은 영향을 받는다는 것을 깨달았습니다. 그리고 그중에서도 가장 큰 영향력을 갖고 있는 변수는 글로벌 유동성이며, 이는 연준의 통화정책에 전적으로 좌지우지되고 있다는 것도 알았죠.

코로나로 미국의 GDP가 31.2% 하락했던 2020년 2분기, 전 세계 주식시장이 폭등한 이유가 연준의 전격적인 금융완화 정책 때문이었다는 것은 이제 삼척동자도 아는 사실입니다. 그리고 그 폭등장을 주도했던 미국의 나스닥 기술주와 국내 IT 및 플랫폼 기업이 2022년에 접어들며 다시 폭락한 이유 역시 연준의 공격적인 금리 인상 때문이었고요.

이처럼 매크로 변수에 따른 주식시장의 변동성은 기업의 내재 가치와는 무관하지만, 그렇게 치부하고 무시하기에는 너무나 혹독한 대가를 치르게 합니다. 그래서 제가 아는 주식의 대가들이 돈은 시장이 벌게 해준다는 이야기를 한 듯합니다. 아무리 좋은 기업도 강세장이 도래해야 돈을 벌 수 있다는 뜻이니까요. 저도 이 말에 90% 정도는 동의합니다.

제 경우 코스피200과 연동된 파생상품을 운용해 본 적이 있는데, 그 경험 덕분에 누구보다 국내 주식시장의 추세와 변동성에 대한 공부를 많이 했습니다. 약세장도 세 가지 스타일로 구분해서 최근과 같은 '경기 순환형 약세장'에서의 국면별 대응 전략도 갖고 있고요. 강세장도 매크로 변수에 따라 유동성 장세, 실적 장세 등으로 분류해서 국면별로 다른 포트폴리오 운용 전략을 구사합니다. 시장에 대한 판단이 너무 늦거나 빨라서 최적의 매수나 매도 타이밍을 놓치는 경우는 간혹 있지만 강세장에서 돈을 못 벌거나, 또는 약세장에서 대응을 못 해 40% 이상 대량 손실을 기록한 경우는 거의 없었습니다.

국내 주식 투자는 미국 주식 투자와는 분명히 다르다는 관점을 가져야 합니다. 마이크로소프트, 애플, 테슬라, 아마존과 같이 기술적 혁신을 통해 '창조적 파괴자Disruptor'로서 기존의 패러다임을 뒤바꾸는 기업들은 10년 이상의 장기투자 전략이 바람직합니다. 하지만 국내 대기업은 우리가 살아가고 있는 영미식 자본주의 환경에서는 이들 기업과는 분명 다른 글로벌 위상과 지위를 갖고 있습니다.

냉정하게 이야기해서 삼성전자를 비롯한 우리나라 시가총액 상위 수출 대기업 모두 거대한 공룡과 같은 나스닥 시가총액 상위 기업들의 1차 벤더Vendor에 불과합니다. 나스닥의 혁신 기업들에 필요한 최상의 반도체와 배터리, 카메라 모듈, 디스플레이, 통신장비를 제공해 주고 있죠. 물론 최종 소비재에 해당하는 현대차, 갤럭시 스마트폰, 설화수와 후 같은 화장품도 있지만, 동종업계 글로벌 톱티어 회사들과 비교하면 애매한 제품 포지션상 영업 마진이 높지 않습니다. 그러다 보니 밸류에이션이 상대적으로 낮게 거래되고요.

따라서 투자하는 기업에 대한 가치 평가를 글로벌 관점으로 직시해야 객관적이고 효율적인 포트폴리오 구성이 가능해집니다. 여기에다 매크로 변수에 의한 국내 주식시장의 변동성과 멀티플 변화 또한 공부해야 하고요. 그렇게 거시적 시선을 장착하면 2022년 하반기와 같은 고금리, 고환율에 의한 경제 위기가 국내 수출 대기업의 투자 비중을 높여야 하는 최적기였다는 것을 알게 될 것입니다.

관점 3. "길게 보고 믿고 투자하라"
- 투자의 성패를 가르는 퀀트 분석

2022년은 투자의 고수나 하수 상관없이 모든 투자자들에게 어려운 시장이었습니다. 특히 코스피는 2021년 6월 고점 이후로 반등다운 반등 없이 계속 빠졌죠. 분기 차트로 보면 2008년 금융 위기 이후 처음으로 5분기 연속 음봉이 나왔으니 정말 지긋지긋하게 빠진 장이었습니다. 닷컴 버블이 붕괴됐던 2000년에도 4분기 연속 하락 후 2001년 상반기는 반등장이 연출됐으니 이번만큼 지루하지는 않았죠.

하지만 퀀트 분석을 해보면 이번 위기도 2001년이나 2009년처럼 투자의 기회가 될 수 있다는 결론이 나옵니다. 왜냐하면 두 해 모두 경기 침체 속에 연준의 유동성 정책이 이뤄졌고, 그 변화만으로도 우리나라 수출 대기업 주가는 큰 폭으로 상승했었으니까요. 당시와 2022년 주식시장의 공통점은 크게 네 가지로 간추릴 수 있습니다.

첫째, 미국 주가 하락입니다. 2022년에는 빅테크를 비롯한 미

달러 전환 코스피 분기 차트

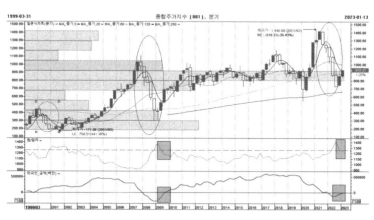

출처: 대신증권 사이보스

국 주가가 5분기 연속 하락했는데요. 연준의 고금리 정책으로 미국의 성장주와 경기소비재는 모두 고점 대비 30~90%까지 폭락했습니다. 코로나 발발 이후 저금리 상황에서 만들어진 가격 거품이 쏙 빠졌기 때문이죠. 코로나 이후 글로벌 주식시장의 최고 대장주 역할을 하던 테슬라 역시 2022년 말에는 고점 대비 75% 하락하면서 한때 PER이 21배까지 떨어졌습니다.

둘째, 환율 하락입니다. 2009년 1분기에 1560원을 터치했던 원달러 환율은 2009년 3월 이후 외국인의 공격적인 주식 매수세에 힘입어 빠른 속도로 하락했습니다. 마찬가지로 2022년 10월 1444원을 기록했던 환율 역시 연준의 추가적인 금리 인상 조치에도 불구하고 1300원을 하향 돌파하는 모습을 연출했습니다.

셋째, 외국인 순매수 전환입니다. 우리나라 주식시장에서 외국인은 2022년 7월 이후 8개월 동안 무려 17조 원에 가까운 주식을 매수했습니다. 2009년에도 외국인의 강한 매수세에 힘입어 코스피는 49%가 넘는 급반등장을 연출했었죠.

물론 혹자는 최근 미국 실리콘밸리은행과 시그니처은행의 파산, 그리고 스위스 2위 은행인 크레디트스위스의 부도 위기가 2008년 초 베어스턴스 파산과 같은 금융 위기 초입 국면과 비슷하다고 경고합니다. 하지만 2008년에는 지금과 달리 외국인이 30조 원에 가까운 국내 주식을 계속 매도하면서 위험 자산 비중을 줄이는 모습을 보였습니다. 지금과는 확연하게 다른 분위기였던 거죠.

넷째, 상대강도 지수Relative Strength Index, RSI[1]와 같은 기술적 지표가 주는 신호입니다. 2022년의 조정이 2001년 닷컴 버블 붕괴 때와 비슷하고, 앞으로 한 차례 더 급락이 있을 거라는 우려가 있는데요. 코스피 분기 차트 상단의 RSI 지표를 보면 그리 부정적으로만 볼 수도 없습니다. 2022년 하반기에 이미 %K, %D 수치가 모두 20 이하로 들어가면서 2001년 바닥과 비슷한 과매도 신호를 나타내고 있거든요. 상대강도 지수나 빅스 지수는 투자자들의 공포와 심리를 계량화시켜 나타내는 지표로서 역발상 투자자들에게는 아주 유용하게 쓰입니다.

제가 가장 존경하는 존 템플턴 경은 이렇게 이야기했습니다. "비관론이 최고조에 달했을 때가 주식을 헐값에 매수할 수 있는

코스피 분기 차트

출처: 대신증권 사이보스

최적의 타이밍이다.", "약세장은 언제나 일시적이었다.", "주가는 내재가치에 비해 훨씬 더 변동 폭이 크다." 하지만 이런 주식 대가들의 명언도 퀀트 분석을 통한 구체적 실행 전략 없이는 실천하기 어렵습니다. 저같이 주식 바닥에서 30년을 일해온 전문가조차도 PBR 0.9가 붕괴되는 하락장에서는 매수가 쉽지 않으니까요.

이번에도 다르지 않았습니다. 2021년 코스피 3100 이상에서 앞다퉈 매수하던 많은 개인 투자자들이 코스피 2200~2500에서는 오히려 주식 비중을 줄였습니다. 퀀트 분석에 따르면 2013년 3월부터 2023년 3월까지, 코스피 10년 평균 PBR은 0.98이었습니다. 외생변수가 안정적일 경우 코스피는 대체로 0.9~1.1 사이에서 등락을 보이며, 여러 가지 요인으로 증시 환경이 불안정해지거나 수급이 좋아지면 0.8~1.2 사이로 변동성이 확대됩니다.

여기에서 주목할 점은 퀀트 분석 결과 과거 25년 동안 코스피 PBR 0.9배에서 코스피를 매수했을 경우, 투자 기간 1년 기준으로 한 번도 손실을 보지 않았다는 것입니다. 평균 수익률도 무려 40%나 됐습니다. 그리고 또 하나, 환율이 1250원을 넘은 시점에서 코스피에 1년 동안 투자했을 경우에도 한 번도 실패한 적이 없었습니다. 이 또한 퀀트 분석으로 검증된 사실입니다.

이처럼 퀀트 분석은 구체적이고 유의미한 결과를 제시해 줍니다. 이는 모두가 두려워할 때, 공포를 기회라는 관점에서 바라볼 수 있도록 하는 강력한 힘을 갖고 있죠. 결국 누가 더 많은 양질의 퀀트 전략을 갖고 있느냐가 앞으로 투자의 성패를 가르는 기준이 될 것입니다.

원칙 1. "현금을 들고 있어라"
– 투자의 제1 철칙, 자금 관리

수천억에서 조 단위의 수익을 주식으로 벌어들인 대가들은 시장이 안 좋을 때 오히려 주식을 더 매수합니다. 대부분의 투자자들은 주식을 더 사고 싶어도 물려서 투자할 자금이 없는 것과 대조적이죠. 여기에 보유한 자금보다 훨씬 큰 레버리지를 일으켜서 투자한 사람들은 반대매매라는 심각한 위기까지 겪습니다. 이 둘의 차이는 바로 자금 관리Money Management에 있습니다.

정신과 전문의 출신 투자자 알렉산더 엘더Alexander Elder는 『심리투자 법칙』에서 주식 매매에서 가장 중요한 것은 투자에 대한 정보도, 대단한 투자 스킬도 아닌 자금 관리라고 말합니다. 주식 투자로 천문학적인 수익을 거둔 워런 버핏도 2022년 말 기준 현금을 100조 원 넘게 들고 있죠. 천재적인 주식의 대가도 만약의 사태를 대비해 어느 정도의 예비 현금을 남겨두는 것입니다.

당장 한 달 뒤의 주식시장은 누구도 예측하기 힘듭니다. 그러나 예상 밖의 주가 급락으로 주식시장에 대바겐세일이 펼쳐졌을 때, 주식 쇼핑을 여유 있게 즐길 수 있는 사람은 존재합니다. 바로 현금을 들고 있는 투자자입니다. 그리고 이렇게 중요한 현금은 2022년 하반기와 같은 폭락장에서 헐값으로 주식을 팔아 마련하는 게 아니라, 2021년 상반기처럼 PBR이 1.2를 기록하며 평균치를 훨씬 웃돌 때 팔아서 마련해야 한다는 점도 명심해야 합니다.

원칙 2. "잘못된 습관을 버리고, 이기는 원리를 파악하라" – 시장에서 찾은 투자의 답

패닉셀링이 오면 우량주나 잡주 모두 주가가 빠집니다. 하지만 향후 강세장을 이끌 주도주는 주가 폭락 이후 시장보다 먼저 바닥을 확인하고, 반등의 속도 역시 굉장히 빠릅니다. 그 예가 2020년 코로나 때 테슬라였고요. 따라서 펀드매니저들은 시장 폭락을 리밸런싱의 기회로 삼습니다. 약세장에서 어떤 종목을 포트폴리오에 담아야 하는지에 대한 답은 이미 시장에 있거든요.

투자자들이 코스피와 코스닥에 상장된 2600여 개의 종목을 모두 다 공부할 수는 없습니다. 그래서 시장이 주는 힌트를 잡아야 합니다. 그래야 무엇을 공부해야 하는지도 알 수 있으니까요. 저는 매일 아침 모닝 미팅에서 직원들과 함께 52주 신고가 종목을 체크해 봅니다.

2022년 하반기 연준의 공격적인 금리 인상으로 시장이 몸살을 앓는 중에도 52주 신고가를 내는 종목과 테마는 있었습니다. 이들은 2023년 상반기에도 역시나 가장 먼저 신고가를 기록했고요. "주식시장에서 가장 센 놈만 매매하라." 제가 이 업계에 들어온 지 얼마 안 됐을 무렵 한 주식 고수가 해준 말입니다. 결국에는 모두 같은 이야기죠.

물론 강한 주식도 사지 말고 팔아야 할 때가 있습니다. 대중들의 포모 현상으로 시세가 분출하며 주가 밸류에이션이 말도 안 되게 비싸게 거래되는 국면인데요. 이때는 경제 방송이나 유튜브 채널에서 온통 그 주식 이야기만 하게 되는데, 저는 이럴 때면 분위기에 현혹되지 않고 철저하게 외면합니다. 그리고 오히려 바닥에서 조용히 52주 신고가를 내면서 실적 턴어라운드 조짐이 있는 기업군을 윌리엄 오닐의 성장주 투자 기법, 캔슬림 관점에서 공부합니다.

하지만 상당수의 투자자들은 성장주나 턴어라운드 기업에 대한 투자보다는 앞서 언급한 투기적 관점으로 단기매매에 매달립니다. 그리고는 계좌에서 수익을 거둔 종목은 빨리 팔고 손실 본 종목은 물타기를 해서 본전이 되도록 기다리죠. 피터 린치의 말대로 꽃을 꺾고 잡초를 키우는 매매를 하는 것입니다.

투자를 오래 했는데도 2020년 강세장에서는 많이 못 벌고 2022년처럼 약세장에서 크게 손실을 입었거나 그런 경험을 반복하고 있다면, 당장 매매를 멈추고 자신의 매매 습관을 점검해야 합니다. 참고로 실패하는 투자자들의 대부분은 스스로 승률은 높은데 한두 종목에서 크게 터져서 문제라는 이야기를 합니다.

원칙 3. "환금성을 중시하는 부자 마인드를 가져라"
– 수익 관리의 기본, 위험관리

고객들의 자금을 운용하는 펀드매니저들에게는 두 가지 중요한 임무가 있습니다. 바로 수익 관리와 위험관리입니다. 펀드매니저는 이름 그대로 매니지먼트, 관리하는 게 주된 업무입니다. 하지만 거래 정지나 상장폐지, 환매 불가 등 자산 운용업계의 신뢰를 저버리는 사고도 이따금 터지죠. 모두 수익만 쫓다가 위험관리에 실패했기 때문입니다. 펀드매니저가 종목에 잘못 들어가 50% 이상의 큰 손실을 보는 경우 또한 위험관리를 제대로 못한 게 원인입니다.

저는 직원들에게 "부자 마인드로 투자하라"고 이야기합니다. 부자들은 삼성전자, 하이닉스, 삼성바이오로직스, 네이버, 현대차 등 대형 우량주로 연평균 15% 이상의 수익을 내면 대만족합니다. 실제 저희 고객들 대부분은 연평균 8% 수익만 거둬도 감지덕지하다고 이야기합니다. 조그마한 종목으로 80%, 100% 수익을 기대하지 않습니다. 이렇게 부자들이 '고위험-고수익' 매매를 원하지 않는 이유는 딱 한 가지입니다. 원금 손실을 아주 싫어하기 때문입니다.

그러면 원금 손실을 피하기 위한 최선의 위험관리는 무엇일까요? 손실을 보면 빠르게 손절하는 것일까요? 아닙니다. 위험관리의 핵심은 환금성입니다. 환금성은 투자한 돈을 찾고 싶을 때 찾을 수 있느냐는 것인데요. 원할 때 찾을 수 없다면 환금성 리스크가 높아지니까 기대 수익률도 당연히 더 높아야 합니다.

그래서 저는 어떤 자산이든 고수익을 보장하는 광고를 하면 무조건 외면합니다. 과거 저축은행이 2010년에 발행한 고금리 후순위 채권도, 2013년 증권사에서 불티나게 팔던 고금리 브라질 국채도, 연 6%를 보장해 주듯이 팔았던 라임/옵티머스 사모펀드 역시 이런 원칙으로 모두 피해갈 수 있었습니다. 부동산도 마찬가지고요. 연 12%를 보장하는 동해안 해변가 호텔 분양 광고도 다 패스해 버립니다.

종목 선정할 때도 마찬가지입니다. 임상 2상, 3상 통과 결과가 불확실한 바이오 기업들, 매출도 안 나오면서 대기업 수주 가능성 운운하는 회사들, 본업도 잘 못하면서 신사업 진출해서 잘할 수 있다고 하는 기업들, 3개년 이상 적자 나고 있으면서 고수익 전환사채 발행하는 기업들은 '부자 마인드'로 다 제쳐버립니다. 이렇게 위험관리에 대한 원칙을 철저하게 지키다 보니 이때까지 문제가 된 투자 종목은 한 건도 없었습니다.

원칙 4. "대체 불가한 핵심 자산, 명품 기업에 투자하라"
– 가격을 결정하는 '희소성'

수급은 모든 자산 가격을 결정하는 핵심 요소입니다. 가끔씩 '사용가치'와 '가격'을 같은 의미로 착각하는 경우가 많지만, '산소'를 떠올려 보면 이 둘의 차이를 이해할 수 있습니다. 우리에게 가장 소중한 자산은 아마 산소일 것입니다. 산소가 5분만 공급되지 않아도 우리 뇌세포는 빠르게 손상되고 마니까요. 같은 차원에서 가격을 결정하는 핵심은 바로 '희소성'입니다. '사용가치'는 그다음이죠.

그러면 희소성은 얼마나 중요할까요? 우리가 잘 아는 다이아몬드를 생각하면 됩니다. 사용가치는 산소나 구리에 비해 보잘것없지만, 크기와 순도에 따른 희소성에 따라 그 값어치는 엄청납니다. 주식이나 부동산, 가상화폐 시장에서도 희소성이 중요합니다. 비트코인이 다른 가상화폐에 비해 가격의 하방경직성이 있는 이유도 2100만 개로 한정된 발행량 때문이라 생각하고요.

희소한 제품을 만드는 기업, 즉 대체 불가한 상품이나 서비스를 생산하고 제공하는 기업은 핵심 기업으로서 주식 또한 희소하다고 볼 수 있습니다. 안드로이드 스마트폰을 만드는 회사는 많지만 아이폰은 애플만 생산하므로 애플도 대체 불가한 제품을 만드는 핵심 기업이고요. 엔비디아, 마이크로소프트, ASML, 에르메스, LVMH 등도 대체 불가한 핵심 기업들입니다.

저는 이런 기업들을 '명품 기업'이라고 부릅니다. 이런 명품 기업은 희소한 자산이 그렇듯 항상 프리미엄이 붙죠. 그래서 이런 글로벌 핵심 기업들은 늘 시장 평균보다 비싼 밸류에이션이 적용됩니다. 그리고 돈 많은 부자들과 자산가들은 기꺼이 그 프리미엄을 주고 삽니다. 핵심 부동산도 마찬가지고요.

실패한 투자를 복기하라

'공감은 빨리 신뢰는 천천히.' 주식 투자자가 반드시 갖춰야 할 마음의 자세를 단 열한 자로 축약한 문장입니다. 자산 운용업계에서 쌓은 30여 년간의 경험을 윤대현 교수님 덕분에 한 문장으로 정리할 수 있었습니다. 박영옥 회장님의 비유처럼 주식시장이 세상과 소통하는 창이라면, 투자자가 시장과 소통하는 데 가장 중요한 게 바로 공감 능력일 테니까요.

글로벌 주식시장에서는 하루에도 수백조 원이 넘는 자금이 거래됩니다. 소비 패턴의 변화와 신기술의 탄생, 도태되는 기업과 성장하는 기업, 6개월 뒤의 경기 동향과 산업 사이클의 방향 등 수많은 고급 정보를 가격과 시세라는 형태를 통해 우리에게 알려줍니다. 이렇게 시장이 던져주는 정보를 얼마나 정확하게 분석해서 빠르게 대응하느냐가 주식 투자의 성패를 좌우한다고 봅니다.

저희 증권업계 전문가들 사이에서는 "주식은 용대리가 잘한다"는 말이 있습니다. 2~3년차 대리들의 특징을 비유한 표현인데요. 과거 큰 실패 경험이 적은 이들일수록 시장을 주도하는 신성장주를 겁 없이 용감하게 잘 지른다고 해서 만들어진 말입니다. 그만큼 투자에서는 선입관이나 고정관념 없이 시장이 주는 메시지를 긍정적으로 받아들이는 자세가 중요합니다.

하지만 이를 실천하는 것은 말처럼 쉽지 않습니다. 내가 투자하지 않은 주식이 오를 때는 이를 애써 외면하고, 내가 갖고 있는 주식에 대해서는 긍정적 뉴스만 계속 찾아다니게 되니까요. 그렇게 '인지편향'에 사로잡히는 것입니다. 이솝 우화 「여우와 신포도」처럼 포도를 못 따 먹고 욕만 하는 여우와 다를 바 없죠.

애널리스트 출신으로 석유화학 산업에 해박한 지식을 갖고 있으면서도 2차 전지, 메타버스, 바이오, 가상화폐와 같은 신성장 산업의 최근 동향까지 꿰뚫고 있는 이다솔 이사님, 경제학과 출신인데도 군수업체와 무기 체계에 대해 마치 국방대학 방위산업 교수님만큼의 폭넓은 지식을 갖춘 이선엽 이사님은 인간의 '교만'과 '편향'의 본능을 극복한 투자자라고 할 만합니다.

그리고 매일 장이 끝난 뒤 300여 개의 주요 종목의 시세를 체크해 보는 이한영 본부장 역시 시장이 주는 메시지를 놓치지 않으려 꾸준히 노력하는 펀드매니저라 봅니다. 이처럼 성공 투자의 첫걸음은 시장과 소통할 수 있는 빠른 공감 능력을 갖추는 게 아닌가 싶습니다.

그러나 윤대현 교수님 말처럼 내가 투자하고자 하는 기업에 대한 신뢰는 천천히 그리고 꼼꼼하게 따져보면서 쌓아가야 합니다. 시장의 변화를 읽고 대중들이 열광하기 전 누구보다 빨리 주식을 매수하는 것도 분명 중요하지만, 애널리스트나 기업에서 제시하는 매출과 이익 추정치에 대한 의심과 타당성 분석은 투자자들이 항상 몸에 익히고 있어야 할 기본적 투자습관이 되어야 합니다.

특히 코로나 직후와 같이 저금리에 의한 유동성 장세가 1년 이상 펼쳐질 경우, 대중들은 투자할 기업의 실적과 밸류에이션보다는 '성장 스토리'와 '강한 시세'에 현혹돼 주식을 너무 쉽게 사게 됩니다. 주가가 비싸질수록 더 조심해야 하고 또 지금의 시세를 의심해 봐야 하는데 말이죠. 거기다 뜨거운 유동성 장세의 연료 역할을 했던 '저물가', '저금리' 상황은 공급망 차질로 물가 급등 현상이 일어나며 사실상 2021년 하반기, 주식시장에 경고의 메시지를 보내고 있었고요.

윤지호 대표님은 일찌감치 2021년 초부터 물가 상승으로 강세장 파티가 끝나갈 것을 경고했고, 강영현 이사님은 과도한 부채 규모와 경기 침체로 다가올 2022년 급락장을 예언하며 대중들의 과도한 '신뢰'에 계속 경종을 울렸습니다. 그리고 2021년 가을 "물가 상승은 일시적 현상이다. 2024년까지 금리를 올리지 않겠다"고 호언장담했던 연준 의장 제롬 파월은 1년도 안 돼서 "물가 상승이 심각하다. 고통을 감수해야 한다"라고 말했죠.

연준이 단 1년 만에 금리를 5%까지 올리는 전격적이고 공격적인 변신을 하자, 금리에 민감한 자산시장은 주식, 채권, 가상화폐 할 것 없이 모두 폭락하고 말았습니다. 시장이 급락할 때마다 슈퍼맨처럼 나타나서 침몰하는 시장을 다시 들어올려줬던 '페드 풋'이란 별명의 큰형님이었는데 말입니다. 2022년 연준의 배신을 통해서 다시 한번 '신뢰에 대한 의심'이 중요함을 깨닫게 되었습니다.

지긋지긋했던 2022년도 지나가고 벌써 2023년 봄이 되었습니다. 우리나라에 사계절이 있듯이 주식시장에도 계절이 있습니다. 확실하다는 말을 절대 쓰면 안 되는 곳이 주식시장이지만, 주식시장에도 절대 확실한 게 있습니다. '주식시장의 사계절도 반복된다'는 것입니다. 지나고 보니, 주식 투자자들에게 2020년은 뜨거운 여름, 2021년은 가을, 2022년은 추운 겨울이었습니다.

물론 계절과 상관없이 돈 버는 절대 고수도 있고, 또 개인적 취향과 투자 스타일에 따라 계절별로 수익률이 다를 수도 있습니다. 하지만 분명 2022년은 많은 투자자들을 좌절시킨 혹독한 겨울이었다는 것을 그 누구도 부인할 수는 없습니다. 제 주변의 베테랑 고수들도 경중의 차이만 있을 뿐 대부분 손실을 기록했으니까요.

그러나 최근 미국의 지방은행인 실리콘밸리은행 파산과 스위스 2대 은행 크레디트스위스 사태가 빚어졌어도 주식시장은 하방경직성을 보이고 있습니다. 꽃샘추위에도 불구하고 과거 평균과 비교했을 때 2주나 일찍 핀 벚꽃을 보는 듯합니다. 바닥에서 벌써 100% 이상 올라온 테슬라, 엔비디아 주가를 보면 주식시장에도 드디어 봄이 오나 하는 희망을 가져보게 됩니다. 하지만 요즘 다시 노이즈가 생기고 있는 도이치뱅크가 2008년 리먼브라더스 사태와 같은 금융 위기를 초래할 뇌관인지에 대한 의심이 들면 마음이 오락가락합니다.

언제가 됐든 확실한 것은 주식시장에도 봄은 올 것입니다. 김경록 대표님의 '음양 이치'대로 불황 자체는 구조조정이라는 어두움이 있지만, 그것은 또 다른 호황을 위한 씨앗이 될 테니까요. 그러니 중요한 것은 봄이 도래했을 때 보리를 심어야 하는지 벼를 심어야 하는지, 아니면 혁신 기술을 통해 대량 수확이 가능한 신종 작물을 심어야 하는지에 관한 고민입니다.

유비 팀장님의 안정적인 고배당 투자 전략과 '쇼미더머니'를 외치며 확실하게 돈을 버는 김태홍 대표님의 실적 성장주 중심의 발빠른 포트폴리오 재편 전략 중 올해 무엇이 더 대박일지는 신만이 알겠죠. 어찌 보면 무엇 하나로 예단하는 것보다는, 머리를 비우고 시장이 주는 메시지에 유연하게 따라가는 게 최고의 전략 아닌가 생각이 듭니다.

퀀트 분석에 따르면 1998년 이후 우리나라 코스피는 2년 연속 하락한 적이 한 번도 없었습니다. 게다가 25년 동안 홀수 해에 하락한 적은 2011년 단 한 번밖에 없었죠. 놀라운 점은 평균 수익률이 홀수 해에는 코스피 25.87%, 코스닥 40.94%를 기록하면서 짝수 해의 -1.45%, -17.54%에 비해서 월등히 높다는 사실입니다. 이 통계치만 보면 2022년에는 주식 투자로 잃을 수밖에 없는 장이었나 싶기도 합니다.

그러니 이미 지난 일은 내 손을 떠났다 여기며, 2023년 올해는 돈 버는 해라고 믿고 수익을 많이 내는 데 집중해 보는 게 어떨까요? 또 짝수 해인 2024년에는 조심하고요. 생각해 보면 모든 경제 위기는 돈 버는 기회의 장이었으니까 이번에도 다르지 않겠죠.

워런 버핏의 재산 중 99.7%가 52세 때부터 번 돈이라고 합니다. 그리고 보니 올해 제 나이가 딱 52세가 됐네요. 저도 워런 버핏처럼 90세 제 생일 때까지 333배 수익을 목표로 세워보겠습니다. 독자 여러분도 절대 포기하지 마시고, 저와 함께 도전해 보시죠. 언제가 될지는 모르겠지만 미래의 어느 날에는 함께 종로 피맛골에서 파전 시켜 놓고 막걸리를 한 잔 기울일 날이 오면 좋겠습니다. 그때는 혹독했던 2022년도 과거 일로 회상하며 담소를 나눌 수 있지 않을까요? 그날이 하루빨리 도래하기를 기대해 봅니다.

독자 여러분, 모두 행복한 부자 되세요.

용어 설명

1-1 삶이 지속되는 한 결국 때는 찾아온다

1 **반대매매** 신용 거래나 담보 대출로 주식 거래를 한 경우, 주가 하락으로 담보 가치가 내려갈 때 증권사가 동의 없이 임의 처분하는 것

2 **패시브 펀드** 코스피200, 나스닥100, 필라델피아반도체 지수와 같은 특정 주가지수의 수익률을 추종하기 위해 해당 지수에 편입돼 있는 주식을 대부분 복제해 운용되는 펀드

3 **PBR** 주가와 1주당 순자산을 비교해 나타낸 주가 순자산비율
(PBR=주가/주당 순자산가치)

4 **의무공개매수제도** 대주주 외의 제3자가 상장 기업 주식의 25% 이상을 매입하기 위해서는 '50%+1주'를 의무적으로 공개 매수하도록 하는 제도

5 **물적분할** 모회사의 특정 사업부를 분리 및 신설해 그 회사의 지분을 100% 소유함으로써 지배권을 행사하는 형식의 수직적 기업 분할

6 **인적분할** 신설 법인의 주식을 기존 회사 주주들이 나눠 갖는 수평적 기업 분할

7 **조세특례제한법** 주식을 현물출자해 지주회사를 새로 설립하거나 기존의 내국법인을 지주회사로 전환하는 경우, 현물출자로 인한 양도차익에 상당하는 금액에 대해 해당 지주회사의 주식을 처분하는 시점까지 양도소득세 또는 법인세 과세를 이연한다는 내용의 법

8 **ELS** 개별 주식이나 주가지수 등에 연계돼 손익이 정해지는 주가 연계 증권

9 **ELF** ELS 여러 개를 함께 묶어 판매하는 펀드

10 **ETF** 주식과 펀드를 합친 형태로 상장된 인덱스 펀드

11 **액티브 펀드** 펀드매니저가 종목을 적극적으로 발굴하고 운용해 벤치마크 수익률을 웃도는 수익을 목표로 하는 펀드

12 **스마트머니** 기관이나 개인 투자자가 경기 흐름을 보고 고수익의 단기 차익을 거두기 위해 투자하는 자금

13 DC형 퇴직연금 근로자가 회사에 재직하는 동안 퇴직금을 직접 관리하며 자금을 불릴 수 있는 제도

14 디폴트 옵션 가입자가 명확한 운용 지시를 하지 않은 경우, 사전에 가입자가 지정한 상품이나 포트폴리오에 따라 퇴직연금을 운용하는 사전 지정 운용 제도

15 고잉 컨선 기업이 계속 존재한다는 가정 아래에서 사업의 목적과 의무를 이행하는 기업

1-2 위기에도 반전의 기회는 생긴다

1 톱다운 거시경제, 산업 분석을 통해 유망 산업을 선별한 후 개별 기업을 찾아내는 방식

2 보텀업 미시경제, 기업 탐방, 재무제표 분석을 바탕으로 투자 유망 기업을 발굴하는 방식

3 오버슈팅 일시적으로 상품이나 금융시장 자산 가격이 폭등 및 폭락하는 상태 또는 연준이 기준금리를 지나치게 끌어올리는 현상

4 재귀성 이론 사람들은 실제가 아닌 자의적 해석에 따라 의사결정을 하고, 그 결정이 상황에 영향을 미치며 다시 사람들의 인식을 바꾼다는 이론

5 패닉셀링 투자자들이 마치 뭔가에 홀린 듯이 보유하던 증권을 급락장에서 투매하는 현상

6 크레디트 리스크 채무자가 채무 계약의 조건을 이행하지 못할 경우 채권자에게 발생하는 위험

7 섹터 로테이션 전략 경기 흐름에 따라 주목받는 유망 업종에 순차적으로 투자하는 방법

8 OECD 경기선행지수 노동시간, 신규 수주, 주가, 금리 스프레드 등의 선행 지표를 통해 측정한 경제의 건강도

9 안도 랠리 주식시장에 악재가 해소되며 안도감으로 주가가 상승하는 현상

10 PER 주가가 그 회사 1주당 수익의 몇 배가 되는지를 나타내는 주가수익률 (PER=주가/EPS)

11 IPO 비상장 기업이 상장을 위해 다수의 불특정 외부 투자자들에게 기업의 주식 및 경영 내용을 공개하는 첫 주식 공매

12 구주매출 자본 조달을 위해 대주주의 보유 주식 중 일부를 공개적으로 일반인들에게 매도하는 것

13 주식매수청구권 분할, 합병 등으로 회사의 기본 사항에 변경이 생겼을 때 반대하는 소액주주의 보유 주식을 회사가 공정한 가격으로 매수하도록 의무화한 제도

14 행동주의 펀드 의결권을 바탕으로 자산 매각 및 자사주 매입, 배당 확대, 구조조정 및 지배 구조 개선 등을 요구함으로써 단기간에 수익을 창출하는 헤지펀드

1-3 불안을 없애려면 행동하라

1 빅스 지수 큰 변동성을 예상하는 투자자가 많을수록 상승하는 지수로, 미국 증시의 기대 변동성 지표

2 닷컴 버블 인터넷 관계 산업의 발전으로 관련 주가가 급격하게 상승하면서 1995～2000년에 발생한 거품 경제

3 레버리지 지렛대라는 의미로 수익을 증대하기 위해 부채를 끌어 매수하는 투자 전략을 통칭

4 현금흐름할인법 기업이 미래에 거둘 수익을 적당한 할인율로 나눠 계산하는 기업 가치 평가

5 TQQQ 나스닥100 지수의 수익률 세 배를 추종하는 레버리지 ETF로, 프로셰어즈 울트라프로(ProShares UltraPro) QQQ의 약칭

2-1 더 큰 도약을 위해 움츠려라

1 CAPE PER에서 경기 변동 요인까지 감안한 경기조정 주가수익률 (CAPE=주가/10년 평균 주당순이익)

2 멀티플 PER, PBR처럼 기업의 가치 평가 기준으로 쓰이는 배수(倍數)를 통칭

3	리세션 경기후퇴 초기에서 경기하강으로 전환되는 단계로, 심화될 경우 디플레이션이 발생하는 국면
4	인버스 기초 자산의 움직임을 정반대로 추종하도록 설계된 펀드, ETF 등의 상품
5	퀀트 투자 감정적 판단을 배제하고 계량적 모델을 통해 시장 변화를 예측함으로써 초과 수익을 내는 투자법
6	마셜 플랜 2차 세계대전 후 미국이 서유럽의 경제성장과 공산주의 확대를 저지하기 위해 시행한 원조 계획
7	EV/EBITDA 기업의 가치를 현금 흐름을 나타내는 세전 영업이익으로 나눠 적정 주가를 판단하는 지표
8	모멘텀 주가의 상승세나 하락세를 유발하는 근거 또는 그런 시장의 변화
9	듀레이션 채권에 투자한 자금을 회수하는 데 걸리는 평균 시간으로, 채권의 실효 만기를 의미
10	쇼트 파생상품 시장에서 공매도를 뜻하며, 관련해 롱(Long)은 매수를 의미
11	통화스와프 두 국가가 필요한 만큼의 돈을 상대국과 교환하고, 일정 기간 후 계약 당시 정한 환율로 원금을 재교환하는 거래

2-2 새로운 성장 동력에 주목하라

| 1 | ESG 기업의 지속 가능한 발전을 위해서는 환경, 사회, 지배 구조라는 비재무적 요소를 고려해야 한다는 개념 |

2-3 먼 미래가 아닌 주위를 둘러보라

| 1 | 1987년 블랙먼데이 1987년 10월 19일 미국 주식시장의 대표 지표인 다우존스가 22.61% 하락한 주식 대폭락 사건 |
| 2 | 캔슬림(CANSLIM) |

C(Current Quarterly Earnings per Share) 최근 분기 주당순이익 증가율이

최소 20% 이상인 기업

A(Annual Earnings Increases) 연간 순이익 증가율이 25% 이상인 기업

N(New Products, New Management, New Highs) 새로운 제품과 경영 혁신 및 신고가 기록 중인 기업

S(Supply and Demand) 유통 물량이 적고 주식 수급이 좋은 기업

L(Leaders and Laggards) 주도주와 소외주, 최근 주가 상승률이 상위 20% 이내의 주도주 기업

I(Institutional Sponsorship) 기관 투자자가 주목하고 매수를 늘리는 기업

M(Market Direction) 시장의 방향성 분석 후 강세장일 때 적극적으로 투자

3 EPS 당기순이익을 주식 수로 나눈 주당순이익(EPS=당기순이익/주식 수)

4 비둘기파 실업률 개선을 목표로 양적완화와 같은 통화정책에 힘을 두는 온건한 입장

5 매파 물가 안정을 목표로 금리 강화 등의 통화정책에 힘을 두는 강경한 입장

6 그린스펀풋 주가 하락 시 수익을 얻을 수 있는 풋 옵션처럼 전 연준 의장 앨런 그린스펀의 정책이 불안한 증시 상황에서 투자자를 보호한다는 의미

2-4 모두가 아는 투자에 수익은 없다

1 ELW 미리 정한 가격으로 미래의 시점에 사거나 팔 권리를 증권화한 주식 워런트 증권

2 컵 위드 핸들 패턴 성장주의 주식 차트는 상승하고 조정을 거치는 과정에서 손잡이 달린 컵 형태를 띤다는 것에서 착안한 투자법

3-1 현재를 분석하고 미래를 고민하라

1 BPS 기업의 총자산에서 부채를 뺀 순자산을 발행주식 수로 나눈 주당 순자산가치(BPS=순자산/발행주식 수)

2 　벤치마크 투자 성과 평가의 기준으로, 주식형 펀드는 주식시장(주가지수), 채권형 펀드는 채권시장(채권지수)이 일차적인 벤치마크

3 　기관화 장세 주식 투자의 큰 흐름이 투자신탁, 은행, 증권사 등 기관 투자자들에 의해 주도되는 현상

4 　애그플레이션 농업(agriculture)과 인플레이션(inflation)의 합성어로, 농작물 가격 상승으로 유발되는 인플레이션

5 　회색 코뿔소 세계정책연구소 소장 미셸 부커(Michele Wucker)가 2013년 다보스 포럼에서 처음 언급한 개념으로, 일어날 가능성이 높고 파급력이 세지만 사람들이 간과하는 위협

3-2 수축사회에도 확장 산업은 있다

1 　스톡론 증권 회사에서 신용 거래를 통해 높은 가격으로 주식을 대여해 매각 후, 가격이 내렸을 때 그 수량만큼의 주식을 사서 갚아 시세 차익을 얻는 상품

2 　CFD 계좌 개인 투자자들이 일정 증거금을 내면 증권사가 주식을 대리로 사고팔아 생기는 차액을 현금으로 수익화할 수 있는 차액 결제 거래 계좌

3 　TRS 매도자가 일정 수수료를 받고 기초 자산을 매입하면, 매수자는 총수익은 가져가되 신용도 하락이나 파산 등의 손실은 매도자에 보전하는 총수익 스와프

4 　페이고 정부가 경기 부양 등의 목적으로 재정 지출을 계획할 때 재원을 확보할 수 있는 대안까지 마련하도록 한 원칙

5 　**페드풋** 시장이 위태로울 때 연준이 금리 인상을 미루고 주가 하락을 방어하는 시장 친화적인 정책

6 　DB형 퇴직연금 회사가 근로자의 퇴직금을 재직하는 동안 책임지고 직접 운용하는 제도

7 　IRP 계좌 근로자가 이직 또는 조기 퇴직 시 수령한 퇴직금을 보관 및 운용할 수 있도록 설계된 상품

8 　그레이트 모더레이션 자산 가격의 변동 폭이 낮아지고 시장 전체가 안정에 접어든 시기

9 골디락스 인플레이션을 우려할 만큼의 과열도, 경기 침체를 우려할 만큼 냉각도
되지 않아 물가와 실업률이 안정된 경제 상태

3–3 돈이 흐르는 곳에 사연이 있다

1 주주 환원 정책 주주가치를 제고할 수 있는 배당 확대, 자사주 매입 등의 정책을 통
칭

2 하방경직성 결정된 가격이 수요의 감소나 공급의 증가로도 하락하지 않는 현상

3 어닝 쇼크 시장의 예상보다 기업의 실적이 저조한 결과 주가가 영향을 받는 현상

4 코리아 디스카운트 한국 기업의 주가가 낮은 배당수익률, 남북 관계, 기업의 경영
구조 등으로 저평가된 현상

5 코스피TR 지수 주가 변동에 의한 자본 차익과 배당 이익까지 모두 반영해 산출한
총수익 지수

부록 성공 투자를 위한 세 가지 관점과 네 가지 원칙

1 상대강도 지수 주가의 상승세와 하락세의 정도를 백분율로 나타내는 주가 추세 전
환 예측 지표

위기를 기회로 만드는 **고수들의 투자 철학**

초판 1쇄 인쇄 2023년 5월 8일
초판 1쇄 발행 2023년 6월 2일

지은이 박세익
펴낸이 최기억, 성기홍

기획 · 편집 · 마케팅 · 제작 출판사 월요일의꿈
디자인 디스커버

펴낸곳 (주)연합인포맥스
출판등록 2008년 4월 15일 제2008-000036호
주소 (03143) 서울특별시 종로구 율곡로2길 25, 연합뉴스빌딩 10층(수송동)
전화 02-398-5269 **팩스** 02-398-4995
이메일 sabm2000@yna.co.kr
홈페이지 https://news.einfomax.co.kr

ISBN 979-11-976461-5-7 (03320)